Libros de Robert Kiyosaki en Aguilar

• *Padre Rico, Padre Pobre*
*Qué les enseñan los ricos a sus hijos acerca del dinero,
¡que las clases media y pobre no!*

• *El Cuadrante del flujo de dinero*
Guía del Padre Rico hacia la libertad financiera

• *Guía para invertir*
En qué invierten los ricos, ¡a diferencia de las clases media y pobre!

• *Niño Rico, Niño Listo*
Cómo dar a sus hijos una educación financiera sólida

• *Retírate joven y rico*
Cómo volverse rico pronto para siempre

• *Historias de Éxito*
Experiencias verdaderas de personas que siguieron las lecciones del Padre Rico

• *Guía para hacerse rico sin cancelar sus tarjetas de crédito*
Convierta la deuda mala en deuda buena

• *El juego del dinero*
Por qué los inversionistas lentos pierden ¡y el dinero rápido gana!

• *Padre Rico, Padre Pobre para jóvenes*
Los secretos para ganar dinero que no te enseñan en la escuela

• *Antes de renunciar a tu empleo*
*Diez lecciones que todo emprendedor debe saber
para construir un negocio multimillonario*

• *Queremos que seas rico*
con Donald Trump

• *Incrementa tu IQ financiero*
Sé más listo con tu dinero

Los libros más vendidos de la serie advisors de Rich dad

- *Vendedores perros*
Blair Singer
Las cinco sencillas pero imprescindibles habilidades para generar ingresos

- *Posea su propia compañía. Actualizado y revisado en 2008: Por qué los ricos poseen sus propias compañías y todos los demás trabajan para ellos* (Own Your Own Corporation Updated and Revised 2008: Why the Rich Own Their Own Companies and Everyone Else Works for Them)
Garrett Sutton

- *Cómo comprar y vender un negocio* (How to Buy & Sell a Business)
Garrett Sutton
Estrategias para empresarios exitosos

- *El ABC de la inversión en bienes raíces* (The ABC's of Real Estate Investing)
Ken McElroy
Aprende cómo lograr riqueza y flujo de efectivo gracias a los bienes raíces

- *El ABC para construir un equipo de negocios exitoso*
(The ABC's of Building a Business Team That Wins)
Blair Singer
Cómo hacerse rico pronto y para siempre

- *El ABC para salir de las deudas* (The ABC's of Getting Out of Debt)
Garrett Sutton
Estrategias para superar la deuda mala y aprovechar la deuda buena

- *El ABC para diseñar planes de negocios exitosos*
(The ABC's of Writing Winning Business Plans)
Garrett Sutton
Enfócate en un impresionante plan para construir
un negocio multimillonario

- *Guía avanzada de inversión en bienes raíces:*
Cómo identificar los mercados más cotizados y concretar los mejores tratos
(The Advanced Guide to Real Estate Investing:
How to Identify the Hottest Markets and Secure the Best Deals)
Ken McElroy

- *Guía para invertir en oro y plata* (Guide to Investing in Gold and Silver)
Mike Maloney
Todo lo que necesitas para sacar provecho de los metales preciosos ahora

Hermano Rico, Hermana Rica

AGUILAR

HERMANO RICO, HERMANA RICA

Dos caminos diferentes hacia Dios, el dinero y la felicidad

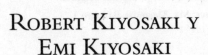

ROBERT KIYOSAKI Y EMI KIYOSAKI

(Venerable Tenzin Kacho)

AGUILAR

Título original: *Rich brother rich sister: two differente paths to prosperity, God, and happines /*
by Robert Kiyosaki and Emi Kiyosaki
Copyright © 2009 by Robert T. Kiyosaki

AGUILAR

De esta edición:
D. R. © Santillana Ediciones Generales, S.A. de C.V., 2009.
Av. Universidad 767, Col. del Valle.
México, 03100, D.F. Teléfono (55) 54 20 75 30
www.editorialaguilar.com

Primera edición: junio de 2009.

ISBN(rústica): 978-607-11-0234-8
Traducción: Alejandra Ramos
La cubierta es una adaptación de la edición original.
Formación de interiores: Ma. Alejandra Romero I.

Impreso en México

Esta obra se terminó de imprimir
en México, en los talleres de
Litográfica Ingramex S.A. de C.V.
Centeno 162-1, Col. Granjas Esmeralda
c.p. 09810, Iztapalapa, México D.F.
en el mes de junio de 2009

Para mamá y papá

*La prueba de una inteligencia de primera clase es la habilidad de tener
dos ideas opuestas en la mente al mismo tiempo,
y seguir funcionando.*
—F. SCOTT FITZGERALD

Mi religión es simple: mi religión es la gentileza.
—SU SANTIDAD, EL DALAI LAMA

CONTENIDO

Agradecimiento especial 13

PREFACIO: El choque de dos mundos 15

INTRODUCCIÓN DE ROBERT: Por amor y por dinero 27

INTRODUCCIÓN DE EMI: Cuerpo sano, espíritu sano.........43

CAPÍTULO 1 Nacimiento en la historia 51

CAPÍTULO 2 Guerra y paz 69

CAPÍTULO 3 Nuevas respuestas a viejas preguntas...........91

CAPÍTULO 4 El paraíso en la Tierra..............................123

CAPÍTULO 5 Senderos que transforman.......................151

CAPÍTULO 6 Promesas rotas 173

CAPÍTULO 7 Visiones del futuro 189

CAPÍTULO 8 Provisiones para el camino.......................209

CAPÍTULO 9 Saltos de fe...233

CAPÍTULO 10 Iluminación para una vida más plena 251

CAPÍTULO 11 Paraíso, infierno y felicidad......................281

CAPÍTULO 12 Vida y muerte 295

CAPÍTULO 13 Encuentro con tu familia espiritual 327

EPÍLOGO DE TENZIN: Karma, nirvana y vidas pasadas 357

EPÍLOGO DE ROBERT: El fin de la avaricia 379

PALABRAS FINALES: Un corazón nuevo:
una historia verdadera 397

"Yo soy la Rich Dad Company" 399

Agradecimiento especial

Extendemos nuestro más profundo agradecimiento a Kathy Heasley y Mona Gambetta.

Kathy se entregó con intensidad a la colosal tarea de extraer las historias y experiencias de la vida de un hermano y una hermana que tenían puntos de vista muy diferentes —hermanos que crecieron en la misma casa pero cuyas preguntas y búsquedas han sido opuestas en muchos aspectos. La paciencia de Kathy, su considerada sagacidad y su habilidad para aclarar diferencias sutiles, dieron vida a este libro. Ella buscó y encontró muchas anécdotas de esas que pocas veces se comparten con la familia, y brindó carácter a los mensajes de Dios, del dinero y la felicidad.

Imbuida en el verdadero espíritu de Hermano Rico, Hermana Rica, Mona ofrece un complemento y contrapunto. Inspirada en sus ocho años de experiencia en la compañía Rich Dad, construyó el puente entre los mundos de la riqueza material y la espiritual, el puente que lleva a una vida integral.

EMI KIYOSAKI   ROBERT KIYOSAKI

Prefacio

El choque de dos mundos

Tenemos dos familias al nacer. La primera es nuestra familia biológica, aquélla en la que nacemos. La segunda es la familia espiritual, la comunidad que nos guía al sitio en donde podemos contribuir y crecer. Es el espacio donde encontramos la vida para la cual nacimos.

Nosotros crecimos en una familia de origen japonés en el pequeño pueblo de Hilo, en Hawai, poco después de la Segunda Guerra Mundial y en medio de la Guerra Fría. Nuestra casa estaba en la Isla Grande, una comunidad que tenía que enfrentar maremotos devastadores y violentas erupciones volcánicas.

Ralph Kiyosaki, nuestro padre, era superintendente escolar y líder local de Protección Civil. Estaba involucrado activamente en la prestación de ayuda durante los desastres. Por esta razón, él y mi madre, Marjorie, a veces se ausentaban por varios días.

Mamá era enfermera y trabajaba para la Cruz Roja de Estados Unidos. Pertenecía a la Iglesia Metodista de Hilo y tenía un gusto

Papá, Robert y Emi (a los tres y dos años de edad).
Papá siempre nos protegía con sus grandes manos. Observa su cigarro.
A pesar de que amaba a su familia, su adicción al tabaco finalmente
se lo llevó. Murió de cáncer de pulmón.

especial por la música. Era común que en Navidad se acercara a la iglesia que contara con el mejor coro y director. Tenía problemas del corazón porque cuando fue niña padeció fiebre reumática. La fiebre debilitó su corazón y contribuyó al ataque que terminó con su vida a la edad de 49 años.

La familia Kiyosaki creía en ofrecer "soluciones" y apoyarlas. Creía en brindar ayuda y servicio a los demás. Mi padre no *hablaba* sobre la importancia de la educación: estudiaba y servía a otros. Mi madre no *hablaba* sobre religión, practicaba su fe en la iglesia y en la vida. En lugar de *hablar* sobre servicio público, ambos eran voluntarios en su comunidad. Nos ofrecieron un hogar, un lugar para refugiarnos de las tormentas de la vida, y se esforzaron lo más posible para protegernos.

No obstante, mis padres no pudieron resguardarnos del mundo cuando éste atacaba desde todos los frentes. En 1962, yo tenía quince años, Emi catorce, Jon trece y Beth, la más pequeña, once. La familia estaba viendo televisión cuando una repentina e intensa luz hizo gritar a Beth.

"Oh, Dios mío. ¡Miren por la ventana!"

Corrimos hacia el comedor y miramos el cielo nocturno. La luz se fue desvaneciendo, pasó de un irritado color anaranjado a un vertiginoso rojo brillante, un morado oscuro y, finalmente, de vuelta al negro. En ese momento lo ignorábamos, pero estábamos presenciando la explosión de una bomba atómica que dispersaba su cólera por todo el cielo del Pacífico.

Al día siguiente leímos en el periódico que la bomba atómica que habíamos visto, era parte de una serie de pruebas realizadas por Estados Unidos en Isla Navidad. Describió, también, que se vio como si se hubiera vertido sangre en el cielo. Un reportero local fue mucho más gráfico en su crónica de la experiencia. Según él, parecía como si alguien hubiera cortado el cuello de un animal y dejado que la sangre se dispersara a borbotones por el cielo. Escribió que al principio la sangre era de color rojo brillante. Era espumosa porque aún había oxígeno en ella. Cuando la sangre comenzó a morir se coaguló, se hizo más espesa y tuvo una transición del color rojo oscuro al morado. El color púrpura se tornó negro y, finalmente, el brillo de las estrellas perforó la negrura del cielo.

Los tiempos en que vivíamos y haber presenciado aquella explosión atómica, contribuyeron a las decisiones, acciones y reacciones de toda la familia Kiyosaki. Mis padres, Ralph y Marjorie, renunciaron a sus empleos en 1964 para unirse como voluntarios a los Cuerpos de Paz del presidente Kennedy. Sus salarios se redujeron sustancialmente. Mis dos hermanas se unieron a los movimientos de paz y protestaron contra la Guerra de Vietnam en la escuela y en las calles. Los dos varones fuimos voluntariamente a Vietnam:

Jon se unió a la Fuerza Aérea y yo a la Marina. Irónicamente, cada uno trabajaba por la paz a su estilo.

Aunque éramos hermanos de sangre, desde muy pequeños fuimos un caso de estudio en contrastes. Para cualquiera que nos conoció, las diferencias eran mucho más obvias que los rasgos en común.

Emi (Tenzin Kacho) Kiyosaki y Robert Kiyosaki.

Los contrastes iban mucho más allá de la imagen del elegante Robert Kiyosaki, comparada con la de su hermana vestida con su sencillo atuendo monástico. Trascendían la diferencia entre la riqueza material y la espiritual. Los contrastes eran mucho más profundos que las decisiones sobre la guerra y la paz, la escasez y la abundancia. Más que las preguntas y las respuestas.

La segunda familia es la espiritual. La familia espiritual nos atrae con su llamado, con una promesa de aceptación, de comprensión verdadera y de felicidad. Es una comunidad en la que conocemos el poder del amor incondicional. En ella encontramos lo que hace falta a nuestras vidas y, en el fondo, sabemos muy bien qué es.

Nuestra familia espiritual es nuestro verdadero hogar. Es un grupo en donde se puede vivir el tipo de vida para el que nacimos. En él obtenemos la perspectiva y la habilidad de aceptar y apreciar otros pensamientos y puntos de vista. Hay muchos senderos para encontrar a tu familia espiritual: el matrimonio, la educación, la religión, la carrera, los amigos, los maestros e, incluso, la crisis y la desesperación.

Cuando encuentras a tu alma gemela en el matrimonio, encuentras a tu familia espiritual. No hay unión más fuerte que la de la gente que se encuentra para compartir, juntos, otra vida. Como sabemos, las tasas de divorcio son muy altas. Aunque son innumerables y diversas las razones para separarse, la soledad es una de ellas. Es la soledad que implica estar casado con una persona que no es el alma gemela. Hay una gran diferencia entre un cónyuge o una pareja amorosa y un alma gemela.

Hay mucha gente que busca a su segunda familia, su familia espiritual: muy pocos la encuentran.

Este libro es sobre un hermano y una hermana que nacieron en la misma familia biológica. Dos personas con caminos paralelos pero divergentes, hacia Dios y hacia el dinero. Hacia la felicidad que se encuentra en el conocimiento y el autodescubrimiento. Es una historia sobre el apoyo que nos brindamos, a pesar de los puntos de vista contrastantes y de las ideologías opuestas que surgen cuando buscamos a nuestras familias espirituales.

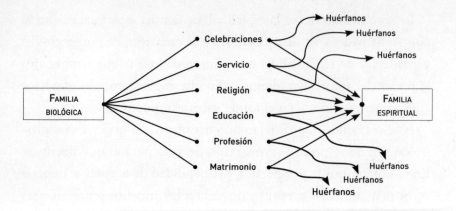

Muchos pasan la vida entera en busca de su familia espiritual y nunca la encuentran. Se sienten solos y vacíos, caminan como huérfanos intentando encontrar el hogar verdadero. A veces se preguntan a sí mismos: "¿Mi vida tiene sentido?", "¿Cuál es el significado de mi vida?"

Ésta también es la historia de la búsqueda de un maestro espiritual. Aunque la vida está repleta de maestros, sólo algunos son maestros espirituales.

Cuando un maestro espiritual toca tu corazón, tu mente se abre a otro mundo, a una manera de pensar y de vivir diferente. El Dalai Lama tocó el corazón de Emi Kiyosaki y ella se convirtió en monja budista. El nombre que tomó fue Tenzin Kacho. El Doctor R. Buckminster Fuller tocó el corazón de Robert y así encontró un camino que lo ayudaría en su búsqueda de comprensión, educación y respuestas.

Es importante señalar que ninguno de nosotros fue un gran estudiante en el sentido tradicional de la palabra. No fuimos sobresalientes en la escuela. Sin embargo, cuando esos maestros espirituales tocaron nuestros corazones y abrieron nuestras mentes, ambos nos convertimos en magníficos alumnos en las materias para las que nacimos. Actualmente somos estudiantes dedicados que aprovechan sus dones y el genio con el que nacieron. A este tipo de genio no siempre se le reconoce en el ámbito de la educación tradicional.

A los niños que pierden a sus padres biológicos se les llama huérfanos. En el mundo actual hay muchos huérfanos espirituales en busca de su familia. Para muchos es un viaje que dura toda la vida. Otros la encuentran pronto y saben que la búsqueda terminó, que hallaron el hogar y la familia que les permitirán vivir la vida para la cual nacieron.

Es común que los huérfanos espirituales se acerquen a organizaciones en las que se sienten aceptados y valorados. Algunos encuentran consuelo a su soledad en comunidades religiosas, en grupos patrióticos o en asociaciones que apoyan alguna causa, como el medio ambiente y los derechos de los animales. Otros sanan la soledad de su corazón y de su alma volviéndose admiradores obsesivos; usan los colores de un equipo y lo apoyan hasta la victoria.

Los seres humanos tenemos una necesidad esencial de aceptación. Muchos de aquellos que no ha encontrado a su alma gemela, siguen buscando ese espacio, ese lugar al que puedan llamar su hogar y su familia espiritual.

Numerosas personas trabajan para grandes corporaciones que, metafóricamente, son como magnos orfanatos repletos de gente que trabaja para obtener dinero y seguridad, pero no amor. Las cambiantes tendencias laborales son evidencia de ello. Han quedado en el pasado la lealtad, las décadas de servicio y ese vínculo que trascendía la mera obtención de un cheque. ¿Cuántos de ustedes han tenido esa sensación de malestar en la boca del estómago, un domingo por la tarde cuando piensan en la semana que les espera? Para muchos, éste es un reflejo del vacío en su vida. No usan su talento especial y no han encontrado una conexión espiritual dentro de su profesión o empleo. No realizan el trabajo para el que nacieron.

Otros están solos a pesar de que siempre se encuentran ocupados y rodeados de gente. Cuando salen de trabajar, buscan a su familia espiritual en una iglesia o en alguna organización con la que se identifiquen. Buscan algo que apoye la misión de su espíritu. Buscan la razón por la que nacieron y por la que están en la Tierra. El incremento de la asistencia a la iglesia, refleja la creciente necesidad de encontrar a su familia espiritual.

Barbara Emi Kiyosaki nunca soñó que sería monja. Después de encontrar a su familia espiritual, optó por renunciar a la riqueza material a cambio de una búsqueda permanente de la riqueza espiritual. Esto la llevó por el camino de la vida monástica, en la que vivir por debajo de sus posibilidades parecía lo más *adecuado*.

Cuando se tomó esta foto en su graduación de la preparatoria, Barbara Emi Kiyosaki no podía imaginar lo que el futuro le deparaba.

Cuando Tenzin enfrentó la necesidad de un tratamiento médico, fue como el choque de dos mundos. Tuvo que confrontar la realidad del mundo material al que había desechado tiempo atrás. Aprendió la diferencia entre "vivir por debajo de sus posibilidades" y poner su propia vida en riesgo.

Aunque nos desagrade, la realidad es que el dinero desempeña un papel importante en nuestra vida. Esta realidad golpeó duramente a Emi cuando enfrentó una enfermedad capaz de terminar con su vida. Muy pronto se encontró ante una montaña de deudas que tendría que pagar con sus muy limitados recursos económicos. Esta mujer, con disciplina en su dieta y en su enfoque espiritual, estaba entre la vida y la muerte. Por si fuera poco, se preguntaba si su audaz hermano, quien había escogido un camino diferente, podría tomar conciencia de la carga que ella tenía y ofrecerle oportunidades para aligerarla.

Tenzin buscó una forma de resolver el evidente desequilibrio entre su vida monástica, sus deudas médicas y sus necesidades en el futuro. Durante el proceso, llegó a varias conclusiones interesantes y aleccionadoras que avivaron su capacidad de introspección, de reconocer sus fortalezas y debilidades, y de reunir el valor y el compromiso necesarios para cambiar.

Robert Kiyosaki nunca soñó que algún día sería maestro como su padre. En la secundaria reprobó dos veces inglés porque no podía escribir. Hoy en día, sus libros se leen en muchos países e idiomas alrededor del mundo. *Padre Rico, Padre Pobre*, ha estado en la lista de *bestsellers* del *New York Times* por casi siete años. Sólo otros dos libros han permanecido más tiempo que *Padre Rico* en esta lista.

Robert encontró a su primera familia espiritual cuando se unió a la Marina. Después encontró otra familia espiritual cuando comenzó a seguir los pasos de su padre rico (en realidad el padre de su mejor amigo), quien lo guió en su aprendizaje sobre finanzas e inversión.

Cuando Robert conoció al Doctor R. Buckminster Fuller, en 1981, el curso de su vida cambió. Considerado uno de los grandes genios de nuestro tiempo, el Doctor Buckminster reveló a Robert que podía convertirse en un hombre rico siendo generoso. Con esta convicción, Robert creó la Compañía Padre Rico. Tanto a la Marina como a la Compañía Padre Rico las mueven misiones sólidas y fuertes que atraen a nuevos miembros a la familia espiritual: gente que busca el propósito de su vida, su misión y que desea realizar las tareas para las que nació.

Robert toma un descanso en Vietnam.

¿Has encontrado a tu alma gemela? ¿Al maestro que te guiará hacia tu familia espiritual? ¿Ya encontraste tu profesión espiritual? En otras palabras, ¿estás realizando el trabajo para el cual naciste?

Ése es el tema de este libro.

También es sobre dos viajes. Es sobre un hermano y una hermana: dos personas muy diferentes que pertenecen a la misma familia biológica, que se ayudan mutuamente para encontrar a sus familias espirituales y a vivir las vidas para las que nacieron. Las vidas de estos hermanos son testimonio de la resistencia del espíritu humano. Atestiguan la poderosa y profunda conexión que trascendió los vínculos familiares y de la infancia para englobar una vida de búsqueda y encuentro. Un futuro que traería satisfacción a los protagonistas.

En el libro también se mencionan los sucesos que, en muchos casos, detonaron aquella bomba atómica. La bomba que impulsó a Robert Kiyosaki y Tenzin Kacho a dar pasos en el camino de fe.

Hermano Rico, Hermana Rica es sobre sus diferentes caminos y filosofías en busca de respuestas a las mismas preguntas. Es sobre la felicidad y el significado de la vida.

Esta historia es sobre dos mundos contrastantes: el material y el espiritual, la guerra y la paz, preguntas y respuestas, puntos de vista divergentes. Trata sobre cómo las vidas pueden separarse y reunirse de nuevo en pos del servicio a un poder espiritual más elevado.

Introducción
de Robert

Por amor y por dinero

Es frecuente escuchar: "Nunca discutas sobre religión, política, dinero o sexo." Como ya sabes, casi todas las personas tienen su punto de vista que, en algunos casos, puede ser irracional. Esto provoca que dichos temas conlleven una fuerte carga emocional. Este libro hace lo contrario; discute y da consejos sobre dos de los temas tabú: el dinero y la religión.

En el verano de 2006 volé con mi esposa, Kim, desde Phoenix, Arizona, a Los Ángeles, en California. Hicimos ese viaje de un día para asistir a una conferencia de Su Santidad, el Dalai Lama. Mi hermana menor, Emi Kiyosaki, conocida por su nombre budista, Tenzin Kacho, nos había invitado al evento. Ni Kim ni yo somos budistas. Mi hermana Emi tampoco lo era cuando niños. Mis hermanos y yo fuimos educados como cristianos. Emi se hizo budista cuando tenía más de 30 años. Si la hubieras conocido de pequeña, jamás hubieras imaginado que se convertiría en una monja budista. Al menos *yo* no lo imaginé.

El chofer de nuestra limusina se estacionó frente al Anfiteatro Gibson. En el camino, dejamos atrás a una humanidad que se dirigía hacia el mismo destino. Con "humanidad" me refiero a toda la variedad de personajes que incluía *hippies*, yuppies, genios de tecnología, gangsters urbanos y algunas personas comunes. La multitud estaba constituida por una amplia gama de genotipos: negro, blanco, amarillo, rojo, café y dorado. Vimos todo tipo de peinados: extraños y conservadores, cabezas rasuradas y gente que vestía como mi hermana. También era posible ver varios estilos de ropa. Algunos parecían salidos de alguna tienda de segunda mano y otros de las tiendas más costosas de Rodeo Drive, a tan sólo unos kilómetros.

Me sentí un poco fuera de lugar cuando el conductor se estacionó en la entrada, abrió la puerta y nos ayudó a salir frente a la multitud. Llegar en una limusina es adecuado para una premier de Hollywood, pero ésta era una situación diferente. Habíamos ido a conocer a uno de los líderes religiosos más influyentes de nuestro tiempo.

Cuando el auto se alejó, Kim y yo nos perdimos en un mar de gente. No sabíamos hacia dónde ir. Mi hermana no pudo recibirnos porque estaba ocupada atrás del escenario. Todo lo que sabíamos era que alguien tenía que darnos nuestros boletos. De pronto nos saludó una monja de origen europeo, con la cabeza rasurada y vestida con una bata color borgoña. Nos ayudó a rodear la multitud y a ingresar por la entrada para el público VIP. Poco después nos encontrábamos en nuestros asientos de primera fila, al centro del escenario y junto a un grupo de celebridades de Hollywood. Al lado de Kim estaba Sharon Stone.

El público se sentó, las luces del auditorio se atenuaron y la multitud guardó silencio. Las cortinas se abrieron y me sorprendí al ver a mi hermana al frente para iniciar la conferencia y presentar a Su Santidad el Dalai Lama. No sabía que era parte del evento.

En la sesión matutina asistimos a una enseñanza budista tradicional. Aunque no entendía los rituales, el programa completo de hora y media me pareció dramático. El escenario tenía iluminación artística y estaba lleno de monjes y monjas. Cuando Su Santidad habló, no mencionó nada sobre el infierno o sobre ser condenado. Tampoco dijo que el amor al dinero era la raíz de todo mal. No apoyó a ningún candidato político. No pasó ninguna charola para pedir caridad. Sencillamente habló de las pruebas y preocupaciones que todos, incluyéndolo a él, enfrentamos como gente común. Tampoco se colocó en un pedestal.

Como los budistas tibetanos no creen en Dios, no trató de convencernos de que tenía contacto directo con él a través de su teléfono celular. Habló en términos simples y cotidianos sobre los sucesos cotidianos. Sus palabras llenaron el auditorio con bondad, compasión y humor. Alrededor de las mentes y los corazones de quienes estábamos ahí reunidos, giraron miles de años de sabiduría y compasión.

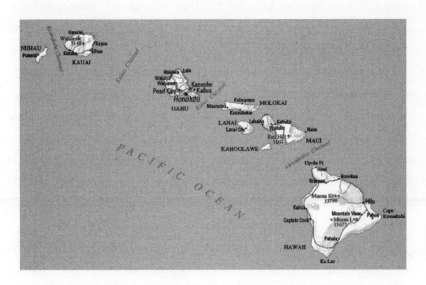

Mapa de las islas hawaianas. *Atlas Nacional de Estados Unidos de América*. Los sitios señalados son Hilo, hogar de la familia Kiyosaki, y Pahala. En Pahala se conocieron Ralph y Marjorie Kiyosaki, Emi comenzó sus estudios budistas y Robert se encontró por última vez con el doctor R. Buckminster Fuller.

Hacia el final del evento, otra monja fue a recogernos. Nos llevó atrás del escenario donde finalmente pude ver a mi hermana. Estaba de pie entre dos altísimas cortinas. Lucía radiante, su hermosa y brillante sonrisa nos invitó a acercarnos. No nos habíamos visto en meses. Al acercarnos, el amor de mi hermana nos tocó.

Cuando estuvimos junto a ella nos preguntó: "¿Les gustaría conocer a Su Santidad? Saldrá pronto del escenario."

"Debes estar bromeando", le respondí. "¿Tú arreglaste todo esto?", Tenzín, o Emi como yo aún la llamaba, sonrió y me contestó bromeando: "Veré qué puedo hacer".

Somos cuatro hijos en la familia. Además, somos parte de la cuarta generación de una familia japonesa-americana. Nuestros antecesores llegaron a Hawai en 1880 para trabajar en los campos de azúcar y piña. A pesar de que nos criamos en ambas culturas, ser la cuarta generación en Estados Unidos nos hizo más americanos que japoneses. Nuestros padres hablaban japonés, pero ninguno de nosotros aprendió el idioma.

Como muchos saben, aunque los niños nazcan en la misma familia pueden ser muy diferentes entre sí. Incluso es posible que los gemelos idénticos desarrollen personalidades, temperamentos e intereses distintos. Nosotros cuatro somos bastante disímiles, incluyendo a mi hermana Barbara Emi Kiyosaki. Emi es su nombre japonés y así la llamábamos cuando éramos niños. Ella siempre fue una persona gentil, alegre y feliz. Actualmente lo es *aún más*. Yo diría que, de hecho, es la persona más cariñosa y alegre que conozco.

Creo que soy su polo opuesto porque, aunque tengo un lado gentil, debo fingir para ser agradable. Ella haría cualquier cosa para evitar un conflicto y a mí me encantan las peleas. Durante la Guerra de Vietnam mi hermana trabajaba por la paz y yo trabajaba para la guerra.

En esta fotografía aparecemos tres de los hermanos: Emi, mi hermano Jon que es el tercero de los cuatro, y yo. Es un atisbo al futuro.

Años más tarde Jon se uniría a la Fuerza Aérea y yo a la Marina; ambos luchamos en la Guerra de Vietnam. Mis hermanas, Emi y Beth, trabajaron por la paz. Mis padres se unieron a los Cuerpos de Paz.

Una fotografía del futuro: Robert, Emi y Jon.

Mientras estábamos atrás del escenario, el Dalai Lama continuó hablando. No hablaba sobre la paz, sino *desde* la paz. Lo hacía con compasión. Al escucharlo me pregunté si yo podría vivir y hablar desde un sitio tan bondadoso. Después de cuatro años en la academia militar y seis como piloto de la Marina, me había acostumbrado a ambientes mucho más hostiles.

Fue muy interesante observarlo durante la conferencia. Teníamos un lugar privilegiado porque podía observarlo a él y al público. Vi cómo los elevaba espiritualmente.

La conferencia terminó y Su Santidad abandonó el escenario seguido por monjes de mayor edad, monjas y devotos. Al ver la multitud arremolinándose, perdí la esperanza de conocerlo. Cuando se dirigía a su camerino, se formaron dos filas de gente para honrarlo en silencio; colocaron sus manos en posición de oración y se inclinaron respetuosamente mientras él pasaba.

A donde quiera que va, el Dalai Lama dice: "Es como encontrarse con viejos amigos." Se destaca por hacer sentir a la gente amada y bienvenida. Aquí, Tenzin fue parte de una reunión para la planeación de un evento.

El Dalai Lama se acercó sonriendo; cuando vio a Tenzin, caminó hacia nosotros. Ella lo guió gentilmente hacia donde estábamos; me inundó la emoción. Estaba impresionado. No podía creer que mi hermanita invitara a uno de los líderes religiosos más influyentes de nuestro tiempo a conocernos.

Después de que Tenzin nos presentó, hablamos con Su Santidad, el Dalai Lama, durante algunos minutos invaluables. Después partió. Pensé que nunca me lavaría la mano con la que estreché la suya. Me sentí bendecido. Mi hermana no sólo me impresionó, sino que también me llenó de orgullo. Mi impresión crecía proporcionalmente a su humildad.

Sabía que Emi se había convertido en una monja budista, pero era todo. No sabía lo que hacía, quién era o en qué se había convertido.

Sabía que había buscado por años su vida, su llamado y su propio camino. Su situación no era fácil: era una madre soltera asiática, occidental y cristiana. Cuando estaba de pie a su lado, conociendo a Su Santidad, me sentí mucho más feliz por ella que por la oportunidad de conocer al Dalai Lama. Emi había encontrado su lugar en el mundo. Humildemente, había encontrado fuerza a través del gentil poder del amor. Había alcanzado el mayor logro en la vida: creció para convertirse en la persona que debía ser.

Alcanzar el éxito no necesariamente significa que nos hemos convertido en la persona que debemos ser. Graduarse de la universidad, tampoco. Sólo porque alguien es un profesional exitoso, como abogado o doctor, no significa que haga lo que debe hacer en la vida. Sucede igual con el dinero. Sólo porque eres rico, no puedes asumir que te convertiste en quien debías.

Y si mi hermana decidió ser monja, eso no significaba que había logrado su objetivo. Convertirte en quien debes ser, alcanzar aquello para lo que naciste, va más allá de tener éxito y logros. Se trata de redescubrir tu camino y volver a él.

Lo importante de la vida es el viaje, no el destino.

Una vez asistí a una iglesia y el predicador cristiano que la dirigía, dijo: "Nacemos como seres humanos. Eso significa que somos seres y humanos. Algunos somos más humanos que seres". Para ser más claro, explicó: "Los humanos tienen límites, pero los seres no. Los seres no tienen limitaciones. Los humanos envejecen, los seres evolucionan".

Siguió explicándonos: "Los humanos mueren, los seres no. Los humanos necesitan empleos, los seres tienen misiones". Yo acababa de regresar a Vietnam y tenía veintitantos años. Para entonces, había enfrentado la muerte varias veces en combate, por lo que sus palabras tuvieron un efecto inmediato en mí. Mientras estaba en Vietnam, presencié sucesos que no se pueden explicar en el contexto tradicional de la vida y la muerte. Un compañero de la escuela, quien también participó en la guerra de Vietnam, solía decir: "Estoy vivo gracias a que los muertos seguían luchando". En Vietnam aprendí la diferencia entre cuerpo y espíritu o, como decía el predicador, entre seres y humanos. Cuando, en el campo de batalla, me tocó el poder de nuestros espíritus, me convertí en un humano diferente porque era un ser distinto.

Obviamente, esta diferencia entre seres y humanos, cuerpo y espíritu, ocasionó muchos problemas en mi vida. Cuando no temes a la muerte, puedes comenzar a vivir. El problema de esa transformación es que se hace más difícil tolerar a la gente que vive con limitaciones, que tiene miedo a la muerte, a cometer errores y a ser criticada, el tipo de personas que prefieren vivir con seguridad y no arriesgarse a tener una vida más rica y plena.

En 1974 dejé la Marina para comenzar mi vida en el mundo civil. Había estado en el ámbito militar por casi diez años. Fui contratado por Xerox Corporation en Honolulu y comencé mi entrenamiento en ventas. Vender me aterraba, pero al menos sabía que podría superar mi miedo y falta de experiencia. Si había aprendido a volar y logré sobrevivir a una situación de combate, entonces podía aprender a vender. Tenía la certeza de que algún día también aprendería a ser empresario.

En 1974 noté que muchas personas del mundo de los negocios eran más humanos que seres, y más cuerpo que espíritu. Descubrí cuánta gente en los negocios estaba dispuesta a decir:

"No puedo hacerlo."

"Es un trabajo muy difícil."

"Lo haría si tuviera más dinero."

"¿Y si fracaso?"

"¿Y si cometo un error?"

"No puedo costearlo."

"¿Me pagarán las horas extra?"

En la Marina no se toleraban actitudes de fracasado como éstas. Cuando mi superior inmediato me daba una orden en combate como: "Saca esa ametralladora de la trinchera", no se nos permitía decir: "¿Y si me lastimo?", o "No me siento bien, no he tenido un día de descanso, pídaselo a alguien más". Lo único que se nos permitía decir, era: "Sí, señor".

Y si teníamos éxito y sobrevivíamos, tampoco nos permitían alardear. Nos habían inculcado la suficiente disciplina para sólo preguntar: "¿Cuál es la siguiente misión?"

Hay muchas similitudes entre la milicia y la religión. Nuestra primera misión en la escuela militar de Nueva York, fue memorizar la misión de la Academia de la Marina Mercante de Estados Unidos. En la Marina, la misión era más importante que la vida.

En las religiones, a los verdaderos discípulos se les llama misioneros. En el mundo real, por desgracia, la mayoría de la gente tiene empleos, no misiones. La gente que tiene un empleo trabaja por el dinero, y la gente que tiene una misión trabaja por su llamado espiritual. Cuando vi a mi hermana junto al Dalai Lama en 2006, me sentí orgulloso y feliz porque sabía que ella se había convertido en la persona que debía ser. Había encontrado su camino espiritual. Probablemente ella había estado en él anteriormente. Encontró su hogar y su familia espiritual… de nuevo.

Como ya lo he mencionado, somos cuatro hermanos y todos somos muy diferentes. Sospecho que somos así porque cada uno tiene una misión diferente, un trabajo distinto en la vida. Jon, mi hermano menor, es un genio mecánico. Cuando era niño siempre cargaba radios viejos, relojes y motores a la casa. Pasaba horas tratando de repararlos. Actualmente trabaja en la división de mantenimiento a propiedades de una gran compañía de bienes raíces en Honolulu. Su empleo consiste en asegurarse de que las propiedades reciban mantenimiento y funcionen adecuadamente. Él y yo somos muy diferentes. En manos de mi hermano, un desarmador es una herramienta, en las mías se transforma en un arma. Al tomar un martillo repara todo, pero cuando yo uso un martillo casi siempre se rompe algo.

Nuestra hermana más pequeña, Beth, es artista. En la escuela siempre destacó en artes plásticas: pintura, barro, tejido. Su don se hizo evidente a temprana edad, así que entró a la universidad sin problemas y acabó dos años de licenciatura. Es una creadora que vive en Santa Fe, Nuevo México. Ella y yo somos completamente opuestos, su trabajo es siempre original, es una verdadera artista y podría asegurar que preferiría morirse de hambre antes que comprometer su trabajo para venderlo al mercado masivo.

Yo, por el contrario, soy totalmente comercial: adoro los mercados masivos. A mí me gusta que mi trabajo se produzca en serie. Me encanta que mis libros estén en Barnes and Noble, Amazon. com, Borders, Wal-Mart y Costco. Me agrada verlos en las listas de *bestsellers* en todo el mundo, y siempre prefiero vender antes que morirme de hambre.

Hasta el 2007, pasé mi vida enfocado en lo que estaba haciendo. Tenía poco contacto con mi hermano y mis hermanas. Vivía en mi mundo y ellos en el suyo, y rara vez nos encontrábamos. Ese año, al comprender que ya éramos adultos, comencé a preguntarme cómo les iba financiera y médicamente. También me cuestioné si tendría que ser yo quien viera por ellos cuando fuéramos mayores. Ninguno me había pedido ayuda económica jamás, pero todos estábamos envejeciendo. Si tenemos suerte, viviremos por largo tiempo y con salud.

En 2007 descubrí que mi hermana Tenzin tenía problemas del corazón y requería una intervención quirúrgica. Sus arterias estaban bloqueadas y necesitaba tres *stents* coronarios para mantener su sangre fluyendo. Como había tenido cáncer años antes, surgieron dificultades con su seguro médico. La compañía no estaba dispuesta a cubrir el costo de la cirugía.

Yo no me había enterado de su lucha contra el cáncer. Nunca me lo contó. Unos amigos en Seattle la apoyaron de alguna manera. Ahora, con esta cirugía a la vista, necesitaba ayuda.

Me sorprendió mucho enterarme de sus problemas médicos. Era la primera vez que alguno de los cuatro sufría una enfermedad que pusiera en riesgo su vida. Mamá y papá habían pasado por eso anteriormente, papá murió de cáncer de pulmón a los 71 años. Fumó durante casi toda su vida. Mamá murió de problemas del corazón a los 49. Como yo era el mayor y el único con dinero, sentí una responsabilidad con mi hermana que iba más allá de tan sólo demostrarle afecto. Cuando era niño, aprendí la lección: "¿Acaso no soy el guardián de mi hermano?"

Con el cáncer de Tenzin, esas palabras adquirieron un significado más profundo.

Estados Unidos es un gran país si tienes dinero, pero si eres pobre la situación puede tornarse difícil. Cuando reflexioné un poco sobre la vida de mi hermana, descubrí que ella era la única de nosotros que no tenía una casa propia. Aunque se acercaba a los 60 años, siempre había rentado. Como monja tibetana, no tenía suficiente dinero para comprar una casa, especialmente en el área de Los Ángeles, donde vive. Ella recibe un pequeño estipendio como monja y tiene otro trabajo para cubrir sus gastos.

Mi esposa, Kim, y yo le enviamos dinero para ayudarla con la cirugía del corazón. Le ofrecimos enseñarle lo que sabemos sobre inversión y le compramos un condominio en Arizona. Aunque Tenzin no vive ahí, al menos por el momento, recibe un ingreso por rentas y sabe que tiene una casa propia.

La segunda enfermedad de Tenzin me hizo reflexionar y hacerme preguntas que no me había hecho antes. ¿Qué pasa si se queda sin dinero o sin seguro que cubra los gastos médicos adicionales?, ¿qué pasa si la siguiente emergencia médica le exige más dinero?, ¿qué pasará cuando ya no sea capaz de cuidarse a sí misma?, ¿yo deberé responsabilizarme?

Obviamente la respuesta era: "Sí."

Al igual que a mí, a ti como lector te resultará interesante saber que mi hermana ha sido vegetariana por años. Ella se esfuerza por llevar una vida sencilla, libre de estrés. Medita religiosamente y no fuma ni bebe. Yo, por otro lado, como carne, bebo mucho y fumo puro, prospero con el estrés. Si le preguntas a cualquier doctor, te dirá que yo soy quien debería haber tenido cáncer de pulmón y complicaciones del corazón, pero no es así. Efectivamente, tengo algunos problemas de salud. Por ejemplo, nací con un defecto congénito: heredé la debilidad de corazón que mi madre tenía debido a la fiebre reumática. Esta situación casi me saca de la jugada militar. Por otra parte, cuento con el dinero suficiente para gastar en cuidados médicos preventivos que el seguro no cubre. Eso hace una gran diferencia.

En general me esfuerzo por mantenerme alejado de doctores y hospitales. Prefiero ver a un quiropráctico, doctores naturistas, acupunturistas y viajar al extranjero para consultar a doctores de medicina alternativa que no pueden practicar en Estados Unidos. Me gusta la salud, no la medicina. Es difícil tener buena salud si no tienes dinero. La buena salud puede ser cara.

Cuando pensaba sobre los problemas del amor, la familia y el dinero, comprendí que mi familia estaba enfrentando la misma problemática que mucha gente más alrededor del mundo y en Estados Unidos. En 2008, los primeros 78 millones de *baby boomers* estadounidense comenzaron a recibir las prestaciones de Seguridad Social y Medicare. Me pregunto cómo es que la nación más rica del mundo puede permitir que 78 millones de *baby boomers* dependan cada vez más del gobierno para obtener apoyo médico y social. Si cada una de esas personas requiere 1000 dólares del gobierno al mes, la cuenta mensual sería de 78 mil millones.

¿Quién pagará la cuenta? ¿Y qué les pasa a las familias que no tienen suficiente dinero para cubrir lo que el gobierno no puede? En el catecismo aprendí que si se le da a una persona un pescado, se alimentará por un día, pero si le enseñas a pescar, entonces se alimentará para siempre. Esta sabiduría tiene sentido para mí, pero parece que el gobierno prefiere *darle* pescado a la gente que enseñarle a pescar.

Ésta debe ser la razón por la que en nuestras escuelas no se enseña mucho sobre el dinero. Así que, aunque Kim y yo podemos cuidar de la salud de mi hermana a largo plazo, pensé que sería mucho mejor enseñarla a pescar por sí misma. Después de todo, soy un capitalista, soy comercial y estoy a favor del mercado masivo. Mi negocio, Rich Dad Company, se creó para enseñar a la gente a pescar. Desde la perspectiva económica, aunque sí ayudo a causas caritativas, no creo que regalar dinero sirva de algo. Considero que dar dinero a la gente pobre sólo la mantiene pobre por más tiempo. Como mi padre rico decía: "El dinero no cura la pobreza".

Desde muy temprana edad tuve dos padres que me brindaron consejos. Mi padre biológico es el hombre a quien llamo mi padre pobre. Aunque era muy inteligente y tenía estudios, siempre tuvo problemas financieros. Mi padre rico, el padre de mi mejor amigo, no acabó el segundo grado de secundaria. Sin embargo, era fanático de ejercitar su mente. Mi padre rico decía: "Mi cerebro se fortalece cada día porque lo ejercito. Entre más fuerte es, más dinero puedo producir".

Así que, en lugar de darle dinero a mi hermana, decidí que sería mejor enseñarle a pescar. Ésa es una de las razones por las que decidimos escribir este libro: por dinero. Este libro es un proyecto para hacer dinero. Es mi forma de compartir con ella lo que he aprendido en la vida, el estudio de cómo ser un capitalista. Tengo bastante confianza en que puedo guiarla para convertirse en multimillonaria, si es que ella quiere ganar ese dinero. Las monjas budistas no hacen votos de pobreza como en otras órdenes religiosas.

Cuando le pregunté si quería ser millonaria, sólo sonrió y dijo: "En este momento sólo quiero poder pagar mis cuentas médicas."

La segunda razón por la que decidí escribir este libro fue por amor. No es que yo no tenga amor en mi vida, tengo bastante. Me siento bendecido por tener un matrimonio amoroso, feliz y próspero con Kim.

Kim es mi alma gemela. Se parece mucho a mi hermana, es una persona que viene del amor. Es sólo que yo quería una sensación de amor más profunda, de aquél que se irradia a través del gozo y la felicidad, como el gozo y la felicidad que mi hermana ha obtenido en su vida. Como soy capitalista, pensé que sería increíble si le pudiera transmitir a mi hermana la habilidad de producir el dinero que ella quería y necesitaba. A cambio, ella podría darme un sentimiento más profundo que el amor, el amor de este regalo llamado vida.

Ésas son las dos razones por las que decidí escribir este libro. Por amor y por dinero.

Lo que nos separó hace años fue la guerra. Cuando nuestros caminos se volvieron a cruzar, fue como si hubiéramos estado buscando a Dios todo el tiempo, sin saber si realmente existía. Este libro se enfoca más en el encuentro de nuestros caminos en la vida, que en Dios. Es sobre cómo encontrar nuestro trabajo, hogar y familia espiritual, y a nuestras almas gemelas.

Este libro desafía muchas creencias religiosas. Sé que al alentar a mi hermana para que se haga "comercial", muchas personas se sentirán ofendidas, especialmente quienes piensan que el amor al dinero es la raíz de todo mal. En lo personal, no creo que el dinero sea un mal: es neutral. Lo que sí puede ser negativo es la forma de obtenerlo. Por ejemplo, si yo robara bancos o trabajara para una compañía que mata gente o destruye el ambiente, entonces eso sí sería malo. Para mí, el dinero es sólo dinero y, si puedo escoger, entonces prefiero tener mucho dinero que ser pobre.

Tampoco creo que Dios ama más a la gente pobre que a la rica. No pienso que los pobres vayan al cielo y los ricos al infierno. Considero que es cruel y malévolo que nuestros sistemas educativos no enseñen a la gente nada sobre el dinero. A mí me rompe el corazón ver a las personas batallar financieramente; me recuerda a mis padres. Si yo pensara que dar dinero a la gente pobre resolvería el problema, lo haría. Pero el trabajo que he escogido en mi vida es la educación financiera. Por eso creé la Rich Dad Company.

En el catecismo también me enseñaron que las últimas palabras de Cristo en la cruz fueron: "Perdónalos, Señor, porque no saben lo que hacen".

Desgraciadamente, en mi mundo, el mundo del dinero, nadie te perdona por no saber lo que haces. Si no sabes lo que estás haciendo, entonces el mundo del dinero te castiga severamente. Debido a sus problemas de salud, este mundo estaba vapuleando a mi hermana. Pero yo podía ayudarla si la enseñaba a pescar.

Me hice rico cuando comencé a pensar más en dar que en recibir. Una de las lecciones más importantes que obtuve en el catecismo, fue: "Da y recibirás." La gente que he conocido que atraviesa problemas financieros, generalmente se enfoca en recibir y no en dar. Si quiero más, entonces tengo que dar más. Una de las formas en que mi hermana puede hacerse multimillonaria es aprendiendo a dar más de su don.

La fe de mi hermana no enseña que se debe creer en Dios de la misma forma en que muchos lo hacemos. Ella me ha enseñado mucho sobre llevar una vida más rica y llena de amor. Yo creo en Dios, o en lo que los nativos norteamericanos llaman el Gran Espíritu. Mi vida cambió cuando dejé de trabajar para mí mismo y comencé a trabajar para que los demás se hicieran más ricos.

Ése es el mensaje central de este libro. Es sobre la lucha que muchos enfrentamos, la decisión entre ser humanos y ser sólo seres. Es sobre el vacío entre nuestro cuerpo y nuestro espíritu; sobre la bondad y el poder de nuestros corazones.

Es un libro sobre cómo encontrar a nuestra familia espiritual y la vida para la cual nacimos.

Cuerpo sano, espíritu sano

Cuando era niña, nunca dudé que nos amaran.

Tras la Segunda Guerra Mundial, mis padres, nuestros grandes clanes familiares, la comunidad y el país, estaban ante un nuevo comienzo. Albergaban grandes esperanzas; era como si toda la lucha, el enojo y el odio de la guerra hubieran purgado al mundo y la gente pudiera comenzar a reconstruir sus familias, carreras y fortunas.

Nuestros padres eran jóvenes e inteligentes, tenían una buena relación. Estaban ansiosos por comenzar una familia y una vida juntos. Robert, Jon, Beth y yo, nacimos dentro de esta burbuja de esperanza y determinación. Llegamos al mundo siendo amados. Nos recibieron con todas las fanfarrias y el gozo que trae a la familia el nacimiento de un niño. Nuestros bisabuelos veían con orgullo su nuevo hogar en Estados Unidos; Robert fue el primer bisnieto, primer nieto y primer hijo de la familia paterna. Su nacimiento fue causa de celebración.

Yo llegué al año siguiente; Jon, un año más tarde; y Beth dos años después que Jon. La vida se tornó compleja, frenética y desafiante. Nuestros primeros años estuvieron repletos de enfermedades, y como nuestros padres tenían un ingreso modesto y dormían poco, su día a día se volvió tenso y difícil.

Esta foto familiar fue tomada en el estudio fotográfico de mi abuelo en Maui. De izquierda a derecha: Barbara Emi, Marjorie, Jon Hideki, Ralph con Beth Teru y Robert Toru. Emi adora esta fotografía porque fue muy divertido usar un vestido como el de mamá y Beth. Mamá también está usando unos bellos aretes de madera balsa que papá fabricó para ella. Éramos muy unidos entonces.

Aquella vida familiar, que inició con grandes esperanzas y aspiraciones de cumplir sueños, fue puesta a prueba. Los desafíos de la vida nos asustaron. Se impactaron contra nuestros sueños con tal fuerza que nos devastaron. Hasta los más realistas podemos recordar un tiempo en el que nuestra existencia era alimentada por un optimismo sin par y esperanzas desenfrenadas. Pero no siempre estamos preparados para las duras realidades de la vida. Nuestra reacción ante los problemas me recuerda a una mujer que conocí cuando trabajaba con personas desahuciadas. Su esposo estaba muriendo, la iba a dejar sola con sus hijos pequeños, y ella me dijo: "Yo no firmé para esto".

Nacemos, vivimos y enfrentamos la muerte, es inevitable. Y en el viaje de nuestra vida llegan enfermedades y vejez. Al comenzar una familia, criar niños y vivir se nos revela esta dolorosa verdad. Cada persona desea felicidad y al inicio tiene la esperanza de lograr sus sueños. La sociedad estadounidense apoya este sueño mientras nos pintamos lindos cuadros del futuro. No obstante, las realidades de la vida encuentran la manera de atraer nuestra atención y recordarnos la naturaleza vital.

Mientras nuestros padres lidiaban con sus desafíos, Robert y yo, como todas las generaciones jóvenes, seguíamos con nuestros propios planes y sueños. Viajábamos a tierras y lugares que sólo habíamos imaginado al crecer en nuestro pequeño pueblo isleño.

Yo escogí el sendero de la renuncia espiritual, pero debido a mi experiencia tuve que aprender a no ignorar mi salud y mi bienestar financiero. Esto debería haber sido obvio porque Buda nos enseña las Cuatro Nobles Verdades, y la primera es la verdad del sufrimiento. La vida cambia porque nacemos, enfrentamos la vejez, la enfermedad y la muerte. Pero yo pensaba que si era una practicante sincera y servía bien a mis maestros, la vida me compensaría. Así que cuando me dio cáncer y después tuve el problema del corazón, secretamente me quejé: "¡Esto no es *justo!*"

Así de trivial era mi pensamiento. Mis maestros me habían advertido todo el tiempo, igual que Robert. Al enfrentar los desafíos médicos de mi cuerpo enfermo y el horror financiero provocado por un mal plan de seguros, mis ojos se abrieron al mismo mundo que muchos norteamericanos ven. Un mundo que, especialmente, enfrentan hoy muchos *baby boomers*.

Robert siempre exhorta a la gente diciendo: "¡Ocúpate de tus propios asuntos!", en su mundo, esto significa que debes convertir tu vida en tu responsabilidad, es decir que vivir y darle forma a tu futuro se debe convertir en tu prioridad. Hasta en mi simple mundo, debí ocuparme de mis asuntos, ponerles atención. Cuando busqué una póliza individual de seguro, la mayoría de las agencias me rechazaron porque tenía una condición preexistente de edema en la pierna que, en realidad, no surgió como un problema de salud, sino porque los médicos tuvieron que remover algunos nódulos linfáticos para verificar que el cáncer no se hubiera ocultado en esas glándulas. No fue así. Sin embargo, nunca investigué a la compañía de seguros que contraté, ni leí mi póliza con cuidado. Sólo tenía prisa por volver al retiro tras un par de años muy ocupados. Pensé que cualquier cosa sería mejor que nada, y asumí que estaría bien de cualquier forma.

Viví como monja, enfocada en los asuntos cotidianos y viendo por las necesidades de otros. No obtuve un mejor paquete de cuidado médico y no tenía un plan para mi retiro. Así trabajé por décadas. Tuve diversos logros y aprendí mucho, pero el sistema se descompuso.

Trabajar con Robert me abrió los ojos. El proceso de "enderezar mi barco" fue esencial, estimulante y difícil. Cuando la conciencia despierta y se develan los hábitos negativos y los puntos ciegos en la vida personal, sólo hay dos opciones: nos podemos atascar y quejarnos, o bien optar por un cambio. En mi caso ha sido la combinación de ambos. Debido a que mis hábitos estaban muy arraigados, he tenido un viaje con avances y pausas, pero la decisión de cambiar es el ímpetu que me impulsa a seguir; sin embargo, hay ocasiones en que me duermo o quiero regresar a la forma en que las cosas solían ser, porque romper con los viejos hábitos es difícil.

Yo me enfrenté a algo más que obtener un buen seguro médico. Fue el proceso de cambio de una mente calcificada, con formas arraigadas de pensar y de relacionarse. El juego de la vida no es sencillo ni justo, y depende de cada individuo tomar conciencia de su posición en el tablero de juego, saber qué tipo de fichas tiene, lo que necesita y cómo va a jugar.

En uno de los seminarios de Robert, formamos equipos con los que trabajaríamos por varios días. En mi equipo había una mujer inteligente y guapa con muchos logros. Estaba bien familiarizada con los conceptos de Robert y nos lo hizo saber a todos. El sábado, Robert nos dijo que por la tarde debíamos ir a un lugar y nos dio la dirección. Nos pidió que lleváramos ropa cómoda que no nos importara echar a perder. Nos preguntábamos ¡en qué nos estábamos metiendo!

Terminamos en una plaza para jugar *paintball*: el lugar era sólo para nosotros. Los equipos tenían que enfrentarse para capturar el banderín del otro equipo para llevarlo a la base. Había obstáculos, *bunkers* y lugares para esconderse. La gente podía disparar sus armas de pintura o escapar para evadir los ataques. Usamos ropa capitonada y cascos con máscara, así que no podía ver muy bien. El casco oprimió mis lentes y los empañó. Luchamos en la oscuridad con una molesta luz que iluminaba la arena emitiendo flashes frenéticamente. Robert nos empujó hacia la emoción del juego.

Aquella mujer tan hábil se había comportado con mucho orgullo y confianza durante el seminario. Pero en la arena de *paintball* le dispararon en la espalda y muy pronto se puso a llorar en los flancos del campo de batalla. Gimoteó diciendo: "¡No están jugando limpio!", entonces escuché a Robert gritar por encima de todo el ruido y desde el otro lado de la cancha: "¡Así es la vida!"

Nuestro equipo no trabajó en conjunto, cada persona lo hizo para sí misma. Ahora que lo pienso, podríamos habernos cuidado y ayudado unos a otros, pero todos querían ser estrellas y obtener el banderín. Nunca desarrollamos una estrategia para trabajar juntos.

Nuestras vidas tienen varios matices y facetas. Aquello a lo que no prestamos atención, tarde o temprano se manifestará y deberemos solucionarlo para que encaje con la visión general de las cosas. Aunque cuidé mis estudios y mi práctica, ignoré mi salud y bienestar personal. Cada vez que reflexiono al respecto, vuelve a mi mente la imagen de Robert diciendo: "¡Ocúpate de tus asuntos!"

Todos tenemos lecciones de vida.

Después del procedimiento de angioplastia para proteger mi corazón, inicié una prolongada negociación con la compañía de seguros, con el doctor y con el hospital. Al final, me enfrentaba a una factura de 17 000 dólares. Al mismo tiempo que escribo esto, a año y medio de la intervención, la compañía de seguros que escogí con tanta premura ha regresado a mí. Abrieron el expediente para examinar las facturas que pagué y creí habían quedado atrás. La compañía me está cobrando 8 000 dólares más y yo sigo escribiendo cartas. No sé si no ha sido clara en cuanto a sus políticas o si sólo está tratando de sacarme más dinero.

Robert y Kim me ayudaron con la primera factura: me enviaron 10 000 dólares para que no tuviera que preocuparme o pedir un préstamo. Pero a Robert no le gusta solamente regalar dinero. Él cree en el conocido dicho cristiano: "Si se le da a una persona un pescado, se alimentará por un día, pero si le enseñas a pescar, entonces se alimentará para siempre". La desagradable situación de estar enferma y tener enormes cuentas por pagar, fue la lección que me hizo despertar, que me llevó a "ocuparme de mis asuntos."

En este proceso voy logrando varias cosas. Ahora estoy perfeccionando mi trabajo como capellán. Doy clases y trabajo con un excelente equipo de ayuda para gente desahuciada. Al mismo tiempo, cuido de mi vida. El centro budista me proveyó con un excelente refugio para estudiar y practicar, era un mundo de seguridad y certeza. Pero ese mundo ha tenido que expandirse. He tenido que pulir otras facetas y aprender nuevas lecciones. Me he embarcado en un nuevo horizonte en busca de caminos para hacer más dinámica y viable la vida para los monjes en el siglo XXI.

Recientemente me llamó Robert y me contó sobre algo que él escucha recurrentemente. Una persona que quería saber qué hacer ante la tambaleante economía y el mercado de valores, le llamó para pedir consejo. Robert le dijo: "Es hora de que dependas de tus ahorros".

La respuesta fue: "Ya me los acabé".

"Entonces, conserva tu trabajo", explicó Robert.

"No tengo trabajo".

"Entonces, estás perdido", concluyó Robert.

Aunque suena frío, Robert estaba definiendo los hechos, la verdad sin adornos. Todo se resume a: "¡Tienes que encontrar una forma de mantenerte a ti mismo!"

Esta historia es igual a la mía. Así que, a los 60 años, tuve que emprender nuevamente mi camino de vuelta al mundo laboral. Ahora tengo que "encargarme de mis asuntos", desarrollar los medios para cuidarme a mí misma. Robert dice que aunque la generación *baby boomer* ha producido un grupo de gente increíblemente rica, también generó una gran cantidad de personas que dependen del bienestar social y un tercer grupo que vive esperando el siguiente cheque y tiene deudas con la tarjeta de crédito. Nuestra postura ante la vida depende de las actitudes mentales, de la capacidad que tenemos de perseverar y de comprometernos en el mundo. Cuando vives cometiendo errores sistemáticamente, este comportamiento se vuelve habitual y parte de tu realidad.

Lo hermoso de ser humanos es que tenemos la oportunidad de cambiar. No tenemos que dejarnos vencer. Nuestra mente es poderosa y puede *provocar* el cambio. Incluso a mis pacientes del hospicio con una enfermedad terminal, les digo: "Tu mente es poderosa, convoca pensamientos poderosos, no te quedes en el pasado: 'Desearía estar ahí para ver…' o 'Yo debí…' o 'Extrañaré a…'"

Incluso al final de nuestra vida, decimos: "Espero que mi familia pueda seguir bien", "Ojalá que mis hijos tengan éxito", "Espero que nuestros líderes hagan algo bueno por otros", "Que haya paz en el mundo".

Robert y yo compartimos esta aventura contigo porque no se trata sólo de un viaje físico, sino también espiritual. Hemos pasado nuestra vida en busca de una existencia externa que refleje los viajes internos y se funda con ellos, con las búsquedas del corazón.

En el libro abordamos el contraste entre la experiencia que proporciona la escuela de la vida y el encuentro con nuestros maestros espirituales, los que nos dan un peso específico y dirección existencial. En muchos sentidos, nuestra búsqueda es la misma que la de todos. Es una búsqueda del significado, la pertenencia, el éxito y el entendimiento, de la satisfacción y la paz. Robert dice que, gracias a nuestra colaboración en este libro, comprendió mejor la bondad que crece en el corazón. Nuestros corazones albergan los dones más preciosos, y la bondad es uno de ellos.

Por mi parte, he aprendido a tener más valor. Al igual que en el viaje a la tierra de Oz, esta historia describe mi búsqueda de valor. Al escribir y compartir mi vida y mis viajes, encontré valor. Robert se aventuró en un territorio nuevo que no aparece en los mapas, y luego escribió un libro con su hermana sobre la visión espiritual de su viaje. Al hacerlo, encontró más bondad en su corazón.

1

Nacimiento en la historia

Cada generación toma forma gracias al momento histórico en que nace. El desarrollo de la historia nos muestra que los hechos y anécdotas impactan las vidas, decisiones y familias de cada generación.

La guerra y la Gran Depresión dieron forma a la generación de la Segunda Guerra Mundial. La nueva tecnología fue la radio. Asimismo, con la destrucción de Hiroshima y Nagasaki, la guerra nos trajo la era nuclear. En el ámbito político, la Gran Depresión produjo la Seguridad Social, el Medicare y la noción de que el gobierno debía cuidar a los ciudadanos permanentemente.

La generación actual, la de la Guerra de Irak, nació en un momento histórico marcado para siempre por los sucesos del 11 de septiembre de 2001. Ésta debe lidiar con las ramificaciones globales de Internet, el cambio de poder en China, el fin del petróleo, el acelerado calentamiento global y el terrorismo internacional. La generación de hoy se enfrenta a una Guerra Santa de mil años y a una deuda gubernamental masiva. Además, debe pagar por la Seguridad Social y el Medicare, heredados de la generación de la Segunda Guerra Mundial. La generación de la

Guerra de Irak deberá resolver problemas que las generaciones anteriores no pudieron.

Los baby boomers —la generación de la Guerra de Vietnam— nacieron durante la Guerra Fría. Vivieron marcados por el miedo inminente a la posible extinción de la humanidad. Temían que un holocausto nuclear destruyera el planeta en cuestión de minutos. Rusia emplazó misiles en Cuba, dando una ventaja estratégica de minutos a la entonces Unión Soviética. El presidente Kennedy respondió bloqueando a Cuba y, aunque el bloqueo naval nos llevó al borde de un enfrentamiento, previno una guerra nuclear y la extinción del género humano.

En los años sesenta, la televisión fue la tecnología de la generación boomer. Mientras la gente cenaba comida descongelada en su sala, podía ver a los Beatles en el programa de Ed Sullivan. También pudo presenciar desde casa el asesinato de su amado presidente John F. Kennedy, del líder de los derechos civiles, el doctor Martín Luther King, y del candidato presidencial, Robert Kennedy.

Cuando la Guerra de Vietnam comenzó, en vez de marchar obedientemente al frente como sus padres lo hicieron antes, muchos jóvenes quemaron sus cartas de reclutamiento, adoptaron el estilo de vida hippie, hicieron demostraciones de amor y rechazaron muchos de los valores por los que sus padres habían peleado.

Más adelante, los baby boomers se convirtieron en parte de la generación más adinerada del mundo. Al principio usaban sus gorras de piel de mapache al estilo David Crocket y manejaban en Volkswagen a la universidad. Después, en su vida adulta, se montaron en BMW's, Porsches, Mercedes y jets privados. Muchos no estaban satisfechos con tener solamente un lugar para vivir, por lo que compraron otras casas en Aspen, Maui o el sur de Francia.

Para la generación de la Segunda Guerra Mundial, la edad se convirtió en una ventaja en su ascenso dentro del mundo corporativo. En lugar de aceptar los estilos de vida y valores de sus padres, los boomers anunciaron que los jóvenes gobernaban el mundo. Esta idea prevalece en *la generación de la Guerra de Irak, para la cual tener 30 años es ser viejo, especialmente en el sector corporativo. Actualmente hay veinteañeros que se hicieron millonarios al lograr integrar sus compañías en Internet a la Bolsa de Valores. Mientras tanto sus padres, los de la era de Vietnam, batallan para ahorrar unos cuantos dólares en sus planes de retiro y sus abuelos se cuelgan a la Seguridad Social y al Medicare mientras ven cómo la inflación acaba con sus ahorros.*

A pesar de que la generación de la Segunda Guerra Mundial goza de los beneficios de la Seguridad Social y el Medicare, es poco probable que las siguientes generaciones tengan las mismas prestaciones financieras y médicas.

El vacío entre los ricos y todos los demás se incrementó a partir de la generación de los *baby boomers*. El capitalismo difunde el sueño norteamericano en todo el mundo y así lo convierte en el sueño internacional. Pero muchos norteamericanos descubren que, en lugar de ser líderes mundiales en el estilo económico de vida, se han quedado rezagados. Muchos *baby boomers* y sus hijos trabajarán por siempre, pero no para obtener la libertad financiera, sino sólo para sobrevivir financieramente.

Dentro de 50 años, Estados Unidos habrá pasado de ser la nación más rica del mundo, a ser la nación con la mayor deuda. El *american dream* será sustituido por *bye-bye american pie*. Para muchos esto dejará de ser un paraíso terrenal y se convertirá en un infierno.

La pérdida de la seguridad financiera, la creciente competencia mundial y los precios altos —especialmente en el cuidado médico—, han renovado el interés en la espiritualidad y la religión. Se buscan las respuestas a las preguntas sobre la vida que las escuelas, iglesias, negocios o la política no tienen. Con tantos periodos históricos en confrontación, las antiguas preguntas exigen nuevas respuestas. De hecho, antiguas propuestas como la Seguridad Social y Medicare, son la causa de los problemas actuales.

Este encuentro de generaciones, historias, culturas y tecnologías es lo que define la historia que construimos ahora. Si no cambiamos las respuestas, no podremos cambiar el futuro.

Robert: El suceso culminante

En el verano de 1962, Estados Unidos detonó una bomba atómica cerca de la Isla Navidad (un pequeño atolón al sur de las islas hawaianas). Nosotros vivíamos en Hilo, un pequeño pueblo en la Isla Grande de Hawai, en el punto extremo sur del territorio estadounidense.

Papá, mamá y nosotros cuatro veíamos *Las aventuras de Ozzie y Harriet* en el televisor en blanco y negro. No discutíamos sobre qué programa ver porque solamente había un canal. No teníamos opciones, no había video casetera ni DVD, no había TIVO y ni imágenes a color. Se producían tan pocos programas de televisión que la transmisión terminaba a las 10 y media cada noche y reiniciaba a las siete en punto la mañana siguiente.

Repentinamente, a medio programa, un destello cegador de luz blanca iluminó el cielo y nuestra sala. Sólo duró un segundo. Fue tan intensa y brillante que borró todo en la habitación, incluyendo la pantalla de televisión.

"¿Qué fue eso?", gritó alguien.

"¿Alguien tomó una fotografía?"

"¿Qué fue *eso*?"

Esa tarde de verano mi familia presenció algo que permanece en mi memoria, tan poderoso y claro como sucedió hace 46 años. El suceso impactó lo que Emi y yo pensábamos sobre Dios, la guerra, la paz, la salud y el dinero. Afectó nuestras decisiones, acciones y el futuro.

"¡Dios mío! ¡Mira por la ventana!", dijo Beth, nuestra hermana pequeña.

Bonos chatarra o de alto riesgo

En la edición de enero 11 de 2008 del Financial Times, el encabezado decía: "Peligra calificación de crédito triple-A de Estados Unidos." Dicho de otra manera, el antes poderoso Mercado de Bonos de Estados Unidos podía ser degradado y descender al nivel de bonos chatarra (o de alto riesgo).

La mayoría de nosotros sabe que los créditos *subprime* (préstamos con tasas no preferenciales) son un desastre que se originó cuando comenzaron a ofrecerse para que las personas con historiales crediticios pobres pudieran obtener una casa. También tenían la opción de pedir dinero prestado sobre sus propiedades para pagar las deudas en sus tarjetas de crédito. La importancia del encabezado del *Financial Times* radicaba en que, de acuerdo con la agencia calificadora Moody's, el valor crediticio del gobierno de Estados Unidos también sería calificado como *subprime*.

Las advertencias de Moody's sobre los problemas financieros de este país se basaban principalmente en la problemática con los programas de Seguridad Social y atención médica. Según el artículo, "la combinación de los programas médicos y de Seguridad Social es la mayor amenaza a la calificación triple-A a largo plazo".

Esto significa, en términos simples, que mucha gente espera que el gobierno se haga cargo de ella, y éste no cuenta con los recursos para hacerlo.

Beth dirigió nuestra atención hacia el espectáculo que sucedía en el cielo. Al acercarnos a la ventana, todos susurramos lo mismo: "¡Oh, Dios mío!"

Durante las siguientes horas, mientras otros estadounidenses continuaron viendo televisión, nosotros observamos el cielo desde la ventana del comedor. Vimos cómo pasó de ser un irritante destello anaranjado, a un vertiginoso rojo brillante, morado oscuro y, finalmente, al negro.

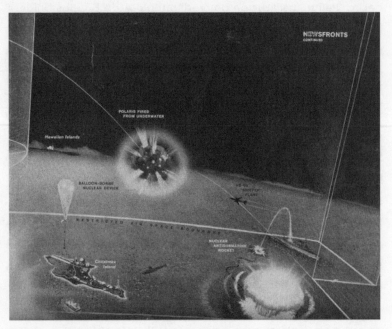

Imagen de la revista *Life* señalando varias formas y sitios de las pruebas nucleares en la Isla Navidad.

En el verano de 1962 tenía quince años y estaba a punto de entrar a la preparatoria. Mis hermanos y yo, cercanos en edad, estábamos conscientes de la amenaza atómica y de la posibilidad de guerra contra la Unión Soviética, la China Comunista, o con ambas. Teníamos edad suficiente para entender lo que podía significar el irritado cielo que vimos desde nuestra ventana. La posibilidad de una guerra atómica estaba muy lejos de los hogares de la mayoría de los norteamericanos, pero nosotros podíamos verla con tan sólo asomarnos al patio.

En la escuela llevábamos a cabo simulacros de ataques nucleares. Nos entrenaron para resguardarnos bajo nuestros pupitres en cuanto se accionara la sirena. Algunas familias construyeron refugios antinucleares en sus patios y realizaron celebraciones para bendecirlos.

Nosotros no construimos un refugio. En lugar de eso, mi padre se convirtió en líder local de Protección Civil y mi madre, Marjorie, quien era enfermera, se unió a la Cruz Roja. En caso de que se desatara una guerra atómica, ambos tendrían que ayudar en los desastres.

Aunque por fortuna nunca hubo una guerra atómica, el pueblo de Hilo, en Hawai, se vio azotado por varios desastres naturales que incluyeron peligrosos maremotos. En los sesenta, una ola gigantesca golpeó la parte más baja del pueblo durante la noche y murieron unas 50 personas.

Los desastres locales también incluyeron erupciones volcánicas. De hecho, durante la Segunda Guerra Mundial los militares bombardearon un enorme flujo de lava con la esperanza de desviarlo antes de que destruyera la ciudad. En aquellos días también se temía que la luz que la lava emitía atrajera la atención de los japoneses y nos atacaran. La mayoría de las erupciones podían contenerse si se les detectaba a cierta distancia, pero muchas ocasionaron daños mayores y amenazaron a todo el pueblo. En esa misma década los flujos de lava destruyeron granjas de papaya y orquídeas, así como los hogares de muchas familias.

Las funciones que mis padres tenían como líderes comunitarios los obligaban a ausentarse por días. Ofrecían servicios médicos y sociales que otros necesitaban. Ése era el ejemplo que daban, sin importar si la causa era la educación pública, la salud, los maremotos, los flujos de lava o la amenaza de una guerra nuclear. Los niños Kiyosaki crecimos en un ambiente familiar en el que no sólo se hablaba sobre el servicio a la comunidad y la responsabilidad cívica: crecimos con padres que hablaban poco pero hacían mucho. En ese sentido eran excelentes modelos a seguir.

Papá fue nombrado superintendente escolar de Isla Grande en 1959.
Fue entonces cuando nos mudamos a esta enorme casa llena
de recovecos. Observa el árbol sin hojas que está a la izquierda.
Las hojas cayeron después de las prolongadas erupciones volcánicas.
Pero el siguiente año, y sólo ese año, floreció de manera espectacular.
Creemos que se debió a la ceniza volcánica.
En esta casa pasamos nuestros mejores años.
Cada año limpiábamos muy bien y organizábamos una fiesta
para los miembros del Departamento de Educación.

Durante el desastroso maremoto de 1960, nuestros padres ofrecieron ayuda por varios días. Nuestra casa estaba en una colina, por lo que no resultó afectada. Mis padres sabían que estaríamos a salvo. Recuerdo claramente que mi padre me despertó en la madrugada de aquel terrible día.

"Cuida a los niños", dijo. "El pueblo fue destruido y muchas personas murieron. Mamá y yo tardaremos en volver." Yo tenía trece años.

Crecimos en una familia muy interesada en buscar "soluciones" para ayudar y ofrecer servicio. Mis padres eran voluntarios de su comunidad. Nos brindaron un hogar y un refugio para las tormentas de la vida. Hicieron todo lo posible para protegernos, pero no pudieron resguardarnos del mundo, y éste nos atacaba desde todos los frentes.

Papá señala dos sillas que el maremoto arrojó al techo
del Restaurante Hukilau, uno de los favoritos de nuestra familia.

Para los jóvenes de los sesenta la vida era emocionante, atemorizante, confusa y desafiante. Esta época de la historia se conoce como la Era Atómica. A veces nos regodeábamos en el orgullo nacional por los logros de Estados Unidos, especialmente por el programa espacial. Pero aun en medio del brillo patriótico enfrentábamos la realidad de una guerra nuclear que amenazaba desde el cielo. Había una gran diferencia entre escuchar las noticias sobre la posibilidad de una guerra atómica, y presenciar una explosión nuclear con nuestros propios ojos.

Nos parecía que esconderse en un refugio subterráneo y encorvarnos bajo el escritorio no tenía mucho sentido. El clima de miedo e incertidumbre nos generó dudas y preguntas sobre el futuro. Las imágenes de los ataques a Hiroshima y Nagasaki aumentaban nuestro desconcierto, ya que somos la cuarta generación en Estados Unidos de una familia de origen japonés.

Para mí fue casi imposible luchar contra esa sensación de inutilidad, contra la actitud: "¿Qué importa?", sé que otros compartían mi impotencia. Muchos padres comentaron que sus hijos tenían pesadillas, soñaban con su muerte en una explosión atómica o con la caída de un invierno nuclear, término con el que se describía a la Tierra envuelta en una nube de polvo radioactivo. Muchas personas que fueron niños entre los sesenta y los ochenta, sentían que habían perdido algo durante su infancia, un futuro que no sucedería. Es difícil soñar con el futuro cuando no estás seguro de que llegará.

Cuando presenciamos la explosión de la bomba atómica, se tambalearon las bases de lo que nos habían enseñado en el catecismo: "No matarás". Nos había tocado presenciar algo más parecido al título del conocido himno protestante: "Adelante, soldados cristianos".

Ser niño en ese tiempo fue atemorizante y confuso. Mamá siempre dijo que yo tenía una vena maligna, y con el tiempo mis propios temores se confirmaron. A los quince, el mismo año de la explosión atómica, compré un rifle de 81 dólares por medio de un catálogo. Lo pagué con mi dinero. Mi padre detestaba la idea de que tuviera un arma de fuego, pero a mí me encantaba dispararlo.

Cuando cumplí dieciséis, un chico me apuntó con una pistola en un cine. No sé si el arma estaba cargada o no, pero el incidente me afectó psicológica y emocionalmente. Tuve miedo, pero éste pronto se convirtió en agitación. Fue una experiencia que crispó mi adrenalina y me hizo más fuerte.

Yo lucía como un "buen chico", pero por dentro era una terrible persona que mi madre no quería que los vecinos conocieran. La iglesia dominical había calmado esa parte de mí, al tiempo que el gobierno norteamericano la convocaba a luchar. Podía ver las contradicciones pero, ¿qué era lo correcto y qué lo incorrecto? Era imposible saberlo y me cuestioné el mandamiento "No matarás". Comencé a preguntarme si no debería cambiarse a: "Mata o muere".

Yo escuchaba las lecciones que nos daban en la iglesia y sabía que eran importantes, pero me resultaba difícil creer las historias con que las ilustraban.

Un futuro marinero en entrenamiento.

La Creación, el Arca de Noé, la Virgen y el niño Jesús, la caminata sobre el agua… sencillamente no podía tragarme esas historias inverosímiles. Mi actitud molestaba a mi madre y a sus amigas, a quienes llamaba "las señoras de la iglesia". Ellas creían las enseñanzas sin cuestionarlas.

"Eso se llama fe", decían, "y tienes que creer si quieres ir al cielo".

Yo no podía "beberme el Kool-Aid", como se decía en aquella época. Es una frase con la que muchos estamos familiarizados porque comenzó a usarse gracias a un predicador llamado Jim Jones. Él llevó a sus seguidores a Guyana en 1977 y los hizo beber Kool-Aid mezclado con veneno. Fue un suicidio masivo en el nombre de Dios; las desagradables fotografías dieron la vuelta al mundo.

Aunque estas enseñanzas con sabor a Kool-Aid no eran para mí, siempre fui educado y no desafié a las "señoras de la iglesia". Mi forma de sobrellevarlo fue ir paso a paso, cuidadosamente; tomando sólo lo que me parecía lógico y haciendo a un lado lo absurdo. No sé si escogí este camino por mí o si la situación lo impuso. Como sea, sabía hacia dónde me dirigía y lo que tenía que hacer, sabía que mi momento llegaría pronto.

Para buscar respuestas sobre Dios, la guerra, el dinero, la religión, la escuela y nuestra vocación, mis hermanos y yo tomamos diferentes caminos. A pesar de que nuestros padres no estaban de acuerdo con nuestras decisiones, se aseguraron de darnos la libertad de elegir.

Aquella explosión reveló mi lado oscuro; diez años después mi rifle se había convertido en un helicóptero de la Marina con seis ametralladoras y dos compartimentos para misiles. La Biblia dice: "Naciste para un tiempo como éste". Tal vez todos lo hicimos; al menos así fue en mi caso y mi lado oscuro estaba surgiendo.

La situación de entonces y la explosión atómica de 1962 contribuyeron a las decisiones, acciones y reacciones de toda la familia Kiyosaki. Mis padres, Ralph y Marjorie, renunciaron a sus empleos en 1964 para unirse como voluntarios a los Cuerpos de Paz del presidente Kennedy. Sus salarios se redujeron sustancialmente. Mis dos hermanas se integraron a los movimientos de paz y protestaron contra la Guerra de Vietnam en la escuela y en las calles. Los dos varones fuimos voluntariamente a Vietnam: Jon se unió a la Fuerza Aérea y yo a la Marina. Irónicamente, cada uno trabajó por la paz a su estilo.

Este libro inicia con la guerra porque ésta fue determinante en la definición de nuestros valores y búsqueda personal. Sin el fantasma de una guerra mundial atómica, y sin la Guerra de Vietnam como escenario, sería imposible saber si Emi o yo habríamos buscado las respuestas sobre Dios, cada uno en busca de su propia paz.

EMI: LOS OJOS ABIERTOS

Ser niña en los sesenta fue un desafío, no sólo por aquella visión del cielo color sangre o por las contradicciones que enfrentábamos, también había una oscura nube de emociones sobre nosotros. Cada noche veíamos en las noticias la amenaza de una guerra nuclear contra los soviéticos, la posibilidad de enfrentar enemigos con armas terribles y las inefables consecuencias de la muerte y la devastación. La prueba de la realidad estaba frente a nosotros.

Mientras vivía en Hilo y enfrentaba situaciones que ningún niño debería, no había forma de olvidar la nebulosa permanente del holocausto nuclear. Era una destrucción masiva causada por el hombre, no por Dios. La nube nos dejó una fuerte impresión a mí y a mi hermano Robert. Nos esforzamos por llevar vidas normales, pero cuando menos lo esperábamos la amenaza nuclear se hacía real nuevamente.

Aunque se supone que los parques son para jugar, el gobierno de la ciudad edificó un modelo de refugio contra bombardeos justo en medio de un parque en el centro de Hilo. Era una forma de mostrarle a todo mundo "cómo se debían construir". Era una estructura enorme y, por supuesto, estaba abierta al público. Recuerdo bien el recorrido: era un espacio reducido, diminuto, húmedo, frío y oscuro. Olía a tierra, hongos y concreto húmedo. No podía pensar en estar ahí por más de diez minutos y mucho menos vivir con mi familia por semanas o meses.

Los simulacros de ataque aéreo que había en la escuela parecían importantes entonces. Trabajábamos en un problema de matemáticas y de pronto sonaban las sirenas. Todos nos escondíamos obedientemente bajo el pupitre. En la actualidad sabemos lo inútil que resultan dichos ejercicios, pero en esos años nos decían que agacharnos bajo el pupitre y cubrir nuestras cabezas podía salvarnos la vida.

Nuestros padres nos protegieron del mundo todo cuanto pudieron. Se esforzaron por ocultarnos las noticias sobre las crecientes tensiones mundiales y los posibles conflictos. Ellos sabían, tanto como nosotros lo sentíamos, que la guerra y los disturbios podían surgir en cualquier lugar y ubicarnos en una situación peligrosa, a pesar de estar en un lejano pueblo en Hawai.

La causa parecía ser noble: luchar por "la verdad, la justicia y el estilo de vida norteamericano", tal como lo decía el narrador en *Superman*. Parecíamos estar en una lucha entre el bien y el mal y nosotros éramos los buenos. Convocaron a todos a la guerra, incluso a los más jóvenes.

La respuesta de mi padre fue convertirse en el líder del grupo local de Protección Civil, y la de mi madre, aprovechar sus conocimientos de enfermería para unirse a la Cruz Roja norteamericana. Debido a su participación en las actividades comunitarias, asistimos a todo tipo de eventos. Recuerdo una tarde cuando fuimos en auto a otro pequeño pueblo en donde tres familias habían reunido todos sus recursos para construir una red de habitaciones y pasajes subterráneos. Fue nuestra primera fiesta en un refugio antinuclear. Las familias estaban muy orgullosas de contar con un espacio masivo en caso de emergencia. En cada refugio cabían unas doce personas bien acomodadas.

Mientras los otros admiraban el lugar, yo me preocupaba cada vez más. ¿Por qué nosotros no hacíamos algo así? ¿Nuestra familia no necesitaba uno de esos refugios? Si hubiera un ataque, ¿tendríamos tiempo de ir en auto a otro refugio? ¿La gente que ya estaba a salvo nos permitiría entrar?

Además, no me imaginaba viviendo como un animal atrapado en un *bunker* frío, oscuro y húmedo. Era muy joven y tampoco podía asimilar que un panal de cemento me protegería de lo que había visto por la ventana aquella tarde.

Además, ¿me gustaría vivir en un mundo destruido por armas nucleares?

Esta visión sombría de ser los únicos sobrevivientes en una tierra estéril, se complementaba con la obra que estábamos leyendo en la escuela, *Sin salida*, de Jean-Paul Sartre. Me parecía que la lectura seleccionada por mi profesor de inglés de la preparatoria era profética. *Sin salida* es la historia de tres personas atrapadas en una habitación sin ventanas, y con una sola puerta cerrada. Los personajes creen que serán torturados por sus captores, pero finalmente descubren que cada uno torturará a los otros dos.

Probablemente yo me sentía muy sensible en aquella época, o tal vez nuestro profesor trataba de decirnos algo a través de un gran escritor. De cualquier forma, el mensaje de Sartre —o de mi maestro— no se perdió en mí. Lo que nunca podría haber previsto fue cómo, al complementarse con los sucesos de 1962, ese texto me arrastraría hacia mi destino.

Mientras crecíamos tuvimos que enfrentar otra "guerra": la del desarrollo de una coexistencia pacífica con la Madre Naturaleza. Además de sufrir por los volcanes activos, la Gran Isla de Hawai se hunde paulatinamente. Su situación en medio del océano más grande del mundo la hace vulnerable a maremotos y a los efectos del calentamiento global.

En 1960 un maremoto devastó el hermoso pueblo de Hilo; la ola lo golpeó a la una y cinco de la madrugada. Nosotros perdimos a una amiga de la infancia. Tres días más tarde, cuando retiraron los escombros de su casa, encontraron su cuerpo aún sobre su cama. Otra amiga de mayor edad nos comentó que todos se despertaron en la madrugada y, en cuanto sintieron el agua en el piso, se aferraron a lo que pudieron. Ella se abrazó con fuerza a unos "arbustos", y cuando el nivel del agua descendió, descubrió que estaba en lo alto de un árbol con otras personas. Los rescataron con las escaleras de un vehículo de bomberos.

El desastre acabó con tiendas, casas, industrias, un hospital y una escuela. Una ola mató a 60 personas. Tenía más de diez metros de altura y atravesó el pueblo mientras dormíamos. Destruyó todo a su paso, arrancó rocas y grava del suelo del océano, y las escupió en la tierra. La fuerza de la ola era tan grande que los parquímetros se doblaron como plastilina y las casas y los autos quedaron amontonados, unos sobre otros, como juguetes abandonados por un niño aburrido.

Vivíamos en la Isla Grande de Hawai, por lo que las fuerzas de la naturaleza siempre estuvieron presentes en nuestra vida familiar. Había flujos de lava volcánica. El que se muestra aquí no pudo ser desviado y destruyó la casa de un amigo. La gente era evacuada y solamente podía observar sobrecogida.

Mamá y papá nos despertaron en la madrugada. Nos avisaron que nos dejarían solos para ir a colaborar con los equipos de rescate. Nosotros vivíamos a varios kilómetros del océano y la ola no nos afectó, pero mamá era enfermera y papá tenía que abrir las escuelas para que funcionaran como albergues.

El pueblo estuvo cerrado completamente por semanas y la gente ayudó hombro con hombro. Mamá nos llevó a lavar rollos de tela de una tienda de confecciones. Recuerdo que desenrollamos la tela y la extendimos en largas filas sobre el césped de un parque. La belleza de los colores y los estampados bajo el rayo del sol, nos maravillaron.

En ocasiones, papá también tenía que ir a sitios en donde la lava aún fluía y quemaba pueblos enteros. Un compañero de la escuela y su familia tuvieron que mudarse porque, tras varias semanas en que el vapor continuara saliendo del suelo, la pequeña granja que estaba atrás de su casa se transformó en un cráter volcánico. Otros amigos de la familia perdieron su propiedad junto a la playa porque el flujo de lava alcanzó la casa y la arrasó al océano. El terreno se transformó en un basurero inundado en lava y quedó totalmente deteriorado e irregular.

En contraste con la destrucción, también podíamos contemplar escenarios volcánicos naturales que nos fascinaban. Papá nos llevaba a las áreas volcánicas cercanas para presenciar la majestuosidad de la naturaleza. Robert, nuestros hermanos, sus amigos y yo, crecimos frente a una expresión muy real y poderosa de la constante transformación de la Tierra.

En aquel tiempo nos rodeaban la guerra, los conflictos, la pérdida y el cambio. Sólo podíamos aferrarnos a la familia, y también en ella sufrimos enfermedad, pérdida y cambios. Durante esos años de formación murió nuestra abuela en Chicago y después nuestros bisabuelos en Maui. Esas pérdidas provocaron modificaciones en fuerza y posición, lo que significó una transformación en los poderes jerárquicos familiares.

2

Guerra y paz

Como mencioné anteriormente, este libro inicia con el tema de la guerra y sus imágenes porque ésta fue el instrumento que definió los valores de nuestra familia biológica, así como nuestra búsqueda personal de respuesta a viejas preguntas.

Lo mismo que otras personas, nos esforzábamos por entender los valores de nuestros padres y la forma en que encontraríamos a nuestra familia espiritual. Como éramos japoneses-americanos, con frecuencia nos enfrentábamos a las ramificaciones de la guerra, particularmente de la Segunda Guerra Mundial. Irónicamente, la guerra nos ayudó a encontrar respuestas y a conquistar el miedo, incluso el temor a la muerte. Nos llevó a descubrir que hay cosas por las que vale la pena morir.

En 1962, presenciamos una explosión atómica. Ese suceso detonó emoción y temor en la familia. Disparó las preguntas que nos hemos hecho una y otra vez en el curso de nuestras vidas. La visión del cielo pasando del rojo brillante al morado oscuro, iluminó más preguntas que respuestas. Nos hizo cuestionarnos cómo era que los humanos podían invertir tanta tecnología para matar a sus congéneres.

¿Y con qué propósito?

Robert: Lecciones de guerra

Desde los catorce años supe que iría a la guerra. No sabía por qué, sólo lo sabía. Llámalo intuición. A esa edad pregunté a mis padres si podía ser voluntario en la Marina. Cuando mi papá me preguntó por qué en la Marina, respondí: "Porque son los primeros que luchan, son los primeros que llegan a las playas."

Mi papá sólo negó con la cabeza y sugirió que esperara hasta cumplir dieciocho para tomar la decisión.

Siete de mis tíos fueron a la guerra. Cuatro de ellos lucharon en la Segunda Guerra Mundial en Europa, fueron miembros del Regimiento 442, la unidad de combate más condecorada en la historia militar de Estados Unidos. Los miembros de esta unidad, principalmente de origen japonés, ganaron más de 18000 condecoraciones individuales, incluyendo 9486 Corazones Púrpuras y 4000 Estrellas de Bronce. Había 21 medallas de honor. Además, el Regimiento 442 fue alabado cinco veces por el presidente, durante los veinte días que duró la batalla en Rhineland. Fue la única unidad militar con semejante logro.

Su valentía ayudó a minimizar parte del prejuicio que surgió tras el ataque japonés a Pearl Harbor. Muchos de los hombres de esta unidad tenían el compromiso de probar su lealtad como norteamericanos. Tal vez por ello lucharon tan fieramente y sufrieron tantas pérdidas. Afortunadamente, mis cuatro tíos regresaron a salvo.

Otros dos tíos lucharon por Estados Unidos contra los japoneses. Uno de ellos fue prisionero en Filipinas y parte de la infame Marcha Bataan de la Muerte. Como muchos de los que participaron en la caminata de 100 millas, fue torturado por sus captores pero sobrevivió. Wayne Kiyosaki, el hermano menor de mi padre, escribió un libro sobre su captura y la terrible experiencia que vivió en manos de los japoneses. El libro se titula *Un espía en la niebla* (*A Spy in Their Midst*). Pasó el resto de su carrera militar en la Fuerza Aérea, en Japón y en Estados Unidos. Trabajó para la oficina de investigaciones especiales. De hecho, tiempo después trabajó con algunos de sus captores y los perdonó diciendo: "La guerra quedó en el pasado", y: "En la guerra hacemos cosas terribles."

Mi tío Wayne también luchó en la Guerra de Korea. Hablaba un dialecto chino con fluidez y fungió como intérprete. Traducía los mensajes en chino que se enviaban durante el conflicto.

Mi decisión no tuvo que ver con el hecho de que siete de mis tíos hubieran ido a la guerra porque ellos casi no hablaban sobre eso. Mi padre no luchó. Fue voluntario pero lo clasificaron como inadecuado porque no tenía buena vista, era demasiado alto y muy delgado. En vez de ir a la guerra tomó un empleo de maestro en un pueblo extremadamente alejado de la Isla Grande de Hawai. Ahí conoció a mi madre, quien era enfermera. Era un pueblo de plantaciones de azúcar. De haber ido a la guerra, no habría conocido a mi madre, no habría sido nuestro padre ni compartido la vida que tuvimos.

Cuando me gradué de la preparatoria en 1965, el fantasma de la guerra influyó en mi selección de escuela. Solicité y recibí dos nominaciones para obtener una beca: una para la Academia Naval de Estados Unidos, en Anápolis, Maryland, y otra para la Academia de la Marina Mercante en Kings Point, en Nueva York.

Acepté el nombramiento en Kings Point por cuatro razones.

Número uno: mi papá no iba a pagar mis estudios. Él creía que yo era tan mal estudiante que pagarme la universidad sería un gasto inútil.

Número dos: descubrí que los graduados de Kings Point eran de los mejor pagados del mundo, incluso mejor pagados que los de la Academia Naval. El dinero ya era importante para mí a esa edad.

Número tres: sabía que necesitaba un ambiente muy estricto y disciplinado. Asistir a la Universidad de Hawai, a donde habían ido muchos de mis amigos, hubiera sido un error. Me habrían expulsado de inmediato.

Y número cuatro: deseaba viajar alrededor del mundo en barco, seguir las huellas de los grandes exploradores como Colón, Cortés y Magallanes. Mi deseo se cumplió, más o menos. Un año más tarde, cuando tenía 19, navegué a la bahía de Cam Ranh, en Vietnam. La Academia de la Marina Mercante enviaba estudiantes al mar por un año a bordo de buques mercantes como petroleros, cargueros y líneas de pasajeros. Durante ese año los estudiantes viajaban alrededor del mundo. Yo tenía la esperanza de que me embarcaran hacia Europa y Sudamérica, pero mi primera misión fue a bordo de un buque carguero que transportaba bombas a Vietnam. Ahí presencié la guerra en primera fila.

De izquierda a derecha: Robert; su mamá, Marjorie; su papá, Ralph; y su hermana, Beth, en la graduación de Robert de la Academia de la Marina Mercante, el 4 de junio de 1969. Fue un momento de orgullo. Emi dijo: "Yo deseaba estar en la graduación de Robert, pero estaba en casa preparándome para el nacimiento de Érika que sería al mes siguiente."

Participar en la guerra, en vez de observarla a través de películas o de la televisión, afectó profundamente mi visión del mundo. Me preguntaba cómo, siendo humanos, podíamos invertir cantidades tan grandes de tiempo, dinero, esfuerzo y tecnología para matarnos unos a otros.

Vi por primera vez a los monjes budistas cuando estuve en Vietnam en 1966. Los vi enfundados en sus batas, con tazones de arroz y reuniendo comida. Pedían arroz a la gente que pasaba por la calle. Si les dabas comida, ellos rezarían por ti. Si no les dabas, no obtendrías sus bendiciones. Eso fue lo que nos dijeron, y me molestó mucho.

En el catecismo nos habían enseñado a "amar a tu prójimo como a ti mismo". Nadie mencionó nada sobre pedirle comida. No entendí lo que había visto y pensé que era una hipocresía. Me recordó las experiencias que tuve en la iglesia durante mi niñez. Veía a la gente que era piadosa en el templo, pero en cuanto llegaban al estacionamiento comenzaban a acuchillarse los unos a otros.

Al regresar de Vietnam en 1966 vi por primera vez a los *hippies* en San Francisco. Tampoco los entendía. No sabía que más adelante mi propia hermana seguiría estos caminos, el del budismo y del movimiento de paz.

En 1968, más o menos en la época de la ofensiva Tet en Vietnam y de las protestas en las calles estadounidenses, la hora de la comida en casa se convertía en un asunto muy interesante. Mamá y papá trabajaban en los Cuerpos de Paz, mis hermanas estaban decididamente contra la guerra, y mi hermano y yo nos preparábamos para unirnos a ella. Aunque respetábamos los puntos de vista de los otros, había divergencia de opiniones. Mamá y papá eran más o menos neutrales y permitían que nos formáramos y que defendiéramos nuestras propias ideas. Yo era menos neutral. Pensaba que mis hermanas eran ingenuas y traidoras, que los chicos con quienes salían habían eludido su reclutamiento por cobardes o *hippies*, y que no eran "verdaderos hombres".

Aunque amaba a mis hermanas, durante muchos años no tuve mucho de qué hablar con ellas. La guerra me había separado de mi familia.

Dos años más tarde, en 1969, me gradué de Kings Point como tercer oficial y acepté un empleo muy bien pagado en la Standard Oil de California. Trabajaría en uno de sus buques-tanque. Era un buen empleo con mucha seguridad, justo como el que mis padres deseaban para mí.

Sólo duró seis meses.

De vuelta en San Francisco, vi cómo el Verano del Amor de los *hippies* se convertía en una vida de drogas y protestas encolerizadas. Recordaba vívidamente que me habían escupido dos veces por portar el uniforme militar. Hombres y mujeres escuálidos de pelo largo me ofrecían flores diciendo: "Paz, hermano". Pensaba que eran cobardes y perdedores, que estaban equivocados. Yo sentía la obligación de tomar partido, renuncié a mi bien pagado empleo como oficial de buque con la Standard Oil de California, y me convertí en voluntario para defender a mi país.

Después de definir mi posición, conduje de California a Pensacola, Florida, para ingresar a la escuela de vuelo. En 1971 estaba de vuelta en la Costa Oeste, en Camp Pendleton, para un entrenamiento avanzado en helicópteros artillados. En 1972, a los 25, estaba de nuevo en Vietnam. En esa ocasión como teniente de la Marina y piloto de un artillado.

Fui voluntario por muchas razones. Estaba exento del reclutamiento porque formaba parte de la Industria Vital No-Defensiva, es decir, la del petróleo. No obstante, decidí que era mi deber luchar por mi país. También lo hice porque mi hermano más chico, Jon, lo había hecho. Y, finalmente, porque quería ir a la guerra. Mi vena maligna, mi lado oscuro, deseaba pelear. Yo quería hacerlo. Quería saber lo que se sentía "morir o matar", y deseaba experimentar nuevamente la emoción que tuve a los dieciséis años en aquel cine. Quería saber si contaba con lo necesario. Ésta era la guerra de mi generación y no quería perdérmela.

Tal vez tuvo algo que ver con que mi familia desciende de los Samurai por la línea paterna. Los Samurai son la clase guerrera de la cultura japonesa. Tal vez creí que tenía una tradición familiar Samurai que mantener viva. Sin importar el origen de mi compromiso, me había bebido el Kool-Aid militar y sentía que estaba perpetuando la tradición de la familia.

Seguí preguntándome cómo era que los humanos podían invertir tanto tiempo, dinero, tecnología y esfuerzo para matar, pero en mi interior comprendía que asesinar es, y siempre será, parte de la naturaleza humana. Ha habido muchas guerras a lo largo de la historia y, desgraciadamente, seguirán existiendo en el futuro.

A través de la historia, cada cultura ha tenido una clase guerrera. Las culturas débiles, siempre han sido conquistadas por culturas que poseen ejércitos más fuertes. El trabajo de un guerrero es mantener la paz, y para ello siempre debe estar listo para la guerra.

Lo que quiero explicar es que no estoy en contra de la guerra. Estoy a favor de la paz y, por lo mismo, estoy dispuesto a pelear por ella, aunque suene muy bizarro para algunos. Para sobrevivir, para mantener la paz y para florecer, una civilización necesita guerreros. En cada ciudad siempre se necesitarán policías, bomberos, doctores, enfermeras, líderes cívicos, trabajadores, profesionales, educadores y gente de negocios. Estas personas son guerreras de corazón. Son como muchos que viajan y luchan para salvar una vida, cuando otros huyen para salvarse a sí mismos.

Comencé a pensar que la paz y la prosperidad no dependían exclusivamente de quienes las salvaguardan. Por supuesto, esto me ponía en desacuerdo con las creencias de mis padres y mis hermanas.

En la película *Salvando al soldado Ryan*, el director Steven Spielberg retrató los horrores y el heroísmo en la guerra. No tenía nada que ver con las películas glamorosas de Hollywood en donde aparecía John Wayne. En la guerra no se usan sombreros blancos. Si hubiera sabido cómo sería la experiencia real, no me habría ofrecido como voluntario.

Justamente antes de partir a mi misión, un veterano de la Segunda Guerra Mundial con muchas condecoraciones me dijo que, en su época, cuando un novato se unía al escuadrón tenía que estar preparado para dispararle a un prisionero en el rostro. Era una regla "extraoficial" del campo de batalla. El conocido dicho que usamos en los negocios y en la vida cotidiana: "No tomes prisioneros", en ese contexto significaba: "Mejor dispárale al prisionero". Por supuesto, eso iba en contra de todas las reglas de la guerra que nos habían enseñado. Pero en la zona de combate, donde te encuentras frente a frente con la realidad de la vida y la muerte, harás lo necesario para salvar tu vida y la de los compañeros de escuadrón.

Afortunadamente, aunque me sentía preparado para hacerlo, nunca tuve que jalar el gatillo.

En *Salvando al soldado Ryan*, el personaje de Tom Hanks no pudo matar al prisionero alemán y éste lo asesinó a él.

De cierta forma, lo mismo sucede diariamente en los negocios y en la vida. Además de la brutal realidad de la supervivencia, la guerra me enseñó muchas otras cosas. Más de las que comprendí entonces. A través de los años he podido resumirlas en tres lecciones importantes.

Estando en la guerra aprendí que *es muy fácil hablar*, y que *las acciones dicen más que mil palabras*. Sé que lo hemos escuchado muchas veces, pero antes de la guerra sólo eran palabras para mí. Muchos jóvenes murieron porque la gente que estaba de nuestro lado no cumplió su palabra. Nos pidieron pelear en una guerra que no tenía razón de ser. Hoy en día sigo apoyando a nuestras tropas, pero tengo la misma sensación de traición por parte de nuestros líderes. Esos mismos líderes que son parte de mi generación y que fueron jóvenes en mi tiempo; no lucharon en Vietnam y no aprendieron las lecciones que recibimos al pelear en la guerra de nuestra generación. Me parece que muchos de los que ordenaron la invasión de Irak, muy convenientemente "se habían perdido" la Guerra de Vietnam. ¿Habrán sido *hippies* en San Francisco o burócratas en Washington?

Reitero que no estoy en contra de la guerra. Siempre hay un tiempo y un lugar para ella. En realidad estoy en contra de no aprender las lecciones por las que otros murieron décadas atrás. Sobretodo, estoy en contra de que ignoremos esas lecciones una vez más. El dramaturgo George Bernard Shaw alguna vez escribió: "Si la historia se repite y lo inesperado siempre sucede, qué incapaz debe ser el Hombre de aprender de la experiencia".

Otra razón que respalda mi preferencia por la guerra es que, en algunas ocasiones, *la guerra lleva a la paz*. Inglaterra fue nuestro enemigo en varias ocasiones y ahora es nuestro gran aliado. Lo mismo sucede con Francia, Alemania, Italia, México y Japón. En Estados Unidos también hubo una guerra interna entre el norte y el sur. Ahora estamos en paz y somos socios comerciales. A veces la guerra es precursora del comercio y, a su vez, el comercio trae paz.

En general no es benéfico para el negocio dispararle a los clientes. No obstante, si una guerra no se pelea hasta el final y no hay un ganador evidente, la paz no llega. Por el contrario, la guerra puede continuar por años, así como sucedió con Alemania Oriental y Alemania Occidental, con Corea del Norte y Corea del Sur, y con Vietnam del Norte y Vietnam del Sur. Ahora, las dos Alemanias están unidas y prosperando, al igual que los dos Vietnam. Corea del Norte, sin embargo, padece una terrible pobreza y sigue siendo una amenaza. Aunque es muy costoso en muchos sentidos, cuando una guerra se pelea hasta el final, puede ser un camino más rápido hacia la paz.

Por desgracia, la Guerra de Irak no es una guerra entre naciones, sino de naciones, entre tribus, peleada bajo la bandera de la religión. Es un conflicto de mil años, una repetición de las cruzadas, excepto por el hecho de que ésta se pelea con armas de alto poder. Así continuará.

La tercera lección es: *la paz llega a través de la prosperidad.* Aunque se ha asesinado a muchos en nombre de Dios y del patriotismo, la mayoría sabe que la verdadera causa de la guerra es el dinero. Las razones reales subyacentes a la Guerra de Irak no son la libertad o la democracia, sino el petróleo y las ganancias. La guerra es provechosa para mucha gente. Hay cientos de compañías que hacen sus fortunas gracias a ella.

Por eso abandoné la Marina en 1974. Ya había tenido suficiente de la guerra y sabía que había un mejor camino hacia la paz. Hasta ese año pasé mi vida estudiando para ser un guerrero. El gobierno había invertido mucho dinero para entrenarme y proveerme con las herramientas del oficio. Era tiempo para la paz. Mi búsqueda comenzó.

Fue precisamente esta búsqueda de paz y de respuestas a preguntas espirituales, lo que nos acercó a mi hermana y a mí nuevamente tras varios años.

Ahora me siento agradecido de haber ido a la guerra y vivir aquellas experiencias en combate. En la Marina obtuve un nivel de disciplina y madurez que no había encontrado ni siquiera en la escuela militar. Como marino, se me dio la oportunidad de conocer a algunos de los mejores caballeros que he encontrado en mi vida. Unos eran oficiales y otros marinos. Gracias a esta experiencia, las palabras como honor, valor, misión, respeto e integridad, adquirieron un significado profundo para mí. Cuando hago negocios siempre busco esas cualidades en la gente con quien trato.

La guerra también me enseñó mucho sobre la gente y el carácter. Cuando nos enfrentamos a situaciones difíciles, tanto en la guerra como en la vida, mostramos nuestro verdadero ser. Eso saca lo mejor o lo peor de cada uno. Cuando alguien se enfrenta a la adversidad, al estrés o a la posibilidad de una batalla de vida o muerte, podemos contemplar el verdadero carácter de una persona, su fortaleza o su debilidad.

La guerra es una auténtica prueba de carácter.

En 2007 me reuní con Shimon Perez y un pequeño grupo de gente. Perez fue Premio Nobel de la Paz y primer ministro de Israel. Cuando nos conocimos era presidente de ese país. Durante la hora que duró la reunión, el señor Perez, dijo: "La guerra une. El precio de la paz, divide". Para explicarse mejor, continuó: "Los gobiernos sólo pueden hacer la guerra, no pueden hacer la paz". Después habló de la privatización de la paz, asegurando que mantener la paz contribuía al bienestar de los negocios. Él creía que si las naciones contaban con una milicia fuerte, los negocios fortalecerían el proceso de paz a través de las relaciones comerciales entre los países. El ganador del Premio Nobel nos hablaba sobre la obtención de la paz a través de la prosperidad.

Cuando salí de la reunión sentí que Perez tenía pocas esperanzas de que los esfuerzos religiosos o gubernamentales lograran la paz. Como dijo: "La guerra une". Por desgracia, creo que se refería a que, aunque la gente no desea la guerra, estaría dispuesta a organizarse y reunir dinero para apoyarla.

Cuando el presidente Perez dijo: "El precio de la paz divide", creo que se refería a que mantener la paz es costoso. El problema es el siguiente: nadie quiere pagar por mantener la paz, todos quieren que alguien más lo haga. Por tanto, seguimos teniendo guerras porque es lucrativo. Es sencillo reunir dinero para la guerra, ya que crea empleos y atrae prosperidad.

Como sabemos, la Guerra de Irak es extremadamente costosa. Cada estado de nuestro país tiene, por lo menos, un negocio que se beneficia de ella. Son el tipo de negocios que producen armas y proveen a las tropas con sus herramientas de combate. Para las compañías como Halliburton, Boeing y General Motors, el mayor cliente es el gobierno. Éste se capitaliza, a su vez, con el dinero de los contribuyentes.

Robert y Kim con Shimon Perez, primer ministro de Israel.
Con Yasser Arafat e Yitsak Rabin, fue Premio Nobel de la Paz
en 1994 por sus esfuerzos para lograr la paz en Medio Oriente.

Desde mi perspectiva, esto significa que los negocios que trabajan
por la paz necesitan esforzarse más. El presidente Perez habló sobre
la privatización de la paz. Dijo que, para que ésta prevalezca, necesita ser parte de la agenda empresarial. La mayoría de los negocios
la apoyaría porque para un empresario es mejor tener clientes vivos y
prósperos, que muertos.

Adelanto hasta septiembre 11 de 2001.

Mi esposa Kim y yo estábamos volando, y nos acercábamos al aeropuerto Leonardo da Vinci en Roma, en el preciso momento que el
vuelo 11 de American Airlines chocó contra el World Trade Center.

Tres días más tarde estábamos en Estambul, Turquía, para hablar
frente a un grupo de empresarios musulmanes. Comencé mi plática con estas palabras: "Fui educado como cristiano. En realidad
desconozco las bases del islamismo. Me parece que esto representa
un problema y les ofrezco disculpas por mi falta de conocimiento
sobre su cultura y religión".

El título de mi plática era "Paz mundial por medio de los negocios". El título había sido seleccionado varios meses antes del 9/11.
Para ese momento histórico, podía ser el mejor o el peor título.

Mi charla sería sobre la importancia de la educación financiera, la cooperación y el capitalismo. Hablé de cómo se puede ayudar a la gente al brindarle educación financiera en lugar de las dádivas del gobierno. La plática en general fue sobre la paz a través de la prosperidad, y en ningún momento hablé sobre guerra o religión.

Estando en el escenario frente a cientos de hombres y mujeres musulmanes, noté tres estilos distintos de vestimenta en tres áreas del lugar: la ropa occidental, las prendas del Medio Este y la ropa negra que usan los miembros del movimiento musulmán fundamentalista. Comprendí que toda la experiencia de mi vida me había preparado para ese momento.

No podía hablar como un guerrero a favor de la guerra, pero podía hablar como un guerrero a favor de la paz.

EMI: EL MITO DEL SAMURAI

Tal vez mi percepción de la vida me convierte en idealista. Siempre he adorado a mis padres, a mi familia y maestros, y espero que la gente sea noble, que esté preparada para la *gran* pelea.

Al mismo tiempo que existen guerras en las fronteras o el territorio de los países, hay batallas cotidianas en el interior de cada uno de nosotros. Creo que éstas se producen por nuestras fallas y delirios, acrobacias mentales que nos impiden encontrar la paz y vivir una buena vida, como sea que quieras definirla.

Una buena vida es sencilla y nos da paz interior. Es algo que he buscado desde mi adolescencia. Creo que la gente debe valorar a los otros y aferrarse a ellos como si fueran algo precioso. Se deben respetar las diferencias, trabajar en beneficio de quienes están cerca y esforzarse por ser mejor, sin importar nuestro estilo de vida y cultura. ¿Acaso hay un mayor desafío que éste?

Todavía hay muchas lecciones que debo aprender, pero todo lo que mencioné son verdades en las que creo.

Una de las primeras enseñanzas de Buda, es: "El odio no se puede cambiar con odio; el odio se debe cambiar con amor".

En el complejo contexto de la guerra, lo anterior puede sonar demasiado simple. Sin embargo, en realidad transmite la semilla que se requiere para una coexistencia de entendimiento y paz; la necesaria entre las facciones que pelean en la Tierra y para las que se enfrentan dentro de nosotros mismos.

Con cierta inocencia e ingenuidad confié en que mis padres nos protegerían. Creía que nuestro país tenía buenas intenciones y que realizaría acciones en beneficio la humanidad. La guerra y su amenaza albergan el miedo y la sospecha en la mente. La guerra provoca inestabilidad. Nos polariza y magnifica las emociones positivas y negativas. Tal vez nos da más significado y aviva el fuego de la existencia, que de otra forma sería demasiado complaciente. Nos ayuda a comprender que la vida no permanece igual y que la flama se puede sofocar en un instante.

Y mientras los líderes de las naciones determinan sus estrategias de guerra, muchos jóvenes llenos de valentía y propósito llevan a cabo órdenes por amor a su país. Creo que todos poseemos una carga ancestral que nos prepara, aunque a veces sucede de manera indirecta.

La familia Kiyosaki tiene linaje Samurai y, a pesar de que éste contradice mis principios de no violencia, me llena de orgullo. Mi orgullo por lo Samurai se justifica porque es una tradición que implica mantener la honestidad por encima de lo incorrecto, ayudar al oprimido y ser noble salvaguarda de la paz. Desde mi perspectiva, la espada samurai representa *este* poder, no la violencia que se engendra con avaricia y odio.

Nuestros padres no hablaban mucho sobre la Segunda Guerra Mundial. Era extraño porque Hawai estaba lleno de remanentes de la presencia militar durante el conflicto bélico. Cada isla tenía bases militares instaladas en lugares estratégicos y a veces la gente comentaba que los militares poseían los mejores bienes raíces.

Para la generación de mis padres debió resultar muy difícil ser de ascendencia japonesa en aquel entonces. Sin embargo, ellos y sus amigos se convirtieron en ciudadanos modelo y líderes de su comunidad, así nos protegieron del estigma. Nosotros, los japoneses, tenemos una forma profundamente condicionada de ser discretos, pero uno de los aspectos de mayor peso en nuestra cultura es el servicio a los demás. Como muchos niños, me sentía intimidada por la gente que me rodeaba, pero estaba muy orgullosa de mi familia.

El último Samurai. Esta foto de nuestro tátara-tátarabuelo, se tomó aproximadamente en 1860. Era el fin de los Samurai como una clase noble y el principio de la era de la pólvora. La espada y el código Samurai han sido entregados de primogénito a primogénito durante generaciones. Nuestro padre le pasó la espada a Robert, justo como su padre lo hizo con él. El código del guerrero vive dentro de nosotros. Lo único que necesitamos es convocarlo.

crecimos, un gran porcentaje de la población es de

y tal vez por eso nunca experimenté el prejuicio

...ación. Con el paso del tiempo y las modificaciones en las tendencias migratorias, los japoneses-americanos se han convertido en una minoría, incluso dentro de los porcentajes de los asiático-americanos. Nosotros crecimos en lo que llamamos "la cacerola del Pacífico", en donde habitaba gente de todas las razas. Basada en esa experiencia, nunca pude entender por qué la gente tenía que enfrentarse y asesinarse para resolver sus diferencias.

Ocasionalmente, mi padre y mis hermanos salían de cacería con otros padres y sus hijos. Cargaban avíos para acampar y cazar y se iban durante los fines de semana. A Robert le gustaba esta actividad más que a mi padre o a Jon. A veces empacaba arcos y flechas, o avíos de pesca y lanzas, y se iba con sus amigos. Lo que más me asustaba eran las pistolas y las lanzas; les tenía gran animadversión. Me enfermaba el olor a animal muerto con el que volvían.

Un día, cuando no había nadie en casa, saqué una de las pistolas BB de mi hermano. Me senté en la entrada del garage a jugar con ella. Había un lote baldío al otro lado de la calle, así que apunté a unos matorrales y ramas y disparé el arma. Después detecté a un pajarito distraído sentado sobre el cable del teléfono y le disparé. El ave sacudía sus alas mientras caía al suelo. Me causó tal conmoción que corrí a los arbustos en donde creí que había caído, pero nunca lo encontré. Deseaba que no estuviera herido y que solamente se estuviera escondiendo.

Jamás volví a tomar el arma.

Yo no apruebo la guerra; sin embargo, creo que necesitamos salvaguardas poderosos. Los tibetanos, a quienes he estudiado desde 1972, tuvieron que entregar su país en 1959 a Mao Tse-tung y a la China Comunista, porque no contaban con una fuerza militar y no estaban preparados para la avalancha de la invasión. Les agradaba vivir tranquilos y en paz, pero eso los hizo vulnerables.

Mi hermano dice: "Tiene que haber un mejor camino hacia la paz que la guerra". Pero para los tibetanos tal vez aplica la pregunta que hizo en 2007 Kalon Pema Chhinjor, anterior Ministro del Gabinete tibetano: "¿Acaso fue el enfoque insular de aislamiento y práctica espiritual lo que provocó la pérdida del país?"

Si aplico esta premisa a mi propia vida, debo preguntarme: "¿Acaso es mi enfoque insular de espiritualidad y de evasión al conflicto lo que causa la guerra dentro de mí? ¿Es que como individuos o naciones a veces nos involucramos y enfocamos tanto en una dirección que nos ponemos en desventaja?", estas preguntas y sus inevitables respuestas me han acercado más al mundo de Robert.

Este libro inició con una cita de F. Scott Fitzgerald:

La prueba de una inteligencia de primera clase es la habilidad de tener dos ideas opuestas en la mente al mismo tiempo, y seguir funcionando.

Éste es el desafío para cada uno, para las comunidades y las naciones. ¿Cómo podemos equilibrar nuestras aspiraciones, necesidades y acciones terrenales con las espirituales? O, ¿acaso es la realidad más parecida a lo que Jacob Needle-man sugiere en *El dinero y el significado de la vida (Money and the Meaning of Life)?*:

La voluntad es poder de vivir y estar en dos mundos opuestos, al mismo tiempo.

¿Podemos vivir íntegra y libremente dentro de estas dos aparentes fuerzas centrífugas opuestas: guerra y paz, riqueza y espiritualidad?

Anteriormente mencioné el orgullo que siento por tener linaje Samurai. Creo que mi emoción nace de saber que esta esplendorosa tradición corresponde a un noble salvaguarda de la paz. En casa siempre se exhibían enormes y bellas espadas Samurai. Papá era hijo primogénito de un primogénito, y por eso las heredó de los abuelos cuando se casó con mamá. Recuerdo la ocasión en que nos reunimos para que papá y mamá le dieran la espada a Robert. Él también era hijo primogénito de un primogénito.

Mis padres nos transmitieron la dignidad y el poder de tener linaje Samurai. Fue una influencia informal pero penetrante. Aquí se presenta una dualidad: ¿cómo es que podíamos estar orgullosos de ser espadachines? Los Samurai eran respetados por ser los protectores y defensores de nuestra tierra, de la gente, la fe y los líderes. Sin embargo, también podían ser asesinos, ladrones y zánganos que seguían a caudillos corruptos. En esencia, tenían que mantener la paz y su estatus.

Mi abuelo dejó la isla Kyushu junto con su primo para ingresar a la escuela de medicina en Tokio. Cuando llegaron, sólo había un lugar disponible, por lo que mi abuelo animó a su primo para que él lo tomara. Poco después, mi abuelo encontró un lugar a bordo de un barco que iba a Hawai. Viajó con la familia de mi abuela. A manera de broma, Robert siempre dice que hubiera sido una transición muy natural pasar de espadachín a cirujano sólo que, en el caso del abuelo, su destino parecía ser otro.

Echamos raíces en Hawai; mi bisabuelo y mi abuelo portaron el linaje patriarcal y nuestra familia floreció. Cuando le entregaron la espada Samurai a Robert, también recibió un espejo de bronce para su futura esposa, que había sido fabricado mucho antes del tiempo de la producción del vidrio.

¿Qué recibí yo?

Nada, porque era una chica. En esta jerarquía tradicional, sólo el primogénito varón recibe la herencia. A las mujeres no se les apreciaba. Las jóvenes japonesas en Hawai aprendíamos esta tradición del antiguo Japón.

Durante nuestra infancia disfrutamos de mucha libertad y tiempo para divertirnos. En realidad nuestros padres no insistían demasiado en temas como la iglesia o la escuela. No estaban sobre nosotros dándonos instrucciones o ayudando con la tarea. Tampoco nos hacían saber lo que esperaban de nuestro futuro.

En general, los eventos que se presentaron en nuestras vidas y el mundo que nos rodeaba, tuvieron más impacto que cualquier intento de dirigirnos hacia alguna meta particular.

Yo siempre estuve interesada en la psicología y la ética. Obtuve mi título de licenciatura en psicología con una especialidad en gerontología, el estudio de la vejez. Cuando inicié mis estudios, mi padre me sugirió tomar otra dirección al decirme: "¿Por qué estudias esas pseudo ciencias? ¿Por qué no te vas hacia las ciencias puras y precisas?", él era matemático y científico, e impartió esas materias antes de convertirse en administrador.

Recuerdo que le hacía preguntas similares a Robert, como por qué quería ir a la guerra, por qué no deseaba uno de los seguros empleos gubernamentales como el que él mismo había tenido durante la mayor parte de su vida laboral…

Yo no entendía bien las razones políticas tras la Guerra de Vietnam, pero estaba en contra de que la violencia se usara para resolver problemas. Nuestros compañeros de clase se enlistaban, mientras que la mayoría de mis amigos hacía cualquier cosa con tal de evitar el reclutamiento. Había mucha controversia al respecto y la vida de mis hermanos en medio de la guerra me resultaba ajena.

Estoy segura de que la guerra y la paz son luchas internas que *todo el mundo* enfrenta.

No protesté activamente contra la Guerra de Vietnam porque me causaba confusión e incertidumbre. La realidad de la guerra intensifica nuestros miedos y nos obliga a involucrarnos en actos atroces. El calor de la batalla justifica y alienta dichos actos. Mucha gente experimenta terribles calamidades por la agresión, el odio, la avaricia y la codicia. Las imágenes de la guerra —es decir: muerte, destrucción y protestas violentas—, nos inundaron a través del televisor. Yo me incliné por la resolución pacífica y me aferré a la creencia de que el conflicto podía tener solución negociando y sin agresión. "El odio no se puede cambiar con odio; el odio se debe cambiar con amor" (Buda).

Pero la guerra sólo termina cuando uno de los contendientes es aplastado y cede ante el vencedor, o a través de concesiones y acuerdos. Antes de este final, el caos reina y es natural involucrarse en los actos más atroces. Recuerdo los comentarios de Robert sobre la Guerra de Vietnam: "La realidad es que muchos jóvenes murieron porque la gente que estaba de nuestro lado no cumplió su palabra".

O como lo enunciaba el corresponsal de guerra, Chris Hedges:

La guerra expone un lado de la naturaleza humana que normalmente está enmascarado por la coerción y las exigencias sociales que nos mantienen unidos. Nuestros hábitos cultivados y las mentiras piadosas de la civilidad, nos arrullan y adormecen en una opinión refinada e idealista sobre nosotros mismos. Pero con cada avance que tiene la industria moderna del arte de la guerra, nos acercamos más a nuestro propio aniquilamiento. También comenzamos a atarnos explosivos a la cintura. ¿Acaso hemos realizado un pacto suicida?

En su libro, *La guerra es una fuerza que nos da significado* (*War Is a Force that Gives Us Meaning*), Hedges asegura: "Han muerto no menos de 62 millones de civiles" y "43 millones de militares (han sido) asesinados" debido a la guerra en el siglo xx.

Me sorprendió enterarme de cuántas bajas civiles había, sin incluir aquellos que han quedado inválidos y mutilados por la guerra, o los que tienen cicatrices emocionales por la pérdida, el desarraigo, la enfermedad, la violación, la pobreza y por haber sido testigos de atrocidades. Qué alto es el precio de esta avaricia, del miedo y el odio hacia otros. Cada combatiente se aferra a la idea de que su lado es el más importante, valioso y correcto.

Las ideas falsas ejercen un fuerte dominio sobre nosotros. Según William James Durant, educador y escritor: "Sólo hay 29 años en toda la historia de la humanidad, durante los cuales no hubo guerra en algún lugar". Este dato es triste si pensamos en los grandes logros y el potencial de obtener beneficios aún mayores para nuestro mundo. En el tiempo que encierra la frase "toda la historia de la humanidad", ¿no pudimos resolver los conflictos por algún medio menos grotesco que la guerra?

El panorama no es bueno. Todo nos conduce a la aniquilación de la raza humana por sus propias manos. Nos engañamos pensando que uno puede dominar a otro construyendo un arsenal y tropas, usando poder militar y político. Esta delirante idea, la agresión, el odio y las antiguas heridas, es lo que mantiene con vida al engaño.

3

Nuevas respuestas a viejas preguntas

La guerra y los desastres naturales entraron en nuestra familia por la fuerza. Sus imágenes y realidades influyeron en nosotros y nos definieron. En muchos sentidos, la explosión nuclear que presenciamos convirtió la vida en algo aún más precioso que no podíamos dar por hecho. Probablemente no hubiéramos comenzado a buscar nuestras propias respuestas sobre la vida y sobre Dios (si es que existía), si el fantasma de la destrucción global y de la Guerra de Vietnam no hubiera aparecido.

Aunque fuimos bautizados como cristianos, casi no se hablaba sobre Dios en casa. Solamente orábamos para agradecer antes de las comidas y en ocasiones especiales como el Día de Gracias, Navidad y Pascua.

Mamá asistía con fe a la iglesia, pero fue a diferentes templos durante su vida. Aunque pasaba la mayor parte del tiempo en la Iglesia Metodista de Hilo, en Navidad se acercaba a la iglesia que tuviera el mejor director y coro. Esa época del año le gustaba mucho y adoraba cantar "El Mesías" de Handel. Desde un mes antes de Navidad, nuestra casa reverberaba con el sonido de un disco de 33 rpm del "Coro Aleluya", una y otra vez.

"Una soprano que ayuda"
Los intereses de la esposa del superintendente van desde el básquetbol hasta la música clásica

Por Ligaya Fruto
Escritora de New Bulletin

La esencia de la señora de Ralph Kiyosaki se define por su interés en la gente joven, su gusto por el canto y la habilidad de adaptarse a cualquier situación. A todo eso, se le puede añadir un sentido del humor mágico.

La esposa del director del Departamento de Educación del estado es enfermera de profesión, pero su vida se ha visto enriquecida por más situaciones de las que se espera en la vida de una enfermera o ama de casa. Ha trabajado

para particulares y en la Junta de Salud como enfermera en plantación y de clínica, "Todo en tres años", dijo riendo.

Después de que Marjorie Ogawa contrajo matrimonio con Ralph Kiyosaki en 1946, sólo pudo hacer "un poco de trabajo en los lapsos entre los nacimientos de sus hijos".

Se graduó de la Escuela de Enfermería del Hospital San Francisco y trabajó ahí por algún tiempo. Después obtuvo un empleo en Hilo, Hawai, su hogar por 13 años. Ese empleo fue un punto muy destacado en su carrera.

"El empleo con los Cuerpos de Paz, fue una gran alegría", dijo durante una entrevista en su oficina del Colegio Chaminade. Comenzó a trabajar este verano en Chaminade como enfermera y consejera laboral.

"Me encanta trabajar con gente joven. Te mantiene con los pies en la tierra y eso es muy estimulante.

"En el centro de entrenamiento de los Cuerpos de Paz en Hilo, aprendí a hablar malayo y tailandés; también a saludar en indio, nepalés y coreano, y hasta una canción en filipino.

"Alicia (la señora Richard) Koller, nació en Filipinas y tenía nueve niños en aquel tiempo —ahora tiene 10—; a veces los dejaba, venía al dispensario y nos la pasábamos cantando.

"El trabajo no era interesante en sí. Tenía que aplicar vacunas, curar uñas encarnadas y resfriados comunes. ¡Pero la gente...! . Podía conocer a gente joven de distintos lugares, incluyendo lugares tan remotos como Indonesia, Tailandia y Filipinas. Es gente que viene a enseñar idiomas a los miembros de los Cuerpos de Paz estadounidenses.

"Los líderes asiáticos tienen magníficas ideas. En general son jóvenes y apenas están iniciando su camino a la cima. No se puede saber hacia dónde van ni qué tan alto llegarán."

Cuando le hicimos la inevitable pregunta de lo que piensa sobre el empleo de su marido como superintendente escolar, dudó un poco. "Tengo mucha confianza en sus habilidades", nos dijo.

"Siento que es un gran honor que lo hayan seleccionado para ese trabajo. Pero sentí un poco de temor cuando me enteré."

REGALO DE UNA AMIGA. La esposa de Ralph Kiyosaki sonríe al miembro más tranquilo de su familia, un faisán disecado de cuello azul que un amigo suyo cazó en Hawai y les ofreció como regalo cuando dejaron Hilo.

Un recorte del periódico *Honolulu Star-Bulletin* sobre Marjorie Ogawa Kiyosaki. Mamá logró muchas cosas durante el tiempo que estaba ocupada criándonos.

Papá casi no iba a la iglesia, pero una de las memorables ocasiones en que asistió fue cuando mamá cantaba con el coro. A él le gustaba trabajar en el jardín, hacer su arte y leer libros. Parecía que encontraba paz en la soledad.

Nuestros padres insistieron en la educación tan poco como lo hicieron en la religión. Aunque nuestro padre algún día se convertiría en el superintendente de educación del estado de Hawai, nunca nos presionó ni nos habló sobre la importancia de la escuela. Si llegábamos a casa con malas calificaciones, no decía mucho. Se aseguraba de estar ahí para ayudarnos con la tarea —pero sólo si se lo pedíamos. Ni siquiera nos molestó con las presiones comunes que los padres ejercen para asistir a la universidad y convertirnos en doctores o abogados. Nuestros padres nos permitieron buscar respuestas de acuerdo con nuestros intereses.

Éste era el tipo de ambiente familiar que moldeó el futuro de los cuatro niños Kiyosaki.

Robert: Pérdida y traición

En 1970, nuestro padre, que entonces era superintendente escolar, dio el paso más grande de su vida. Contendió como republicano por el puesto de gobernador del estado de Hawai. Fue un salto suicida, ya que Hawai había sido un bastión de los demócratas y los sindicatos. Tenía muy pocas oportunidades de ganar.

Antes de hacer el gran anuncio, nos llamó para explicarnos por qué daría ese paso político tan desastroso. Era una decisión difícil ya que competiría contra su jefe, el gobernador del estado de Hawai. Si perdía, ya no tendría su empleo como director de educación. Era un puesto por el que había trabajado toda su vida. No obstante, habló de sus razones con sus hijos y su esposa.

"Llega un momento en nuestra vida en que tenemos que levantarnos y hacer lo correcto… o no actuar." Continuó diciendo: "Yo no puedo seguir en mi trabajo y no decir nada sobre la corrupción de esta máquina política. Si gano, tendré la oportunidad de hacer algunos cambios. Si pierdo, por lo menos podré verme al espejo y saber que defendí algo que consideré correcto".

Nos dijo que esa era la razón por la que renunciaría a su empleo y arriesgaría todo por lo que había trabajado. Nos advirtió que la campaña se tornaría desagradable y sucia, y que las cosas que se dirían sobre él no eran verdad. También previó que habría intentos de desacreditarlo a él y, posiblemente, a toda la familia.

Jefe escolar renuncia para postularse como candidato a vicegobernador

Por Tom Coffman
Escritor del Starbulletin

Ralph Kiyosaki

En un anuncio que sorprendió a los ámbitos político y educativo, el superintendente escolar del estado, Ralph H. Kiyosaki, reveló hoy que será candidato a vicegobernador por el Partido Republicano. Entregó su renuncia que será efectiva "lo antes posible".

Kiyosaki envió sus cartas de renuncia al gobernador John A. Burns y a la Junta Educativa.

Kiyosaki, superintendente de educación por tres años, dijo: "Admito que estoy asustado. Yo no soy un político",

En las elecciones primarias competirá contra Richard Sutton, candidato vitalicio con seguidores en el ala conservadora del Partido Republicano.

Si Kiyosaki gana las primarias, su presencia podría fortalecer considerablemente a la fórmula Republicana en las elecciones generales. Dijo que conoce y respeta a ambos candidatos Republicanos a gobernador: D. Hobden Porteus y Samuel P. King.

Hay evidencia de que probablemente es con King con quien realmente tiene una relación cercana.

King y todos sus colaboradores estuvieron disponibles para la conferencia de prensa. King voló a Honolulu desde Reno, Nevada, en donde dicta una conferencia sobre juzgados de lo familiar, sólo para estar presente en el anuncio de Kiyosaki.

King, de pie junto a Kiyosaki antes del inicio de la conferencia, dijo: "Estoy aquí para brindar mi apoyo moral".

Aunque Porteus no asistió, uno de sus colaboradores hizo acto de presencia. El colaborador dijo: "No fuimos invitados".

Kiyosaki mencionó que un vicegobernador "debe ser algo más que un supervisor de elecciones o una persona que mantiene caliente el asiento del gobernador mientras éste no está".

"Creo que un vicegobernador debe tener una relación de trabajo cercana y cotidiana con el jefe ejecutivo."

Pase a la página A-19, Col. 1.

"Yo esperaría convertirme en el brazo derecho del gobernador, su ayudante y su administrador principal."

"También me gustaría contar con su confianza y estar con él en la línea de fuego. El cargo me interesa exclusivamente bajo estos términos."

Kiyosaki asumió el cargo de superintendente el 1° de junio de 1967.

Mencionó que su decisión de abandonar el departamento escolar fue tomada hace varios meses, pero aún no sabía hacia dónde se dirigiría.

"Busco un cargo por elección por una razón muy simple.

"Fueron amigos del Partido Republicano quienes se acercaron y me ofrecieron su apoyo.

"Y estoy de acuerdo con ellos en que ha llegado la hora de cambiar las influencias que mueven nuestro estado.

"Concordamos en que es hora de cambiar las actitudes. Es tiempo de reordenar nuestro pensamiento."

Kiyosaki nunca ha sido partisano. Para el apoyo a su campaña, convoca "a todos mis amigos, porten un estandarte político o no".

Éste es un recorte de prensa del *Star Bulletin* de Honolulu que anuncia que Ralph Kiyosaki renunció a su cargo como superintendente escolar para ser candidato a vicegobernador, una carrera casi imposible de ganar. Siempre quiso brindar lo mejor a su comunidad. Este suceso cambió a mi padre y a la familia para siempre.

A pesar de todo, nos preguntó: "¿Cuento con su apoyo?"

Todos estuvimos de acuerdo en que lo apoyaríamos si ganaba o perdía.

El Partido Republicano le aseguró que si perdía la elección le conseguiría un empleo muy bien pagado. Tras su derrota, el empleo nunca se materializó. Había quedado desempleado a los 51 años. Poco después de la elección, nuestra madre murió a los 49. Era como si la derrota y la caída de la prominencia política de mi padre, la hubieran afectado mucho más que a su esposo.

Aparentemente, perder la elección y a su esposa, fueron parte de un trauma emocional que lo abrumó. Aunque aún era un hombre relativamente joven, nunca pudo enderezar su carrera profesional de nuevo.

Hasta la elección, su vida se había podido leer como un libro de texto sobre el éxito. Fue el estudiante con las calificaciones más altas, presidente de su clase, dio el discurso de despedida en su graduación y obtuvo su título de licenciatura en tan sólo dos años. Mientras progresaba en el sistema educativo, continuó sus estudios de posgrado. Asistió a la Universidad Stanford, a la Universidad de Chicago y a la Universidad North-Western. Estuvo muy cerca de obtener su doctorado.

El primer golpe verdadero de su vida fue perder la elección para vicegobernador. Antes de eso todo había sido éxito para él. Después de la política, se metió al mundo de los negocios y muy pronto descubrió que el éxito escolar no es el mismo que el éxito en los negocios. En pocos años, su dinero para el retiro y sus ahorros se agotaron.

Murió en 1991, a la edad de 72 años; había pagado un precio muy alto por defender sus convicciones. Justo antes de morir, la Universidad de Hawai le entregó un título de doctorado honorario y lo reconoció como uno de los educadores más importantes en la historia del estado. A pesar de que estaba debilitado por los efectos de la quimioterapia, insistió en ir a la ceremonia y lloró mientras agradecía a sus colegas el nombramiento.

La pérdida de la elección y la muerte de mamá tuvieron lugar en 1971, justamente cuando fui enviado a Vietnam. Deseaba estar en casa para ayudar en la campaña y brindar mi apoyo moral, pero la escuela de vuelo en Florida no daba mucho tiempo libre. Sólo obtuve cinco días de permiso oficial para asistir al funeral de mamá en Hawai.

El fracaso político de mi padre le dejó un mensaje sombrío a toda la familia. Más que una elección perdida, fue un ejemplo de nuestra impotencia para cambiar las cosas, para arrebatar el poder a quienes *lo tienen*. Como sabemos, la política puede ser un sistema muy corrupto. Cuando nuestro padre fue candidato, sabíamos que era un buen hombre y deseaba que las cosas mejoraran. Estaba cansado de la corrupción tras bambalinas en el estado del Hawai. Su aplastante derrota nos señaló la dura realidad: ser una buena persona con buenas intenciones no es suficiente. En especial si te enfrentas a las arraigadas y pudientes estructuras de poder.

Póster de campaña para la infortunada candidatura a vicegobernador.

En enero de 1972, me asignaron a un portaviones al sur del Mar de China. La escuela había terminado y mi verdadera educación estaba por comenzar. Un año más tarde, en enero de 1973, ya era una persona diferente. Después de un año en combate volví a Estados Unidos, muy perturbado por la experiencia de la guerra. Afortunadamente, no estaba traumatizado y no tenía cicatrices emocionales. Aunque sé que hubo gente que murió debido a mis acciones, nunca maté a nadie directamente. Desde el punto de vista de un piloto de helicópteros, la guerra puede ser estéril, casi surrealista. Nunca vi a mis enemigos frente a frente. Nunca vi sus cuerpos al final de la batalla. Cada noche volaba a casa, al portaviones. Tomaba un baño caliente, cenaba, veía una película y dormía en una acogedora cama en una habitación con aire acondicionado en la playa, lejos del peligro.

Sin embargo, descubrí que siempre estaba de mal humor. Creo que algunos de los problemas que hicieron a mi padre involucrarse en la política, también me molestaban en Vietnam. A la mitad del viaje se me ocurrió la enfermiza idea de que nos estaban mintiendo. Comprendí que Estados Unidos no tenía la bandera blanca. No éramos los chicos buenos, no éramos inocentes. Los vietnamitas no nos recibían con los brazos abiertos. Yo no era John Wayne y no éramos héroes.

Sentí como si se hubieran aprovechado de mi patriotismo y que, además, habían explotado mi ignorancia. Las preguntas me asaltaban implacables.

¿Estaba luchando por Estados Unidos o por corporaciones multinacionales y sus inversionistas?

¿Estaba luchando por la libertad o matando por dinero?

¿Les estaba haciendo a los vietnamitas lo mismo que habían hecho anteriormente los soldados a los indios americanos o a los hawaianos?

¿En verdad éramos diferentes a los cruzados cristianos y los musulmanes árabes de la Edad Media, que se mataban unos a otros en nombre de su Dios?

La patraña política que aparecía en los periódicos nos decía que estábamos luchando por los corazones y las mentes de los vietnamitas, no por Dios o por dinero. En la zona de combate nos esforzábamos por hacernos amigos de los vietnamitas y ser gentiles. Son gente verdaderamente maravillosa. El mayor problema fue que nunca supimos a quién teníamos que dispararle. A diferencia de la Segunda Guerra Mundial, aquí el enemigo no tenía que usar uniforme y luchar de acuerdo con las reglas. Fue difícil ser gentil con un niño o una mujer y, al mismo tiempo, tener que estar preparado para matarlos.

Los norvietnamitas lucharon contra nosotros usando uniformes estadounidenses. En muchas ocasiones, cuando volábamos con vietnamitas a bordo, el jefe de mi comando tenía que observar muy de cerca a las tropas que transportábamos. Nunca sabíamos de qué lado estaban esos soldados en realidad. Comencé a preguntarme: "Si somos los buenos, ¿por qué nos odian los vietnamitas? ¿Qué no entienden que estamos luchando por su libertad?"

Un día, tras una batalla particularmente desastrosa, le pregunté a mi oficial al mando: "¿Por qué los vietnamitas del Norte pelean con más ahínco que los nuestros, los del Sur?", había unos 40 pilotos cansados y descorazonados en la instalación donde nos encontrábamos, por lo que mi pregunta no fue bien recibida.

Unos días después, en una reunión informativa similar, un piloto dijo: "No te preocupes, vamos a ganar esta guerra. Dios está de nuestro lado".

De inmediato, otro piloto metió su cuchara y dijo: "Pues avísale a Dios pronto, porque nos están pateando el trasero".

Todos los pilotos rieron con nerviosismo.

Además de la filosofía patriótica que nos indicaba que estábamos luchando por la democracia y la libertad, siempre había un trasfondo religioso en nuestra misión. Antes de llegar a Vietnam nos dijeron que pelearíamos contra los comunistas y que los comunistas no creían en Dios.

Muchos de los pilotos en verdad *creían* que estábamos luchando por Dios y que Él estaba de nuestro lado. Un piloto llegó a usar un parche bordado que decía: "Mata a un *comu* por Cristo".

El comandante de nuestro escuadrón le ordenó retirar el parche.

Pude ver con mis propios ojos que la mayoría de los vietnamitas era gente muy religiosa. Puede ser que no creyeran en el mismo Dios que nosotros, pero sí creían en Él. En las casas se exhibían diferentes símbolos religiosos y en las ciudades más grandes había magníficas catedrales católicas.

Después de algún tiempo, también comencé a preguntarme quién jalaba las cuerdas. ¿Quién estaba agitando las cosas? ¿Quiénes eran los titiriteros? ¿Quiénes podían lograr que los hombres se mataran entre sí? Entre más pensaba en eso, menos podía odiar a mi oponente. Comprendí que los soldados enemigos eran iguales a mí; peleaban en contra de los inventos del patriotismo sin conocer la verdad íntegra. La mayoría peleaba contra mí porque yo peleaba contra ellos y pensaba que era lo correcto. Ellos creían lo mismo. Muy pronto fue evidente que lo que causa la guerra es una necesidad de estar en lo correcto y asumir que los demás se equivocan.

Sentado solo en la noche, en un portaviones en el mar, tuve mucho tiempo para pensar. Yo había juzgado duramente a todos mis compañeros de clase que evadieron su reclutamiento. El mero hecho de que hubieran buscado cualquier forma posible de evitar su servicio al país, me había hecho pensar que estaban equivocados. También había asumido que, al unirse a los Cuerpos de Paz, mis padres habían cometido un error. Pasaba lo mismo con mis hermanas y sus protestas contra la guerra. Comprendí que yo era el único que parecía estar en lo correcto. ¡Cuán acertado creía ser porque tenía valor y patriotismo, por estar luchando por mi país!

Esa noche se volvió claro que todos estábamos trabajando con el mismo fin: la paz. Comprendí que también mi rival estaba luchando por la paz. Sentado ahí, me pareció que era una locura que nosotros, los humanos, invirtiéramos tal cantidad de recursos en peleas y matanzas en pro de la paz.

Cuanto más reflexionaba sobre el tema de la guerra, más comprendía que ésta siempre sería parte de la condición humana. Mientras continuáramos pensando en términos de correcto e incorrecto, habría guerras, peleas, disputas y discusiones. Si no eran guerras entre países, entonces serían políticas, religiosas y de negocios. Incluso entre los cónyuges, los amigos y las familias.

En aquella oscura noche con viento, sentado en la cubierta del portaviones, terminó mi guerra contra los vietnamitas, y comenzó la búsqueda de mi paz interna. Supe que para encontrarla, debería controlar la furiosa guerra dentro de mí.

En 1974, la Marina levantó cargos contra mí y me amenazó con formarme Consejo de Guerra. Para entonces me había cansado de ser el niño bueno. Porté uniforme militar por casi diez años, cuatro en la academia y seis como marino. Estaba cansado de seguir órdenes. Después de haber volado en combate por un año, de enfrentar la muerte, de estrellar tres veces mi helicóptero y sobrevivir, era más audaz. Creía que era invencible, un súper humano. Confiaba demasiado en mis habilidades, o tal vez debería decir que confiaba en poder salirme con la mía siempre.

Los cargos que enfrentaba no me parecían demasiado serios. Era muy fiestero y me encantaba divertirme. En lugar del introvertido y educado joven que había partido de Hilo en 1965, era un hombre con su lado oscuro totalmente expuesto. Mi crimen era ir a Waikikí, iniciar conversaciones con mujeres atractivas en los bares y preguntarles si les interesaba ir en mi helicóptero a una isla desierta. Al principio pensaban que estaba bromeando, pero no era difícil convencerlas de que hablaba totalmente en serio, especialmente porque los otros hombres en esa época tenían el cabello largo y yo usaba corte militar.

Los viernes por la noche sacaba un helicóptero del escuadrón, volaba a una playa cercana y llenaba la nave con cerveza y mujeres. A quince minutos de distancia, en un corto vuelo sobre el agua hacia una isla desierta, aterrizaba con mi copiloto en las islas vírgenes más bellas del mundo. Era como un paraíso en la Tierra, era un estilo de vida delirante.

Regresábamos el domingo por la noche.

En una ocasión, tras dejar a las chicas, aterricé en el escuadrón. En cuanto apagué el motor, tres carros de un escuadrón de la Policía Militar (MP, por sus siglas en inglés), se estacionaron cerca del helicóptero. Abrí la portezuela y lo primero que cayó fueron latas de cerveza que rodaron sobre el asfalto. Después caí yo, un marino de Estados Unidos que en lugar de vestir traje de vuelo a prueba de fuego, tenía puesto un traje de baño y sandalias de goma.

Eso fue bastante malo, pero después se puso peor, cuando los policías militares descubrieron una hielera llena de langostas, un ciervo muerto al que le había disparado desde el aire y ropa interior de mujer en el compartimiento del pasajero, por alguna razón, no notaron lo gracioso de la situación.

De inmediato fui relevado de mi estatus de vuelo y tuve un arresto domiciliario, lo cual no estuvo tan mal porque vivía en Waikikí. Muchos estarían de acuerdo que Wakikí se parece bastante al paraíso. Los abogados militares prepararon su caso contra mí durante cinco meses. Ocasionalmente me llamaban para hacerme preguntas. El problema fue que había mentido. De hecho, tuve que hacerlo una y otra vez para encubrir mis mentiras anteriores. En poco tiempo me fue imposible mantener mi historia.

Los marinos me enseñaron a dar mi vida voluntariamente a algún propósito superior y a no temer. La Marina fortaleció mi carácter, pero lo que se consideraba valor en Vietnam, en casa lo veían tan sólo como imprudencia. Mi carácter se había convertido en un defecto. Mis cheques personales y estados de cuenta se habían esfumado, y vivía la vida sin consideración alguna para los demás y sin respetar la ley.

Lo hacía sencillamente porque creía que podía.

Dicen que el carácter marca el destino, pero también nuestros defectos lo hacen.

Aquel mismo año, las audiencias del Watergate llevaron a la renuncia del presidente Richard Nixon. La Cámara de Representantes del Congreso de Estados Unidos había iniciado el procedimiento para impugnarlo por delitos cometidos en el desempeño de sus funciones. Los cargos que le imputaron incluían obstrucción de la justicia, abuso de poder e incumplimiento con los citatorios del congreso. El 5 de agosto de 1974, el presidente admitió haber ordenado al FBI detener la investigación del allanamiento en Watergate. Nixon renunció el 9 de agosto, convirtiéndose en el primer presidente de la historia en hacerlo.

El vicepresidente de Nixon, Spiro Agnew, renunció antes, en 1973, después de que se difundiera evidencia de corrupción política. Más adelante, reclamó su derecho a no contestar los cuestionamientos que lo podrían incriminar por los cargos de evasión de impuestos. El vocero de la Cámara de Representantes, Gerald Ford, se convirtió en vicepresidente tras la renuncia de Agnew en 1973. El presidente Nixon renunció después, en 1974. Una de las primeras cosas que hizo el presidente Ford fue otorgar un perdón absoluto a Nixon. De esta forma, Gerald acabó con cualquier posibilidad de procesarlo legalmente.

Mientras se divulgaba el escándalo de Watergate, a mí me estaban dando de baja con honor de la Marina. Parecía como si la corrupción que había alentado la candidatura de mi padre estuviera siendo expuesta. Por fin, mucha de la corrupción que había presenciado en Vietnam salió a la luz.

"Finalmente", pensé, "está llegando la integridad al sistema. Tal vez *sí hay* gente honesta en el gobierno".

Cuando el presidente no–electo, Gerald Ford, perdonó a Nixon y le dio inmunidad, se acabó mi fe en el gobierno y en los procesos políticos.

Estaba desilusionado.

Comencé a buscar nuevas respuestas a viejas preguntas, como: *¿Acaso no tengo poder como individuo?*

Pensé que había asistido a la escuela para obtener algo de poder. Cuando era joven, había escuchado al presidente y general Dwight D. Eisenhower advertir al mundo sobre el poder del complejo industrial militar. En Vietnam había visto de cerca lo que le preocupaba al presidente Eisenhower. El complejo industrial militar *había* tomado el control. Yo fui a la escuela y ahí me entrenaron para ser un soldado y empleado de este complejo.

Después de vivir una guerra inútil, me preguntaba si alguno de nosotros tenía el poder de traer paz al mundo.

¿Por qué gana la gente deshonesta?

Me parecía que ese poder hacía que las cosas fueran correctas. Pensaba que si obtenía ese poder, estaría por encima de la ley. No tendría que obedecer las reglas. Podría jugar bajo mis propios términos.

A Nixon lo perdonaron y al presidente Kennedy lo asesinaron. Me pregunté si la honestidad en realidad *era* la mejor política. Parecía que con el crimen *se podía* obtener más. Las preguntas engendraron más preguntas. ¿Por qué le sucedían cosas malas a la gente buena?

¿Puedo hacer que las cosas cambien?

Mamá y papá siempre trabajaron duro para ayudar. Es por ello que, además de tener empleos de tiempo completo, fueron voluntarios de la Cruz Roja, de Protección Civil y de los Cuerpos de Paz. Creían que sus vidas hacían una diferencia, aunque fuera pequeña.

Yo me había unido a la Marina para lograr un cambio. Ahora tenía preguntas que necesitaban respuestas. Quería saber qué podría hacer *yo* para cambiar las cosas, aunque fuera solamente un poco.

¿Existe Dios?

Me preguntaba por qué Dios no era justo, por qué sólo algunas personas eran ricas y muchas otras pobres, por qué algunos nacían con más salud, por qué Dios parecía ser cruel con algunos y bendecir a otros.

¿Por qué muere más gente en el nombre de Dios?

¿Por qué yo era tan ordinario?

A los 25 años comprendí que no tenía ningún talento especial. Era una persona promedio. No era aplicado en la escuela, no era un atleta talentoso. ¿Cómo podía llegar a tener éxito si era sólo promedio?

¿Debía encontrar mis propias respuestas?

Para 1974 había hecho lo que mis padres y la sociedad habían recomendado: fui a la escuela, asistí a la iglesia, serví militarmente, voté y tenía un trabajo. Pero en ninguna de esas instituciones había encontrado las respuestas que buscaba.

Volé en Vietnam de enero de 1972 a enero de 1973. Cuando terminó mi viaje fui asignado al escuadrón marino en la Bahía de Kaneohe, en Hawai.

En junio de 1974 fui dado de baja con honor de la Marina.

Estados Unidos perdió la guerra en 1975. Aunque la Guerra de Vietnam había terminado, *mi* conflicto personal continuaba. En ese tiempo aún no sabía cuánto me había perturbado ir a Vietnam.

EMI: LA ESPADA CORTA

Cuando Robert se fue a Nueva York para estudiar en la Academia de la Marina Mercante de Estados Unidos, en 1965, la estable dinámica familiar comenzó a cambiar. Papá había descuidado la burbuja que protegía a la familia. Y la burbuja comenzaba a desintegrarse.

En 1966 me gradué de la preparatoria y fue mi turno de abandonar el aletargado pueblito de Hilo. Mi destino eran los dormitorios de la Universidad de Hawai y la gran ciudad de Honolulu. Incluso el cambio a otra isla fue considerable para mí. De cualquier forma, me adapté, hice nuevos amigos y perdí el contacto con mis conocidos en Hilo. Después de dejar el pueblo, me pareció que no tenía muchas cosas en común con la gente de ahí.

En 1967 papá fue nominado por la Junta Educativa para ser superintendente de educación del estado de Hawai.

El resto de la familia empacó y se mudó a Honolulu. Fue un cambio difícil para mamá, quien se hacía cargo de todo. Mi abuela paterna estaba enferma, por lo que tuvimos que volar varias veces a Maui para ayudarla. Recuerdo bien que papá dijo que tomaría el cargo de superintendente por tres años.

Logró mucho durante ese tiempo y constantemente aparecía en los periódicos. Había colaborado en la reestructuración y presentó nuevas ideas para las escuelas; también revitalizó las viejas costumbres que detenían la educación de los niños. En Kona, muchas escuelas iniciaban las clases en diciembre porque en los meses de otoño se empleaba a los niños para levantar granos de café. Papá convenció a los granjeros locales de permitir a los niños continuar con sus estudios y presionó para que el comienzo de clases del nuevo año escolar fuera en septiembre. También viajó en bote para ir a la isla privada de Niihau, donde alentó a los líderes para que permitieran a los niños ir a la escuela de Kamehameha, en Honolulu, y así mejorar sus oportunidades educativas. Asimismo, ayudó a acabar con la costumbre de los matrimonios interfamiliares que había operado por generaciones y que ocasionaban malformaciones genéticas.

Honolulu era una ciudad llena de oportunidades. Durante mis estudios pude asistir a montajes teatrales y series alternativas de cine.

Leí libros de autores y dramaturgos intrigantes. Un nuevo mundo se había abierto para mí en la ciudad. En mi primer año en la universidad conocí a un chico de Long Island, Nueva York. Venía de un pueblo cercano a la academia en donde mi hermano estaba estudiando. Bob Murphy era un atractivo italo-irlandés y tenía ojos encantadores. Era divertido y bailaba muy bien; nos hicimos amigos. Después de algún tiempo volvió a Nueva York y nos escribimos cartas durante el verano del primer año.

Durante mi estadía en la universidad descubrí mis pasiones y tuve despertares gracias a amigos e intereses externos. En realidad *no* fue en los salones de clase, y eso se notaba en mis calificaciones. Hacia el final de mi segundo año, mi estancia en la universidad corría peligro. Decidí que necesitaba un descanso de la escuela.

Por supuesto, me daba vergüenza confesar a mis padres mi situación académica porque, ¡vaya!, mi padre era el superintendente escolar del estado. Finalmente les di la noticia y, tal como me lo esperaba, no los hizo felices. Sin embargo, me permitieron buscar mi propio camino, como siempre.

Me dieron la oportunidad de irme y hacer lo que verdaderamente *deseaba*, en lugar de cumplir con lo que otros esperaban de mí. La nueva contracultura *hippie* me convocaba, y San Francisco también. Así que en el verano de 1968 aproveché mi primera oportunidad de abandonar Hawai y viajar. Permanecí durante todo el verano y el otoño en Berkeley, California, batallando con el frío.

Un día recibí una llamada sorpresa de Robert. El barco en que viajaba había hecho una parada en San Francisco. Tomé un autobús y fui a encontrarme con él en la ciudad. Quería llevarme a comer y, siendo una *hippie* pobre de la ciudad, estaba preparada para meterme en el primer merendero o restaurante que viéramos. Pero como Robert siempre fue amante de la buena comida, sugirió caminar más y encontrar un buen lugar. Él portaba su uniforme blanco de la Academia de la Marina Mercante. Nos dirigimos a Fisherman´s Wharf.

Mientras caminábamos nos acercamos a tres *hippies* de cabello largo y barba. Se movieron de la pared y del poste de luz en que estaban recargados, se acercaron a Robert y hablaron con él. El contraste entre el militar trasquilado y los *hippies* greñudos, era evidente. Cuando la conversación terminó y seguimos caminando, Robert me dijo que ¡dos de ellos habían dejado la academia para ir a vivir a San Francisco!

Era un tiempo sorprendente en la Costa Oeste. Los Beatles acababan de regresar de la India y estaban popularizando la música oriental en Occidente. Las nuevas ideas y la apertura florecían. Yo estaba buscando el lugar y a la gente adecuados para estudiar y aprender.

La contracultura estaba en auge, y lo mismo sucedía con la nueva cultura espiritual. Aunque estaba en el epicentro del amor libre y la marihuana, comprendí que se necesitaría mucho más que eso para romper mi esquema de chica isleña introvertida. Extrañaba a mis amigos de Honolulu. Extrañaba mi hogar. Estaba cansada del frío y de la monotonía. Después de varios meses en San Francisco me quedé sin dinero; había perdido mis deseos de estar ahí. Comprendí que ése no era mi lugar y volví a las islas.

En Hawai continué reuniéndome con mis amigos de la universidad, pero no regresé a la escuela. Cuando volví a Honolulu, Bob Murphy y yo nos pusimos en contacto y comenzamos a pasar tiempo juntos. Nuestra amistad dio un giro romántico y, en diciembre de 1968, descubrí que estaba embarazada. Haber confesado a mis padres anteriormente que mi vida académica estaba en riesgo había sido muy sencillo comparado con la bomba que debía dejarles caer.

"¿Se va a casar contigo?"

Ésas fueron las palabras de papá. Desde el punto de vista de mis padres, había solamente una solución al problema. Pero yo ya estaba atrapada en un torbellino con la idea de que iba a ser madre, sin mencionar las náuseas matutinas y los cambios de mi cuerpo. También fue difícil informar gradualmente a los amigos y a la familia. Pensar en casarme con una persona a quien había conocido en la escuela y con la que sólo había salido por tres semanas era un enorme salto.

Mi capacidad de elección y mi libertad parecían no tener opciones. Sentí que debía hacer lo que concordaba con el respeto a la familia, así que Bob y yo nos casamos en febrero de 1969. Mi hija Erika nació ese mismo año. Aunque yo amaba a su padre, realmente no *deseaba* estar casada. Sin embargo, tuve que hacer lo que esperaban de mí, como ya había sucedido en otros momentos coyunturales de mi vida.

Cuando papá anunció que se postularía para vicegobernador, me sentí nerviosa e insegura. No entendía la política de aquel entonces. Debido a esto, aunque lo amaba y respetaba su trabajo y aspiraciones, sentí que no podría salir y ayudarlo en su campaña. Tenía una hija pequeña que cuidar y todavía me estaba ajustando a la vida matinal.

Erika era una niña hermosa de plácido carácter; todos la amaban. Me responsabilicé totalmente de su educación y quería que nuestra relación fuera amorosa y amistosa. No deseaba una existencia llena de cargas e infelicidad. Tuve que pensar profundamente en lo que quería hacer en la vida y cómo podría lograrlo siendo una madre joven. Aunque algunos aspectos de mi futuro eran inciertos, hubo algo totalmente claro para mí. No podía seguir casada. Aunque no sabía lo que quería hacer exactamente, *sabía* que el matrimonio no era mi objetivo. Todavía estaba buscando mi lugar. Mi esposo y yo trabajamos durante dos años para tratar de solucionar nuestra situación, pero finalmente nos separamos y después nos divorciamos.

Cuando pienso en mi breve matrimonio, recuerdo que fue difícil y doloroso. Las razones que me habían hecho casarme con Bob eran producto de la obligación y la preocupación por Erika.

Nos casamos porque queríamos hacer lo correcto, no por amor o felicidad. Recuerdo que fue un tiempo de confusión e incertidumbre. Y varios meses fueron devastadores para papá. A veces siento que estuvo obligado a soportar mucho más que cualquier otra persona.

En noviembre de 1970 perdió la elección. En diciembre él y mamá enviaron lindas tarjetas navideñas a todos. Con ellas agradecían el apoyo y deseaban feliz año nuevo. Los meses siguientes trajeron una enorme carga emocional y cambiaron a papá para siempre.

En enero de 1971 regresé a casa a vivir como madre soltera.

En febrero, mi abuelo paterno, quien vivía con nosotros, falleció.

Un mes más tarde, en 1971, mamá murió repentinamente.

Tres devastadoras pérdidas en rápida sucesión y dos hijos luchando en Vietnam le pasaron factura a papá. Nunca volvió a ser el mismo.

Tengo vívidas memorias del día en que mamá murió. Había estado en casa preparando sándwiches para Erika, para ella y para mí. Dijo que sentía que su corazón latía irregularmente y se acostó en el sofá de la sala. Me pidió una toalla húmeda para limpiar sus manos y que llamara a mi padre.

Entonces papá trabajaba en el sindicato de maestros. Vino a casa de inmediato y mamá seguía diciendo que no quería morir. Papá trató de calmarla diciéndole: "No te vas a morir... No te preocupes". Llamó al doctor, y éste le dijo que la llevara al Hospital San Francisco porque estaría trabajando ahí.

Mamá murió en la sala de operaciones y papá me llamó para que fuera al hospital. Cuando llegué me llevó a ver a mamá. Estaba tan abrumado y exhausto emocionalmente que dejó caer su brazo sobre mi hombro como peso muerto. Mamá yacía en una mesa de metal con una bata de cirugía. Comenzaba a salir espuma blanca de su boca. Papá reconocía esas señales de muerte. Todo sucedió tan rápidamente que nos sentíamos mareados.

Retrato de la familia Kiyosaki tomado después de la inesperada
muerte de nuestra madre Marjorie, el día de su funeral. Papá quería
que tomaran esta fotografía porque Robert y Jon debían volver a sus
puestos militares en la Guerra de Vietnam. La familia mostraba una
buena cara al mundo, pero internamente había demasiados conflictos.
Esto sucedió a cuatro meses de que papá perdiera las elecciones para
vicegobernador. Debe haber sido un tiempo increíblemente difícil
para él. En la hilera superior, de izquierda a derecha: Jon, Ralph, Robert.
En la hilera inferior: Emi, Erika y Beth. Es evidente el estrés
en el rostro de papá.

Nos tomó varios días traer a Robert y a Jon desde Vietnam y Tailandia para el funeral. Beth voló a casa desde California. Probablemente había más de mil personas. Ése era el resultado del activo rol que Ralph y Marjorie tuvieron en su comunidad, de la forma en que mamá atraía a la gente hacia ella con su bondad y del reciente periodo de papá en el proscenio político. Algunos días más tarde, Robert, Jon y Beth tuvieron que volver a sus actividades. Apenas puedo imaginar el tipo de horrores que estos hombres, mis hermanos, enfrentaban en la guerra.

Se fueron muy pronto y yo me quedé con papá y Erika.

Estaba demasiado traumatizada con las experiencias de mi propia vida para considerar o temer la posible pérdida de mis hermanos. Después de interminables ríos de gente y montañas de cartas, la ausencia de mamá y del abuelo se sintió en la casa. Sentí los hilos de las obligaciones familiares jalándome nuevamente.

Papá sufrió mucho en muy poco tiempo. Repentinamente, mamá ya no estaba ahí para cocinar, hacer diligencias y pagar las facturas. Además, él había perdido su puesto como superintendente de educación.

Ahí estaba yo con Erika, viviendo con papá en una casa llena de memorias y repleta de las pertenencias de mamá y del abuelo. Papá tenía frente a sí la enorme y desalentadora tarea de hacerse cargo de las finanzas de la casa. Anteriormente, ése había sido el rol de mamá y, por tanto, él nunca había prestado atención a ello. Recuerdo que un día mencionó que un mes antes había firmado una nueva póliza de seguro de vida y había pagado un dólar más para cubrir a mamá con un beneficio adicional de mil dólares por fallecimiento. Eso fue cuando se convirtió en director del sindicato de maestros. También compartió conmigo su sorpresa al descubrir que mamá había utilizado las tarjetas de crédito hasta el límite, pero que solamente había estado pagando el mínimo cada mes.

De pronto, papá se sumergió en los libros de cocina de mamá, se convirtió en un maravilloso chef en muy poco tiempo. Experimentaba mucho, igual que lo hacía con su arte. Papá era un artista creativo y talentoso. Dibujaba, pintaba, esculpía en madera y hacía móviles.

Ralph Kiyosaki era un producto de su tiempo. Había "nacido en la historia", como Robert lo explica. Él y mi madre, parte de la generación de la Segunda Guerra Mundial, vivieron en un tiempo donde la ética exigía trabajo duro. Un empleado podía trabajar en una sola compañía durante su vida activa y después contar con un retiro de la compañía complementado con un cheque del gobierno.

111

era un hombre extraordinario. Su solvencia moral, su los demás, su mente brillante. Su interés en el arte, la ciencia, las matemáticas, la naturaleza y la literatura. Su forma de cuidar de la gente de las islas. Todo eso es ahora parte de la historia de Hawai.

Mi padre era un hombre que miraba hacia el futuro. Podía contemplar las consecuencias de las acciones del Departamento de Educación, la forma en que éstas afectarían a las generaciones venideras. Inició nuevos programas y trabajó abiertamente en el rediseño de la ciudad de Hilo tras el desastroso maremoto. Mi padre era un hombre generoso.

También tenía un carácter fuerte y podía ser impaciente. Cuando se daba cuenta de que algo se necesitaba, no le gustaba esperar a que el cambio se diera solo.

Quienes lo alentaron a dejar su puesto de superintendente y postularse como candidato, lo abandonaron. Esa pérdida, las promesas rotas y la polarización que alimentaba la maquinaria política, ocasionaron que, en conjunto, las antiguas alianzas y el territorio amigable se fracturaran. A veces papá hablaba de ir al continente y comenzar de nuevo, pero adoraba Hawai y nunca lo pudo dejar.

Fueron tiempos difíciles y, obviamente, él necesitaba apoyo moral. Mucha gente, incluyendo amigos y familiares, me dijeron: "Ahora puedes cuidar de tu padre".

Aunque parecía lógico, no era una opción viable para mí. Simplemente no podía quedarme en casa y aceptar el papel de hija diligente. Papá tenía que atravesar su luto, pero tenía 51 años y aún estaba en buena forma. Yo me enfrentaba al divorcio, trababa de ser la mejor madre posible para Erika y, mientras tanto, buscaba respuesta a las preguntas que me asediaban.

Durante mi corto matrimonio y el periodo en que viví en casa, me cuestionaba sobre el propósito de la vida. ¿A qué estaba destinada? En tan sólo unos años había pasado por la juventud, la educación, el matrimonio, la maternidad y el divorcio. ¿Qué me quedaba? ¿La vejez y la muerte? También estaba en medio de eso, viviendo en la casa de mi padre.

Todo el proceso parecía una realidad trágica con muy poca libertad para escoger. El matrimonio y la maternidad siendo soltera habían llegado sin ser planeados, tal vez por eso sentía que me habían arrebatado mi juventud y mi libertad. Necesitaba soltarme de los compromisos familiares. Estoy segura de que mi presencia y la de Erika habrían sido de ayuda a papá, pero él tenía muchas cargas encima: el sindicato de maestros, el Departamento de Educación, la situación postelectoral y su condición de viudo. Eran problemas que yo no podía compartir con él.

En ese punto de mi existencia mi padre y yo no hablábamos mucho ni discutíamos con profundidad, pero yo sabía que tenía que seguir avanzando. Nos acercamos más cuando él fue mayor. Es cierto que yo le profesaba un amor constante y feroz, además de una gran devoción, pero incluso en ese tiempo tormentoso ambos sabíamos que había llegado mi momento de crecer y explorar los nuevos horizontes que me llamaban.

Desde que Erika tuvo dos años, organicé un día al mes para realizar alguna actividad juntas como amigas y no tanto como madre e hija. Íbamos al cine o a la playa, nos sentábamos en algún lugar con una linda vista y conversábamos. En aquellos días, de manera consciente, hice a un lado mi papel de madre que debe disciplinar. Charlábamos sobre cualquier cosa en el mundo y simplemente disfrutábamos la compañía de la otra. Pude conocerla como la persona independiente que era, sin estar atada a mí. Me decidí a fomentar una relación en la que pudiéramos hablar sobre todo y traté de darle amor y apoyo incondicionales.

El hecho de experimentar la muerte tan de cerca tuvo un profundo impacto en mí, durante mi infancia, incluso ahora. Ésas son la guerra y la paz que necesitamos apaciguar en el interior. Enfrentar la idea de que, algún día, todos moriremos. Así que, asumido ese hecho, pondero la pregunta: ¿cómo debemos vivir?

Entre 1971 y 1973, Erika y yo nos estábamos abriendo paso en la vida. Mis decisiones respecto a tener amigos o llevar una relación —cuándo permanecer con alguien y cuándo seguir adelante—, siempre las tomé pensando en ella.

Muchas de mis decisiones les pueden haber parecido tontas a otros, pero trataba de equilibrar las responsabilidades de la maternidad con mi búsqueda de respuestas a la esencia de la vida.

El padre de Erika siempre trató de entenderme y apoyarme, pero mis andanzas ponían a prueba su paciencia. Utilizaba el poco dinero que tenía para asistir a seminarios y pláticas. Muy pocos entendían por qué. En un evento con Werner Erhard, fundador de Seminarios de Entrenamiento Erhard (EST, por sus siglas en inglés), no podía creer cuán felices, competitivos y amigables eran todos. Me preguntaba si sus vidas siempre serían así, o si sólo estaban fingiendo.

Las dos semanas que duró el seminario EST me sirvieron para acabar con mi timidez y comunicarme mejor con Erika.

En 1973, mientras Robert aterrizaba en remotas playas y nuestro país estaba tratando de procesar legalmente al presidente Nixon, Erika y yo nos mudamos y nos retiramos a los exuberantes escenarios de la Gran Isla de Hawai. Ahí hallé algunos de los nuevos horizontes que había estado buscando. También encontré al tipo de gente que me interesaba; aquellos que vivían de la tierra, de la agricultura, que aprendían y estudiaban nuevas tecnologías y practicaban disciplinas espirituales como el vegetarianismo, el ayuno, la meditación y el tai-chi.

Me puse en contacto con unos amigos que vivían cerca de los volcanes Kilauea. Se dedicaban a la construcción de enormes casas con los domos geodésicos diseñados por R. Buckminster Fuller. Vivir en esas casas era increíble. En el templado Hawai se fabricaban domos con placas de plástico transparente pegadas a puntales de madera de contrachapa. Imagina vivir en una casa casi transparente, en medio de un bosque con helechos de casi seis metros de altura. A veces el cielo nocturno adquiría un color rojo profundo. Era porque las fuentes volcánicas arrojaban lava derretida proveniente de Kilauea, a unos kilómetros de distancia. La lava salía por borbotones a través de las fisuras y recovecos en la tierra.

El domo en que vivíamos era pequeño. Era una casa de dos pisos con un domo transparente en la parte superior y una habitación hexagonal abajo. Teníamos enormes barriles de madera en la plataforma del segundo piso para juntar la abundante agua de lluvia. La gravedad nos ayudaba a tener agua corriente para un lavabo en el piso de abajo. Mi amigo Joe fabricó una enorme sombrilla de plástico transparente. Podía girar para que en los raros días de sol, abriéramos el techo del domo.

Erika tenía tres años y le fascinaba vivir ahí. Tenía una tabla deslizadora en la parte exterior. En ella bajaba del segundo piso del domo hasta el primero. Asentado sobre un viejo carrete de cable telefónico, teníamos un gigante *wok* de hierro. Lo usábamos como chimenea para calentarnos en los días fríos y lluviosos.

El área del Parque Nacional Volcánico, en donde vivíamos, estaba a unos 1 200 metros de altura. Era fría, húmeda y continuamente estaba envuelta por un banco de niebla. Los helechos crecían a gran altura y la vegetación era densa y húmeda, difícil de penetrar. A veces manejábamos hasta llegar a unos cráteres volcánicos inactivos pero que producían fumarolas de vapor. Bajábamos a una de las fisuras más grandes, nos desvestíamos hasta quedar en sandalias y tomábamos baños de vapor.

Llevar esa vida alternativa fue grandioso. Aunque había una creciente tendencia hacia el ascetismo total, yo sentía una fuerte necesidad de incorporar prácticas más espirituales a mi vida.

Durante una de nuestras inocentes aventuras, varios de nosotros hicimos una cita para conocer a un maestro zen. Íbamos a encontrarnos con su discípulo, llamado Ananda, en un entronque en el bosque de un área volcánica en Puna. Era una zona de menos altura; el clima era más seco y caliente, y la vegetación era muy distinta. Nos encontramos con Ananda en el lugar fijado, luego viajamos algunos kilómetros por atajos llenos de hierba seca. No sabíamos hacia dónde nos dirigíamos. Podíamos escuchar el sonido de la hierba seca que el auto iba aplastando. Mientras nos adentrábamos más en lo desconocido, alguien dijo: "Ésta es su última oportunidad de volver, es ahora o nunca".

Finalmente llegamos a un claro en donde había dos edificaciones estilo South-Pacific. Tenían pisos de madera y techo de paja apoyado en cuatro troncos; no había paredes. El maestro zen vivía en la construcción más grande, y Ananda y su esposa vivían en la otra. El maestro había ido al pueblo, así que tuvimos que esperar por largo rato. Cuando finalmente llegó, Ananda fue a hablar con él. Cuando regresó nos dijo que volviéramos la semana siguiente porque su maestro ¡estaba borracho!

Sentimos que nos estaban probando y que debíamos perseverar.

Cuando finalmente logramos verlo, notamos que con frecuencia hablaba con parábolas. Pero lo más desconcertante ocurrió una ocasión en que se detuvo y llamó a los gatos para que fueran a comer. Su voz retumbó sobre las tierras secas llenas de hierba. De entre los arbustos, debajo de los árboles y de todos los huecos, salieron varias docenas de gatos saltando hacia su choza e inundando el lugar.

El maestro rescataba gatos de todos lugares. Muchos estaban enfermos y mutilados, otros tenían heridas abiertas que supuraban y apéndices cancerosos. Había gatos ciegos, gordos, golpeados, flacos y sarnosos, de todos los tamaños y colores. El refugio era muy desagradable. Estaba sucio y no había lugar para sentarse. Todo estaba lleno de pelo de gato, desechos de sus heridas y trozos de comida.

Pero nos negamos a abandonar las enseñanzas del maestro zen. Un día nos reunimos en un parque en las montañas. Hacía mucho frío y llovía, así que encendimos una fogata en la chimenea del refugio. El maestro habló sobre el estricto entrenamiento al que se había sometido en su monasterio en Japón. También nos contó que al final del retiro se realizó un examen a los poquísimos aspirantes que se habían esforzado por años para calificar. Cada mañana tenían que romper gruesas cubiertas de hielo que cubrían los barriles de agua en que se bañaban. Después tenían que asearse a esa temperatura antes de sentarse a meditar por horas todos los días.

Estábamos absortos, cuando de repente sacó un grueso trozo de carne. La sangre goteaba por entre el montón del papel de carnicería. Lo arrojó directamente a las brazas. Joe, un estricto vegetariano, se sintió asqueado. No pudo volver a escuchar al maestro.

De esa forma saltamos a través de aros mentales y nos embarcamos en aventuras. Buscábamos y encontrábamos gurús y maestros, vivíamos en distintas tradiciones espirituales. Devoré libros que explicaban varios caminos, otros contenían crónicas de las vidas de fantásticos yogis, practicantes y maestros. Me esforcé en encontrar una comunidad en la que pudiera meditar y desarrollar una vida inclinada a la práctica espiritual.

En una visita que hice a Honolulu para ver a papá, conocí a Ward, un joven que acababa de volver a casa tras haber pasado cuatro años en la India, Nepal y Sikkin. Sus padres le habían obsequiado un viaje alrededor del mundo por graduarse de la preparatoria y terminó viviendo en la India. Yo estaba fascinada con las historias sobre su maestro, el Dieciseisavo Gyalwa Karmapa. También me habló de sus estudios con los maestros tibetanos que se estaban estableciendo en el exilio en los Himalayas indios. Estaban escapando de la toma Chino Comunista del Tíbet. Me dieron ganas de aprender todas sus enseñanzas, pero había muy poca información disponible en Estados Unidos en aquel entonces.

Cuando abandoné mi vida en el domo, me mudé al templo de Wood Valley en Pala, un pequeño pueblo que también estaba en la Gran Isla de Hawai, a unos 80 kilómetros de Hilo. Fue ahí donde se conocieron mis padres. Después de la Segunda Guerra Mundial papá trabajó en ese lugar como supervisor escolar y mamá como enfermera. Recuerdo que ambos me llevaron al templo cuando era pequeña. Sentí miedo porque estaba lleno de maleza y la corría el rumor de que estaba embrujado.

Años más tarde terminé viviendo en ese mismo templo. Fue algo espeluznante. En cuanto me mudé, los amigos que vivían ahí se fueron por algún tiempo, así que permanecí sola en ese recóndito y fantasmal bosque por dos semanas. No había electricidad; sólo lámparas de keroseno con una luz tan tenue que difícilmente atravesaba la oscuridad.

La situación empeoró.

El agua generalmente estaba contaminada y nos enfermamos. Teníamos que idear formas de solucionar ese problema. Esto sucedió durante la crisis energética a mediados de los setenta, por lo que el gas también estaba siendo racionado. El templo estaba situado a ocho kilómetros del pueblo y para salir de ahí teníamos que atravesar un sembradío de caña. Como debíamos minimizar el consumo de gasolina de la camioneta del templo, me era imposible abandonar el lugar.

Las cosas mejoraron cuando volvieron los demás y establecimos una rutina. Durante la escasez de gas, en días designados uno de nosotros se iba a las cuatro de la mañana para formarse en una fila y obtener el combustible. Fueron precisamente estos tiempos de crisis ambiental y económica, lo que reforzó mi deseo de tener un estilo de vida más simple y en armonía con la naturaleza.

Aunque éramos sólo unos cuantos, diseñamos un horario establecido para reparar, preparar y pintar el templo. Fueron algunos de los mejores años de mi vida.

Asistía a clases dos veces diariamente, allí encontraba todo lo que estaba buscando. Las enseñanzas budistas tibetanas eran muy lógicas. El enfoque sobre el karma, la conciencia, el renacimiento y la naturaleza de las cosas, compaginaban con mis ideas. Estando alejada, en un remoto valle lejos de la ciudad, me sentía relajada, enfocada y capaz de mantener un estilo de vida sencillo sin las distracciones de la gran ciudad.

Erika tenía entonces cuatro años y todavía no era necesario que asistiera a la escuela. Había una pareja viviendo en el templo que tenía dos niños, así que los días de Erika estuvieron llenos de juego. Leímos muchos libros juntas. Todos vivíamos en armonía con la tierra, nos levantábamos con el sol y nos íbamos a dormir al oscurecer. Yo sentía como si estuviera regresando a casa.

Como fui educada en la cultura japonesa, desde niña había estado en contacto con el budismo. La vida de Buda me era familiar; además, mi hermano Robert había nacido el mismo día que Buda.

Recuerdo haber asistido a las ceremonias budistas japonesas. Le preguntaba a papá qué era lo que cantaba el ministro y él me decía que, como las recitaciones no eran en japonés, no tenía la menor idea. Más adelante supe que era una recitación en sánscrito, algo común en las tradiciones budistas mahayanas. Algunos años después, en Wood Valley, las enseñanzas me fueron traducidas, así que se hicieron claras y tangibles. Fue extraordinario.

Estaba encontrando a mi familia espiritual, mi hogar y mi camino.

En 1974, después de vivir un año en el templo de Wood Valley, supimos que el Dieciseisavo Karmapa, jefe del linaje Kagyupa del budismo tibetano, haría un viaje histórico a Estados Unidos. Mucha gente fue a San Francisco para verlo. Erika y yo estábamos entre ellos. Después de vivir con nuestros amigos en el aislado valle en Hawai, fue abrumador participar, junto con miles de personas, en la ceremonia de la Corona Negra.

El evento fue majestuoso, como de otro mundo. La histórica Corona Negra era un antiguo ofrecimiento de las damas celestiales al Karmapa. Durante la ceremonia se sostiene el sombrero en alto. Dicen que aquellas personas que tengan una conexión kármica con el Karmapa podrán ver a las damas celestiales haciendo su ofrecimiento. Mi ingenuidad me llevó a creer que, tras un año completo de estudiar con honestidad y de ayudar a reparar el templo, sería merecedora de tal visión. Pero no fue así.

Seguimos al Karmapa, viajamos hacia el norte en auto y llegamos a Vancouver, en Canadá. Asistimos a los eventos todo el tiempo. Ahí tomé mis Votos del Refugio para convertirme en budista, junto con los cinco votos laicos en que prometí no matar, no robar, no mentir, no tener una conducta sexual inapropiada y no ingerir sustancias tóxicas.

Los tomé con mucha seriedad y los quería mantener con toda convicción. Había tanta gente tomando los Votos del Refugio, que tuvimos que separarnos en grupos de 75 personas, aproximadamente. Les pedí a mis amigos que cuidaran a Erika mientras yo iba con mi grupo, pero cuando volví pasaron varios minutos antes de que pudiera encontrarla.

Por supuesto, estaba enloquecida, pero minutos después salió un grupo de su Ceremonia del Refugio y con ellos estaba la pequeña Erika, ¡acababa de tomar sus votos con ellos! Ambas lo habíamos hecho el mismo día.

En Canadá, Erika y yo nos separamos del grupo. Hice arreglos para ir a Boulder, Colorado, a estudiar con Chogyam Trungpa Rinpoche. Cuando lo conocí en San Francisco me sugirió mudarme a la residencia Marpa en Boulder, cerca de la Universidad de Colorado. Cuatro meses después obtuve una entrevista personal de diez minutos con Trungpa Rinpoche. Erika y yo caminamos en la nieve con gran dificultad para llegar la reunión.

Compartí con Trungpa Rinpoche mi indecisión y mis preguntas: ¿debería continuar estudiando en Boulder o reunirme con mis amigos para estudiar en la India? ¿O tal vez debería viajar a Alaska y aprovechar la fiebre de la construcción del oleoducto de Alyeska, para ganar y ahorrar dinero? Me sugirió ir sola a un retiro de diez días y hacer meditación *shamatha* que consistía en sentarme y concentrarme en mi forma de respirar. Ese periodo de meditación me ayudaría a decidir.

Me organicé para ir al Centro de la Montaña Shambhala, entonces se llamaba Centro Dharma de Rocky Mountain. Dejé a Erika con una amiga en la residencia Marpa. Eso fue en enero de 1975 y había nieve por todos lados. El dinero escaseaba, pero compré un poco de arroz integral, zanahorias y un par de bocadillos. Le pedí a un amigo que me prestara su auto y me encaminé al sitio del retiro.

Al llegar encontré que solamente había dos cuidadores. Me llevaron a una de las cabañas aisladas al otro lado del Marpa Point, el área más elevada de la propiedad. La cabaña era un cuarto pequeñito con una estufa de madera que ocupaba la mayor parte del espacio. La cama era un tablón elevado en una esquina del cuarto, en ambos lados había ventanas desde donde se podía ver el valle que estaba abajo. Era imponente, vasto y silencioso.

No vi a nadie en más de una semana; los cuidadores solamente fueron en una ocasión a ver que todo estuviera en orden. Hubo una tormenta por tres días, y como la regadera estaba colina abajo un día "me bañé" rodando en la nieve.

Ahí tuve la oportunidad de enfrentar a mi propia mente sin ninguna distracción. Por supuesto, como estaba acostumbrada a seguir instrucciones y me era muy fácil esconderme, no fue difícil mantener mi compromiso de sentarme por ocho horas, leer un solo libro en ese tiempo y mantenerme en retiro. Aunque tenía la capacidad de sentarme durante mucho tiempo, mi mente no estaba entrenada para concentrarme, estaba distraída. Las decisiones que debía tomar eran colosales porque afectarían mi futuro y el de mi hija.

Robert menciona que el enemigo vivía dentro de él y que tuvo que afinar sus problemas de carácter. Mi desafío era superar mis propias mentiras y seguir trabajando en el sutil odio interno y externo, en la intolerancia y la impaciencia. Tuve que aprender a ser más cariñosa conmigo misma y más sincera en cuanto a mi amor por los demás. Aunque podía esconderme tras mi máscara exterior de una dulce paciencia, ésta era la lección que tenía que aprender y lo sigue siendo hasta ahora.

El libro que leí fue *La Joya de la Liberación,* de Gampopa (*Jewel Ornament of Liberation*). En él se explican las etapas por las que deben pasar los practicantes budistas. Para mí fue muy útil analizar las etapas del camino sin perder de vista mis obligaciones y necesidades. Había prometido cuidar a Erika, pero también deseaba seguir estudiando con maestros que hubieran recorrido una parte mayor del sendero. Mi objetivo final era alcanzar la iluminación.

Dentro de los confines de mi pequeño cuarto y en la vastedad de mi futuro, comprendí que tenía que saltar. Iba a cumplir mi palabra, mi compromiso conmigo misma y con los que me rodeaban. Esta claridad me ayudó a entender lo difícil que sería vivir en Boulder, lidiar con el desempleo y criar a Erika en la residencia Marpa. Al ponderar todas mis opciones, escogí ir a Alaska y hacerla en grande. Con el dinero que ganara podría viajar a fin de año con mis amigos para estudiar en la India.

Fue un salto de fe, pero estaba preparada y segura de mi elección.

4

El paraíso en la Tierra

En 1973 era difícil ver el lado positivo de las cosas. Papá había sufrido una derrota porque fue traicionado. Por si fuera poco, nos sentíamos desilusionados por la guerra y la corrupción en Washington.

El vicepresidente Agnew fue obligado a renunciar a su cargo y fue sustituido por el vocero Gerald R. Ford. En 1974 la Cámara de Representantes de Estados Unidos inició el proceso legal en contra del presidente Richard M. Nixon. En las noticias se hablaba del escándalo de Watergate durante todo el día.

Quienes convencieron a papá de postularse, sabían lo difícil que le sería ganar la elección para vicegobernador. Le hicieron promesas en las que creyó por completo. En cuanto la elección pasó las promesas se evaporaron. Esto nunca le había sucedido, así que aprendió una dura lección sobre la confianza y el honor.

La Guerra de Vietnam dejó a muchos soldados con heridas físicas y cicatrices emocionales. Pero también tuvo el efecto opuesto en otros: los hizo más audaces. El hecho de enfrentar la muerte en una zona de guerra, hizo que algunos se sintieran invencibles, poderosos, demasiado confiados en sus habilidades y convencidos de que podían hacer lo que quisieran. Estando en combate, las reglas, tal y como las conocíamos, a veces salían volando por la ventana. Lo que contaba en el calor de la batalla era tu habilidad de cumplir con la misión y... sobrevivir.

Esa actitud altanera de ser invencible hizo que muchas personas se descontrolaran y creyeran que eran a prueba de balas. Al igual que el presidente Nixon, pensaron que estaban por encima de la ley. Y después, cuando la realidad los golpeó, tuvieron que buscar las respuestas en otros lugares. Algunos se dirigieron a las iglesias.

El problema es que no se puede encontrar a Dios en todas las iglesias. Creo que entendíamos bien lo que significaba ser una buena persona, pero en la iglesia sólo se hablaba de reglas. Todo tenía que ver con lo correcto y lo incorrecto, quién iría al cielo y quién al infierno.

Algo particularmente perturbador era que una iglesia podía señalar a otra iglesia o religión. Podía asumir que sus miembros estaban siguiendo las enseñanzas de un Dios equivocado y, por tanto, terminarían en el infierno. En una ocasión, cuando le preguntaron a una maestra metodista la diferencia entre un católico y un metodista, contestó que "los metodistas se van a ir al cielo, y los católicos no".

Cuando le preguntaron por qué, su respuesta fue simple.

"Porque Jesús no cuelga en nuestra cruz. Los católicos todavía tienen a Jesús en su cruz. Significa que no creen en la resurrección y por lo tanto no irán al cielo".

ROBERT: BUSCANDO EL PARAÍSO

La iglesia y la religión no eran parte significativa de la vida de los Kiyosaki. Dedicábamos más tiempo a estar juntos como familia. Los fines de semana empacábamos un almuerzo e íbamos a explorar la isla que era nuestro hogar. Había playas desiertas en donde podíamos pasar todo el día. También había montañas con cimas nevadas hasta donde escalábamos para jugar en la nieve. Nuestro lugar favorito era el Parque Nacional Volcánico, a tan sólo una hora de distancia. Ahí explorábamos las fumarolas o veíamos los cráteres de los volcanes a lo largo del Camino de la Cadena de Cráteres. A veces buscábamos huellas que los hawaianos habían dejado impresas en el lodo cientos de años atrás. Cuando algún volcán hacía erupción, viajábamos en auto hasta allá y nos sentábamos por horas, impactados por el poder de la naturaleza. En muchos sentidos, las maravillas naturales funcionaron como una especie de iglesia para la familia.

Aunque el dinero siempre fue un problema, los artículos de primera necesidad nunca nos hicieron falta. Pero nuestras bicicletas, por ejemplo, siempre eran de segunda mano y necesitaban reparaciones. La ropa tenía parches y la usábamos tanto como era posible. Si podíamos pasar las prendas al hermano siguiente, lo hacíamos. Comíamos alimentos sencillos preparados con poco dinero, pero siempre hubo suficiente para todos.

Pasábamos mucho tiempo con otras tres familias que tenían hijos de más o menos las mismas edades. En 1967, cuando papá fue ascendido a superintendente de educación del estado de Hawai, tuvimos que mudarnos de la isla de Hawai a Honolulu, que era la capital del estado en la isla de Oahu. Más o menos por esa misma época todos los hijos fuimos dejando el hogar familiar. Nuestra conexión con una vida sencilla, amigos cercanos y el crudo poder de la naturaleza se vio interrumpida.

La familia se dispersó y realmente nunca volvió a reunirse. El dejar el remoto Hilo y asistir a una escuela en Nueva York, cambió mi vida. Llegué ahí en 1965; era todo un pueblerino. Todavía recuerdo la ropa que usé para el viaje: una chaqueta deportiva negra que había comprado en la sección de ropa usada del dispensario de nuestra iglesia, una camisa blanca, corbata roja angosta, pantalones caqui y zapatos negros de piel. Quería estar seguro de que luciría como un neoyorquino cuando llegara y que no destacaría entre la multitud.

Y no destacaba, solamente me veía muy raro.

De no ser por mis tíos que vivían en Manhattan, tal vez todavía estaría extraviado, tratando de recuperar mi equipaje. Mi tío era en realidad el hermano más chico de mi abuela materna, es decir, era tío de mi padre. Era un artista comercial y su esposa era reconocida por sus esculturas en madera, piedra y metal. Antes de convertirse en escultora había sido primera bailarina en París durante la Segunda Guerra Mundial. Se conocieron en Nueva York después de la guerra y tuvieron una emocionante vida en el ámbito artístico.

Mi tía venía de Rumania y podía hablar con fluidez siete idiomas distintos. Era hermosa, divertida, dinámica, cariñosa y gentil. Se convirtió en mi modelo de mujer.

Cuando mi equipaje apareció finalmente, el chofer de mis tíos lo llevó a la limusina y nos condujo al departamento en la parte conocida como Upper East Side de Manhattan. Hilo había quedado muy lejos.

Me tomó aproximadamente dos años ajustarme a la vida en Nueva York. En muchas ocasiones pensé en darme por vencido y regresar a Hawai. Extrañaba a mis amigos y la vida que había dejado atrás. Pero, repentinamente, a los veinte años, Nueva York se convirtió en mi nuevo hogar.

Por fin pertenecía. Estaba sincronizado con el paso de la ciudad.

Al mismo tiempo, la escuela estaba por enviarme alrededor del mundo como estudiante a bordo de buques mercantes. No sólo crecí en Nueva York, sino también en algunas de las ciudades más importantes del mundo. No pasó mucho tiempo antes de descubrir que ya no pertenecía a Hilo, Hawai. No podía volver a casa.

En la actualidad sigo viajando alrededor del mundo. Adoro este planeta, su belleza y su gente. El mundo es mi hogar. Ahora tengo negocios en varias de las ciudades más grandes porque los negocios me dan un pretexto para visitar este increíble hogar que conocemos como planeta Tierra.

Sin importar en qué lugar me encuentre, siempre me emociono como un niño pequeño que observa la erupción de un volcán, o que ve una ola azotar las blancas arenas de una playa virgen. La naturaleza es una especie de paraíso cuando se le mira desde la cima nevada de una montaña o al estar solo en un bosque. Me parece que haber crecido en contacto con la naturaleza afectó profundamente mis pensamientos sobre Dios y sobre la posibilidad de vivir en un paraíso terrenal.

Hasta cuando corro tras un taxi en Nueva York, llevo el espíritu de la naturaleza conmigo.

A veces he sentido el espíritu de Dios en algunas iglesias. Cada Navidad, cuando el coro al que pertenecía mamá cantaba "El Mesías", de Handel, podía sentir cómo el espíritu de Dios inundaba la habitación. Años después, mientras viajaba alrededor del mundo, a veces quedaba anonadado ante el espíritu manifiesto de Dios en la arquitectura de las grandes catedrales como Notre Dame y de algunos de los antiguos templos de las religiones asiáticas. Cuando visité el Vaticano, en Roma, y la ciudad de Jerusalén, el espíritu me conmovió profundamente. Al estar de pie en ambos lugares, se hizo evidente que cientos de años atrás los humanos habían sido inspirados por un poder más allá de esta Tierra. Eso fue lo que les permitió construir esos monumentos.

Pero en lugar de encontrar a Dios en la iglesia de mamá, descubrí que los sermones estaban repletos de enseñanzas sobre lo correcto y lo incorrecto, y que la iglesia siempre estaba pidiendo dinero. Ahí no había mucho del espíritu de Dios. Era más bien *miedo* a Dios, y si algo me enseñó la guerra sobre el miedo fue que el temor a la muerte convierte nuestra vida en un viaje hueco y vacío. Quienes temen a la muerte lo hacen porque no han encontrado nada por lo que valga la pena morir.

¿Cómo podía conciliar este "miedo a Dios" y la fe ciega con mis creencias de que hay muchas formas de servir en este mundo?

Las amigas de mamá eran excelentes personas, siempre que no estuvieran en la iglesia o hablando sobre Dios, el infierno o los condenados. Todo iba bien mientras se comportaran como madres. Eran gentiles, cariñosas y siempre tenían apetitosa comida. Pero en el momento en que el nombre de Jesús se mencionaba, se transformaban. Cada vez que alguna de las "señoras de la iglesia" comenzaba a hablar sobre Jesús, yo encontraba la forma de abandonar la habitación.

En el programa televisivo *Saturday Night Live*, la comediante Dana Carvey encarna a un personaje que se llama la "señora de la iglesia". Cada vez que la veía en televisión me moría de la risa. Carvey lucía, actuaba y sonaba exactamente igual a una de las amigas de mi mamá. Su caracterización sintetizaba todas las razones por las que yo no podía encontrar a Dios en una iglesia.

Mamá se juntaba con un *montón* de esas señoras.

Las señoras de la iglesia hacían varias cosas que me molestaban. Una de ellas era *forzarme* a creer las historias sobre Jesús. Por ejemplo, cuando tuve suficiente edad para saber la verdad sobre los pájaros y las abejas, y de dónde venían los bebés, cuestioné la idea de que Jesús había nacido de una virgen. A la señora de la iglesia le dio un ataque y prácticamente me condenó por dudar.

Obviamente, también tenía problemas con otras de las historias, como aquélla en la que Jesús camina sobre el agua y es resucitado de entre los muertos. Las historias no me molestaban, lo que me enfurecía era la persecución por atreverme a cuestionarlas.

Hice un trato con mi papá: estuve de acuerdo en asistir a la iglesia hasta los trece años. Él quería que yo tuviera algo de educación religiosa, pero no me exigió que fuera a un templo en particular. Yo tenía la libertad de asistir a las celebraciones de distintas iglesias y con distintas denominaciones. En mi juventud fui a protestantes, luteranas, católicas, metodistas, budistas y pentecostales. También hubiera asistido a templos judíos o musulmanes, pero no no se profesaban dichas religiones en nuestro pequeño pueblo en los sesenta, o al menos *yo* no conocí de ellos.

Descubrí que cada una de las iglesias y religiones tenían mensajes y significados que valía la pena adoptar. En el templo budista tuve algunos problemas porque las oraciones casi siempre se hacían en japonés y yo no lo hablaba. En la iglesia católica también me las vi difíciles con el latín. La iglesia que más me gustó fue la pentecostal porque sus reuniones estaban llenas de vitalidad, había canto, aplausos y se "hablaba en lenguas". En esta iglesia fue en donde sentí que el espíritu de Dios se movía en la habitación. También fue en donde aprendí más sobre la Biblia, la historia de Jesús y la importancia de la religión en la vida de una persona.

Pero cuando cumplí trece años le dije a mi papá que ya había tenido suficiente educación religiosa y que a partir de entonces iría a surfear los domingos.

El problema que tenía con las amigas de mi mamá era en lo que se convertían cuando yo me negaba a beberme el Kool-Aid. En cuanto me negaba a creer en las historias, se transformaban en las "señoras de la iglesia". Primero eran madres dulces y gentiles, pero si yo cuestionaba alguna historia bíblica, aparecía una señora de la iglesia tronando los dedos e insistiendo en que me bebiera el Kool-Aid.

Ahora, no es que yo esté en contra de beberse el Kool-Aid. La vida está llena de diferentes sabores de esta bebida. Por ejemplo, cuando me uní a la Marina tuve que beberme un Kool-Aid con sabor a Marina. Si me fuera a convertir en republicano, tendría que beberme el Kool-Aid republicano. Si quisiera ser aceptado por los ambientalistas, tendría que beberme el Kool-Aid ambientalista. Así que beber Kool-Aid es parte de la vida. Es sólo que yo quiero decidir el sabor que me voy a beber, y no me gusta que me lo hagan pasar a la fuerza.

La señora de la iglesia y yo nos enfrascamos en una discusión cuando tenía diecisiete años. Era domingo y su hijo había ido a surfear conmigo en lugar de asistir al sermón. Era invierno y el surf era espectacular. Tan pronto como llegué a casa, la señora de la iglesia me llamó y me dijo que la esperara. Estaba tan molesta que el teléfono estuvo a punto de derretirse. En diez minutos ya estaba en la casa tronándome los dedos, bufando y furiosa. Me dijo que *yo* no iba a corromper a su hijo alejándolo de la iglesia y de Dios.

"Tú no te vas a ir al cielo, pero tampoco debes arruinar la oportunidad que mi hijo tiene. Él va a la iglesia los domingos, ¿entiendes?"

"Yo no lo llamé", le dije. "Él me llamó".

"No me interesa", gruñó. "Quiero que pase el domingo en la iglesia con Dios".

"Eso fue lo que hicimos", le contesté tranquilamente.

Mi relación con la señora de la iglesia permanece tolerable a la fecha. Veo a su hijo de vez en cuando. Actualmente es una abuela y bisabuela muy dulce. Nos llevamos bien, pero simplemente no discutimos sobre Dios. Ella encuentra a Dios en la iglesia y yo lo encuentro en todos lados; en una ola, en el bosque, en la iglesia, mientras vuelo por el país y también en la ciudad de Nueva York.

Robert (izquierda) y sus amigos surfistas de la preparatoria, yéndose de pinta para visitar su lugar favorito de surfing. Emi creía que estos muchachos siempre se divertían.

El Kool-Aid es para mí un símbolo del dogma, de las reglas, los rituales, creencias, de las estructuras mentales que hay en cualquier grupo. Grupos religiosos, escolares, militares y otro tipo de organizaciones. Es el pegamento mental que mantiene unida a la gente. Es el elemento que hace que quienes no pertenecen al grupo se mantengan fuera.

Por ejemplo, muchos vegetarianos creen que comer proteína animal es malo para su salud, incluso que es pecado. Los que adoran la carne piensan que un grueso y jugoso trozo de carne es un regalo de Dios. Mucha gente religiosa cree que beber alcohol es un pecado, pero en la Biblia se menciona que el agua se convirtió en vino. A mí me encanta beber un buen vino con un filete y con vegetales. Yo creo que todos son regalos de Dios, fragmentos del paraíso en la Tierra. Al menos, ése es mi dogma, mi Kool-Aid en lo que se refiere a la comida y la bebida. Mi cardiólogo piensa que debería disminuir mi ingestión de carnes rojas y de vino pero, claro, él también bebe un favor diferente de Kool-Aid.

Uno de los sabores de Kool-Aid del que me alejé es el de la idea de que uno tiene que morir para ir al cielo. La señora de la iglesia a veces me amenazaba diciendo que, si no asistía a la iglesia, no me iría al cielo. Un día, cuando pasé por nuestra sala, ella estaba hablando con mi mamá sobre ir al cielo y sentarse junto a Dios.

Las interrumpí preguntando: "¿Por qué no se sienta junto a Dios ahora?", le tomó un momento reponerse antes de contestar: "Porque cuando muera voy a ir al cielo. Muchas personas no irán. Cuando llegue al cielo estaré de nuevo con Jesús y con Dios".

"¿Y qué hay sobre el paraíso en la Tierra?", pregunté. "¿Por qué tiene que morir para ir al cielo? ¿Qué el Jardín del Edén no estaba en la Tierra?"

Mi madre se levantó y me dijo que fuera a hacer mi tarea. Me empujó a través de las puertas de la cocina y dijo: "Tú y yo vamos a tener una conversación con tu padre cuando regrese a casa".

En 1974, cuando fui dado de baja con honor de la Marina, necesitaba mis propias respuestas. Respuestas nuevas a viejas preguntas. Como dije anteriormente, no las había encontrado en las escuelas tradicionales, iglesias, corporaciones, ni en la milicia. En 1974 creía que muchas de nuestras escuelas, iglesias, corporaciones, organizaciones políticas, bancos y organizaciones militares, sin darse cuenta se habían convertido en parte de una maquinaria corporativa multinacional que era casi invisible. Esta maquinaria estaba detrás del complejo militar-industrial que controlaba el mundo. Comencé a sospechar de todo lo que me habían enseñado y me habían dicho.

Estaba desilusionado.

Una de las experiencias positivas de ir a la guerra fue que entré en contacto con el poder del espíritu humano. En varias ocasiones vi a mis compañeros estar a punto de morir pero, milagrosamente, sobrevivían. Dos de mis amigos que lucharon en el ejército juran que vieron balas atravesar a un soldado sin herirlo. Creen que su compañero estaba en un estado espiritual más allá del miedo y que las balas pasaron a través de él. Yo nunca vi nada tan milagroso como eso, pero creo en los relatos de mis amigos.

A veces me cuestiono por qué yo sí sobreviví y dos de mis compañeros de Hawai, no. Eran pilotos de la marina. Yo me estrellé tres veces y logré sobrevivir. Ellos solamente se estrellaron en una ocasión. Después de mis accidentes pensé mucho en mi voluntad de vivir. Reflexioné sobre cuánto afecta el factor de la voluntad humana en nuestra existencia.

En Vietnam pude ver cómo un país tercermundista derrotaba a la nación más rica y poderosa del mundo: Estados Unidos. Después de volar en varios enfrentamientos, fue obvio qué lado tenía mayor voluntad de vivir y de ganar. Un día llamaron a mi aeronave para realizar una evacuación médica. Tenía que sacar a un soldado herido del área de conflicto. Cuando vi que subían su cuerpo estaba seguro de que no sobreviviría. Estaba hecho pedazos, se podía ver a través de él. Aunque pensé que no lo lograría, volé tan rápido como pude de vuelta al portaviones en donde el equipo médico del barco lo llevó inmediatamente a la sala de operaciones.

El soldado volvió a Estados Unidos tres semanas después, estaba bastante vivo. Su deseo de vivir fue mucho más fuerte que mi falta de fe.

En 1974 me preguntaba: si Dios en verdad existía, ¿cómo era posible que permitiera tanta crueldad y corrupción en la Tierra? Al mismo tiempo fui testigo de su poder y del espíritu que hay en cada uno de nosotros, el que surge cuando más lo necesitamos.

Yo ya había visto demasiado. Había ido a la escuela y a la guerra. Ya no quería luchar en el nombre de Dios en una guerra cuasi sagrada. Ya no quería "matar a un *comu* por Cristo". Tampoco quería seguir peleando por petróleo, bancos, corporaciones multinacionales, política, avaricia y poder. Definitivamente no quería creer que debía morir o matar a un infiel para poder ir al cielo.

En lugar de eso, decidí comenzar a trabajar y a buscar el paraíso en la Tierra, mi propio Jardín del Edén. Eso era mucho más lógico que seguir bebiendo el Kool-Aid de organizaciones, viviendo con miedo a Dios y esperando a morir para poder vivir.

Así que, cuidadosamente, corté los hilos que me ataban a las escuelas tradicionales, a las religiones y a la política. El día de hoy, si voy a la iglesia, lo hago más o menos de la misma forma en que voto: en vez de ir por su denominación, voy para escuchar a un pastor a quien respeto, alguien quien siento que camina por el camino que señala y actúa bajo los principios que predica. Cuando voto, lo hago de manera similar: no voto por los partidos, no voto por los republicanos o por los demócratas, voto por el candidato que me parece honesto.

También dejé de escuchar el consejo de mi padre pobre: "Regresa a la escuela, haz una maestría, un doctorado y busca un empleo en el gobierno o en una compañía grande". En lugar de eso fui a visitar a mi padre rico y le dije que quería seguir sus pasos para convertirme en un empresario y trabajar con bienes raíces. En mi opinión, el camino de mi padre rico me ofrecía liberarme de la tiranía que hay en ser empleado de grandes empresas o del gobierno. También significaba una mejor oportunidad de encontrar y definir mi propio Jardín del Edén, mi paraíso en la Tierra.

Tenía 27 años. Antes de abandonar la Marina comprendí que tenía que definir lo que significaba para mí el paraíso en la Tierra. En ese momento comencé a buscar respuestas fuera de los lugares e instituciones tradicionales. Al definir mi propio jardín, mi propio paraíso, comprendí que necesitaba crear y servir mi propio sabor de Kool-Aid, el que más me agradara. Uno de los ingredientes que quería en mi Kool-Aid, era la noción de que el dinero es bueno. Estaba harto de la idea de que desear dinero es la raíz de todo mal.

Cuando estudié en Nueva York entré en contacto con el espíritu y el juego de hacer dinero. Ese juego y mis visitas a las grandes ciudades del mundo encendieron mi espíritu. Actualmente, Nueva York es mi "tierra prometida". Cuando le digo a mis amigos religiosos que encontré el espíritu de Dios en esa ciudad, muchos inclinan la cabeza y rezan por mí. Para muchos, Nueva York es el epicentro del pecado, una moderna Sodoma y Gomorra.

Cuando pensaba en el paraíso terrenal, también tenía en mente encontrar a la mujer de mis sueños, mi alma gemela. Mis padres tuvieron un matrimonio lleno de amor, también mis tíos de Nueva York. Yo deseaba lo mismo. Tuve oportunidad de ver que los matrimonios de muchos de mis amigos eran desastrosos. Descubrí que estar casado con la persona equivocada puede ser un infierno. Si quería vivir en el paraíso, necesitaba encontrar a mi alma gemela, alguien que compartiera mi idea sobre el paraíso terrenal.

Pasé diez años muy divertidos saliendo con todas las mujeres que pude. Conocí a varias que definitivamente *no* eran para mí. No significa que hayan sido malas personas, simplemente no nos llevábamos bien. No había buena química. Me alegra haberlas conocido, porque de esa forma pude descubrir lo que *no* quería en una relación. Al menos podía reconocer una mala relación antes de casarme.

Con todo, estoy contento de poder decir que en el mundo abundan las mujeres fabulosas. Muchas me ayudaron a crecer y, ¡Dios sabe que lo necesitaba! Me pude haber casado con un par de ellas pero, aunque no lo hice, hasta la fecha celebro haber tenido esas relaciones. Cuando conocí a Kim supe que era la mujer de mis sueños, mi alma gemela, la pareja de mi vida.

El mejor libro sobre el futuro

El individuo soberano (*The Sovereign Individual*), de James Dale Davidson y Lord Rees-Mogg, es posiblemente el mejor libro que he leído sobre el futuro de la economía. He estudiado a estos autores por años. Predijeron con precisión la caída de la Bolsa de Valores de 1987, el final de la Unión Soviética y el ataque de Osama Bin Laden. Hablan de muchas de las cosas que habla el Doctor Fuller, especialmente del fin de las naciones como las conocemos ahora. Uno de los puntos interesantes que señalan sobre el término de cualquier Era, es el incremento de la corrupción cerca el final.

Aseguran que, justo antes de que la Era Agraria terminara y comenzara la Era Industrial, se suscitó una corrupción desenfrenada en las iglesias y órdenes religiosas. También han señalado que hacia el final de la Era Industrial habrá corrupción gubernamental. Todo eso ya lo vimos.

Rees-Mogg y Davidson también dicen que el mundo cambia cada 500 años. Estos han sido los cambios:

500 a.C.	Surgimiento de la democracia griega
0	Nacimiento de Cristo
500 d.C.	Inicio de la Edad Media
1000 d.C.	Surgimiento del Feudalismo
1500 d.C.	Renacimiento y Era Industrial
2000 d.C.	Era de la Información

Al igual que el Doctor Fuller, Rees-Mogg y Davidson aseveran que la riqueza generada a través de la tecnología ya no estará en manos de sólo unos cuantos. El poder de la tecnología será suficientemente económico para todos nosotros; ricos y pobres tendrán acceso a él. Esto conlleva buenas y malas noticias.

Las buenas noticias son que la Era de la Información liberará a los individuos como nunca antes. La gente tendrá la posibilidad de educarse a sí misma. Los autores dicen que "aquellos que puedan educarse a sí mismos, tendrán libertad casi absoluta para inventar su trabajo. Podrán entender los beneficios de su productividad. El genio se liberará de las opresiones del gobierno y de las cargas que implican los prejuicios raciales y étnicos. En la Era de la Información, las opiniones torcidas de otros no podrán obstaculizar a nadie que sea verdaderamente capaz".

"Los políticos ya no serán capaces de dominar, suprimir y regular la mayor parte del comercio en esta nueva situación." En otras palabras, ya no será importante si gobiernan los republicanos o los demócratas. En la Era de la Información el poder será para ti, para el individuo.

El Doctor Fuller predijo que estaríamos entrando a la Era de la Integridad. Es por ello que nuestra profecía personal y nuestra visión del futuro son tan importantes.

En 1984, después de pedirle durante seis meses que saliera conmigo, finalmente accedió y tuvimos nuestra primera cita. Desde ese momento hemos pasado casi todos los días juntos. En más de veinte años, sólo nos hemos separado, en total, poco menos de 50 días. Ella es mi mejor amiga, mi socia de negocios y mi esposa.

El paraíso en la Tierra también era aplicable a mi empleo. Yo sabía que quería ser un empresario rico y viajar alrededor del mundo. Quería que mis negocios compaginaran con la visión de mi alma. Y, lo más importante, quería tener la confianza de que mi trabajo provocaba una diferencia y hacía que este mundo fuera un mejor lugar para vivir.

Mientras me preparaba para abandonar la Marina, quería recuperar mi poder, el que me había abandonado al ingresar a las escuelas tradicionales, las iglesias y los negocios. No quería volver a la escuela sólo para sentirme estúpido. No quería ir a la iglesia para que me dijeran que era un pecador y que primero tenía que morir para comenzar a vivir. No quería ser el empleado de una compañía para que el mismo negocio me dijera cuánto podía producir yo, con quién debía trabajar, quién sería mi jefe y si podía o no obtener un mejor puesto.

Quería recuperar el poder. El poder de dirigir mi vida en mis propios términos, de encontrar mi paraíso terrenal.

En la escuela dominical aprendí que Noé soportó una tormenta durante 40 días y 40 noches. También que Moisés caminó 40 años en el desierto antes de llegar a la "tierra prometida". En 1974 esperaba encontrar la "tierra prometida" en 40 días, pero también estaba dispuesto a caminar 40 años.

EMI: PROBANDO LAS AGUAS

Cuando estaba en la escuela sentía curiosidad por los niños que siempre comían pescado los viernes y que salían temprano para ir al catecismo. Deseaba fervientemente unirme a ellos y quería saber lo que estudiaban.

Algunas veces en la iglesia metodista o en alguna de las otras a las que asistíamos, aparecían excelentes maestros para los jóvenes. Yo disfrutaba sus clases y esperaba con ansia el campamento de verano de la iglesia. Al estar ahí comprendí que era una persona sumamente tímida y que carecía de habilidades para interactuar socialmente. Pero me encantaban los encuentros, las discusiones, las fogatas y los cantos. Eran una sutil invitación para conocer gente nueva. Sentía gran admiración por los chicos y chicas extrovertidos, quienes estaban más involucrados y siempre saltaban para participar y dirigir actividades.

Igual que Robert, cuando era niña, en Hawai asistí a las celebraciones de muchas denominaciones y a distintos templos con amigos y compañeros de la escuela. Ésa era nuestra forma hawaiana de apreciar las diferentes tradiciones. Cuando era niña no cuestionaba a Dios ni las tradiciones religiosas; las aceptaba y las respetaba. Mi mente no era inquisitiva y desafiante como la de Robert, al menos no durante mi infancia.

Pero cuando me convertí en adulta comencé a estudiar y cuestionar abiertamente. Alaska era un buen lugar para ganar dinero rápidamente. Tenía dos trabajos. El primero era en una oficina. Pertenecía a una compañía de artículos para los trabajadores del oleoducto. El segundo empleo era como mesera. Mi objetivo era ganar el dinero que necesitaba para viajar a la India.

El viaje a Alaska fue extenuante. Mi amiga y yo condujimos desde Boulder, en Colorado, hasta Fairbanks. Viajamos en una camioneta GMC 1953. La puerta del conductor se abría repentinamente sin ninguna razón y, como no teníamos cinturones de seguridad, nos mantuvo en suspenso todo el viaje. Tampoco tenía calefacción, por lo que el frío de enero fue brutal. En algún momento caímos en un banco de nieve, y como tampoco teníamos una pala decente, tuvimos que ingeniárnoslas para salir de ahí. Usamos un sartén.

El trabajo de mesera me exigía servir a muchos turistas durante el verano; en los meses más fríos, atendía a los trabajadores de los oleoductos y a algunas personas de la localidad que sabían bien cómo enfrentar el crudo invierno. Era un lugar de tránsito: todos querían salir del oleoducto tan pronto como pudieran para hacer su propia fortuna en esta fiebre del petróleo del siglo xx.

A pesar de que estaba trabajando muchísimo, de cierta forma me estaba liberando. Me organicé con el papá de Erika para que la cuidara en Hawai mientras yo estaba en Alaska y en India. Así pude enfocarme en mi objetivo de llegar a la India. Estaba con amigos de Hawai y Colorado. Vivíamos con sencillez en medio de un salvaje oeste moderno. Todos tenían el sueño de conseguir un empleo sindicalizado en el oleoducto. Significaba mucho más dinero. El pago por tiempo extra era del 150 por ciento o más. Una amiga mía obtuvo trabajo en el sindicato de carpinteros. Con su sueldo y trabajando mucho tiempo extra, en muy poco tiempo reunió los fondos necesarios para estudiar su maestría.

En lo personal, deseaba entrar y salir de Alaska pronto para viajar a India en el siguiente otoño. Nunca me uní al sindicato. Muchos consideraban a Alaska como la tierra de la miel y la leche, un lugar en donde era sencillo hacerse rico. Mi objetivo era llegar a la India y estudiar ahí con maestros tibetanos. Alaska era sólo un medio para lograr mi objetivo.

Sabía que en 1969 Robert había pasado un tiempo en Valdez, Alaska, como oficial de un barco. Estaba ganando 48000 dólares al año y solamente trabajaba siete meses. No tenía gastos y podía ganar y ahorrar más dinero que yo. Parece que ese siempre fue el patrón en nuestras vidas.

En contraste, después de pasar nueve meses en Alaska, ahorrando cada centavo, logré juntar 4000 dólares. Con eso pude comprar dos viajes a Hawai y ver a Erika, un pasaje a la India y guardar algo de dinero para vivir modestamente allá durante seis meses.

En 1975 me fui con mis amigos a la India. Mi corazón latía fuertemente ante la oportunidad de estudiar con el Venerable Geshe Ngawang Dhargyey en el sorprendente pueblo de Dharamsala. Era como un pequeño Tíbet en las montañas de la India. Su Santidad, el Dalai Lama, había establecido un gobierno tibetano en el exilio, y todos los cargos importantes se habían restablecido. La comunidad tibetana era muy pobre entonces. A veces veía gente caminando en la nieve sin calcetines y con zapatos que no les quedaban bien. Eran personas increíblemente felices, unidas y solidarias. Siempre estaban dispuestos a ayudarnos. Vivían sus enseñanzas y estaban muy agradecidos de estar vivos y cerca de Su Santidad, el Dalai Lama.

Fue en ese tiempo que el Venerable Geshe Dhargyey me sorprendió al sugerir que me convirtiera en monja. Me quedé atónita. Convertirme en monja estaba totalmente fuera de mis planes. Erika vivía con su padre, por lo que la gente que me rodeaba no sabía nada sobre mi familia ni mi vida en Hawai. No hablamos más del asunto, pero no me podía sacar la idea de la cabeza. Me preguntaba cómo viviría en Occidente una monja con una hija.

"Sería difícil", le dije. "Tengo una hija pequeña".

Él ni siquiera se inmutó. No hablamos más del asunto.

Durante un descanso de seis semanas fui con mis amigos a una peregrinación a los cuatro lugares budistas sagrados más importantes: Lumbini, en Nepal, el lugar donde nació Buda; Sarnath, el primer lugar en donde enseñó; Kushinagar, en donde murió; y Bodhgaya, donde fue iluminado. También fuimos a Rajgir, llamado Vulture´s Peak (el Pico del buitre.) Aquí fue en donde Buda enseñó el Heart Sutra.

Fue difícil viajar. Los trenes de carbón estaban repletos y cubiertos de hollín. Como no había autobuses, tuvimos que ir a Lumbini en el transporte colectivo de bicicleta. En realidad fue mejor que los taxis de Calcuta. Allá no había bicicletas. Escuálidos hombres jalaban el carro, mientras nosotros, los americanos bien alimentados, íbamos arriba. El hombre nos llevaba hasta nuestro destino atravesando caminos llenos de baches.

En Bodhgaya pasé semanas en una tienda que compartí con cinco tibetanos para asistir a algunas enseñanzas de su Santidad Ling Rinpoche, tutor superior del Dalai Lama. Mientras tanto, seguía considerando lo que Geshe Dhargyey me había dicho sobre convertirme en una monja. Y, aunque no sabía en ese momento lo que *significaría* convertirme en monja, me empezó a parecer atractivo. Cuando regresé a mis clases en la primavera de 1976, le pregunté a Geshe Dhargyey al respecto. Parodió la respuesta que le había dado anteriormente, diciendo: "Sería difícil, tienes una hija pequeña". Su respuesta me sorprendió y me hizo reír con nerviosismo. Pero luego me dijo: "Sería maravilloso si lo hicieras".

Me llevó diez años tomar mis votos para convertirme en monja. Después de regresar a Hawai, mudarme a Los Ángeles y estudiar con otro maestro maravilloso, el Venerable Geshe Tsultim Gyeltsen, tuve la oportunidad de volver a la India y que Su Santidad, el Dalai Lama, me ordenara en 1985. En todo este tiempo nunca he mirado atrás.

 Por supuesto, ha habido momentos de lucha y duda, pero convertirme en monja y lograr que el estudio y la práctica del budismo se hayan vuelto el objetivo de mi vida, ha sido muy satisfactorio. Me acerqué a las enseñanzas porque deseaba que el dolor terminara. Quería respuestas. Sentía que había muchos asuntos inconclusos. Mi madre y mis abuelos habían fallecido antes de que pudiera apreciarlos y tomar la herencia y la historia que portaban.

El refugio que siempre me había brindado la familia, se volvió inestable cuando murieron mamá y el abuelo. Comprendí que *no* siempre estarían ahí. Hasta la tierra bajo mis pies era inestable, especialmente en la Isla Grande en donde el suelo seguía creciendo y experimentando cambios. Aislada, en medio del Océano Pacífico, la isla estaba produciendo nuevas áreas secas. A pesar de ello, ahora se dice que Hawai desaparecerá en algún momento

Emi (al centro) con dos amigas aspirantes a traductoras en Hawái, 1983.
Fotografía tomada antes del salto de fe para convertirse en
monja budista.

debido a que el nivel del agua sube y la tierra se está hundiendo
casi imperceptiblemente.

La muerte me impulsó a pensar más en la vida. Como todos
moriremos algún día, yo quería aprender a vivir y a enfrentarme
a mis múltiples cuestionamientos. ¿Por qué la gente que amamos
atraviesa por grandes tragedias? ¿Y por qué morimos?

¿Adónde se van todos al morir?

¿*Debemos* morir?

¿Por qué la gente es cruel y embustera con los demás? ¿Y por
qué después, cuando pierden a sus amigos, a sus seres queridos, su
reputación o su estatus, se sienten arrepentidos y llenos de odio
hacia sí mismos?

¿Por qué la gente cree que puede mentir, destruir las vidas de
otros, robar y engañar?

¿Por qué si mi padre era un buen hombre tuvo que experimentar tal agitación y traición en su vida?

¿Acaso no había consecuencias, tanto obvias como sutiles, para
nuestras acciones? ¿Si no nos atrapan, entonces no hay consecuen-

cias? ¿Las consecuencias no importan tanto en la vida como después? ¿Acaso hay un después de la vida?

Mis estudios budistas me ofrecieron respuestas a esas preguntas. Encontré un excelente camino y una gran comunidad, una familia espiritual. El estudio y la práctica de las enseñanzas budistas satisfacían mis necesidades espirituales, pero descubrí que algunos de mis amigos budistas tenían problemas para cumplir con sus promesas. Lo mismo sucede en otras religiones. A mí también me costó trabajo.

Existen diez no-virtudes básicas que se deben evitar: matar, robar, tener conducta sexual inapropiada, mentir, hablar mal de otros, calumniar, usar palabras altisonantes, codiciar, tener mala voluntad y pensamientos equivocados. Estas no-virtudes se deben evitar por completo, pero a veces es difícil hacerlo. Es complicado mantener nuestros votos cuando el apego, el enojo, la envidia o la competitividad interfieren.

Tenía amigos a quienes admiraba; algunos estaban en buenos puestos, otros en lugares más modestos, pero todos practicaban el budismo con diligencia y lucidez. Hasta ellos se equivocaban. Yo trataba de ser una buena practicante, pero aún así la gente se molestaba conmigo. A veces me descubría chismeando y hablando de otros a sus espaldas.

Tenía conflictos hasta cuando sentía que me comportaba bien y que me estaba convirtiendo en una mejor persona para el beneficio de los otros. Mi hija quería que estuviera cerca de ella, mi ex-esposo sentía que yo era muy inestable. Necesitaba un empleo y, mientras mis amigos establecían sus carreras, apenas ganaba lo suficiente para comer y pagar la renta.

A pesar de todo, ese estilo de vida me funcionó por varias décadas. Pude continuar con mis estudios, viajar y vivir en la India, obtener dos títulos, convertirme en tibetana y pasar mucho tiempo aprendiendo y en retiro. Desafortunadamente, aparecieron dos patrones recurrentes en mi vida que limitaron mi práctica. El primero era que siempre buscaba la aprobación de la gente a quien respetaba. Me pasaba la vida haciéndolo. Primero busqué la aprobación de papá, después la de mis maestros.

El segundo patrón consistía en ocultarme tras mi timidez; siempre me mantenía al margen y no hablaba, así evitaba exponerme o revelar lo que consideraba mis faltas: ignorancia, enojo, confusión, celos y miedo. Aunque es posible que se hicieran evidentes de otras formas.

A veces, cuando se cultiva un sendero individual, se puede parecer diligente, sereno, devoto y sabio. Pero, de hecho, yo estaba usando esa apariencia para que los demás me aprobaran. Mi vida se tornaba miserable. Esconderme me impedía aprender o crecer. Dentro de mí había un arsenal imperceptible de engaños que querían controlarme, y estaba emergiendo.

Tras ser iluminado, la primera enseñanza de Buda incluyó las Cuatro Nobles Verdades. Éstas son:

- La verdad del sufrimiento.
- La verdad de la causa del sufrimiento.
- La verdad del cese del sufrimiento.
- La verdad del camino hacia el cese del sufrimiento.

El practicante debe vencer la oscuridad y el engaño que lo bloquean. Debe comprender que éstos en realidad no existen. Debido a que malinterpretamos la naturaleza de la realidad, a veces nos creamos opiniones equivocadas sobre todo lo que está en el mundo. Comprendemos la importancia de ser amables, de seguir principios éticos, de no dañar a otros. También sabemos que esto no sólo se aplica a nuestros amigos y seres queridos. Pero cuando las mentiras del apego o las aversiones se presentan, nuestra mente, cuerpo y palabra, actúan mal.

Descubrí que debido a mi viejo hábito de buscar la aprobación de mis maestros, siempre trataba de complacer a otros. Mis acciones me detenían y estaban mal enfocadas. Como monja, podía ocultar esta tendencia tratando de ser buena y auxiliar a otros, aunque me perdiera a mí misma. Era un sutil engaño que destruyó mi equilibrio. Ése era mi sufrimiento.

Mi visión y mis acciones se habían separado demasiado, como el péndulo de un reloj. Tal vez por eso me columpiaba inevitablemente hasta el extremo opuesto: quería, necesitaba y debía detenerme. Mis problemas de salud eran un signo físico de mi desequilibrio interior. Desde entonces he tenido que ser cuidadosa para mantener el equilibrio. Debido a estos hábitos tan arraigados, cuando surge alguna situación que así lo requiere, puedo funcionar en "automático". Me involucro en el siguiente proyecto, adquiero nuevas responsabilidades o cualquier cosa que necesite atención inmediata. La parte "salvadora" de mi linaje Samurai emerge y me alienta para salvar a todos.

Desafortunadamente, me es muy fácil volver al estado de separación de mi exterior y mi interior. La meditación, observar mis acciones y mis palabras, y cuidar mi lengua, me ayudan a detenerme y pensar sobre lo que está sucediendo. De esa forma detecto el patrón y tengo cuidado al escoger en qué me involucro. Así no termino metida en otro proyecto "urgente". Por mi práctica y bienestar personal, siempre tengo que trabajar concienzudamente para lograr paz física y mental. Busco un equilibrio en mi hábito de desear aprobación. Acabar con costumbres viejas y poco saludables es una forma de purificar los engaños y las ideas erróneas. Nos da mayor claridad para avanzar en el camino.

Esta tendencia requiere atención, amor, acción y sabiduría. Mi vida y mis acciones también necesitan el balance justo. Poder brindar todo lo anterior se ha vuelto un compromiso interno y personal. Desafiar los hábitos y opiniones que no son sanos es parte de una guerra benéfica.

Buda, dijo:

"Sé una luz para ti mismo".

"Cuando yo muera, las enseñanzas serán tu maestro".

"El odio no se puede cambiar con odio; el odio se debe cambiar con amor".

Así son los desafíos personales. A diferencia de Robert, yo pienso que esta batalla es una guerra. Contradictoriamente, es una guerra que requiere amor y atención gentil. No es necesario pelear encarnizada y despiadadamente contra nosotros mismos. Con mucha habilidad e interés, podemos liberarnos de esos patrones tan dolorosos, duraderos e insidiosos. La confusión, el autoengaño y los malos hábitos comienzan porque no experimentamos con el amor y la sabiduría, porque no obtenemos la atención o guía apropiadas, y eso nos saca de equilibrio.

Todos respondemos al amor. En cambio, cuando se presentan fuerzas negativas, tratamos de compensarlo y nos escondemos. Es increíble que, aunque necesitamos el amor y respondemos a él, nos involucremos tanto en guerras, en conflictos familiares y laborales. Jugamos al engaño, competimos sin sanidad, somos envidiosos, avariciosos, posesivos y nos negamos a ayudar a otros.

Robert comenta que, "aunque todos deseamos la paz, la guerra siempre será parte de la condición humana". Esta frase es tan aleccionadora como el análisis de Will Durant, quien señala que en toda la historia de la humanidad solamente durante 29 años no ha habido guerra en algún lugar del mundo. ¿Hacia dónde nos dirigimos? ¿Acaso es éste el único resultado, la única posibilidad?

Buda mencionó tres venenos:

- Deseo/apego
- Odio/enojo
- Ignorancia/engaño

Hasta que no superemos estas condiciones, sucumbiremos ante las inequidades de los venenos. Las enseñanzas nos muestran que es posible liberarse de estas ideas falsas, pero debemos hacer la tarea. No hay nadie fuera de nosotros que pueda desaparecer o remover nuestras ideas falsas.

Aunque yo "era una buena monja", estaba viviendo mi neurosis. Algo tenía que cambiar. Al contemplar las antiguas preguntas de pronto estaba buscando nuevas respuestas.

¿Ser un individuo me hace incapaz de actuar? ¿Y ser una monja?

Cuando me convertí en monja me uní a una comunidad más grande de lo que pude haber imaginado. He estudiado con los maestros tibetanos. Existen comunidades budistas monásticas en India, Sri Lanka, Tailandia, China, Burma, Camboya, Japón, Mongolia, Taiwán, Singapur, Malasia y Corea. Históricamente contamos con las de Indonesia, Grecia, Afganistán y otros países. Actualmente, hay monjes budistas que cultivan la paz interior en muchos países.

Al buscar el poder de traer paz al mundo, siempre he creído que Su Santidad, el Dalai Lama, encarna el modelo del enorme potencial humano. Sin embargo, él con frecuencia dice: "Solamente soy un monje". Con esto, nos recuerda que no debemos considerarlo como alguien marginado y diferente, sino como una inspiración para desarrollar todo nuestro potencial.

El Dalai Lama tiene la capacidad de brindar calidez a los corazones de la gente del mundo, y de acercar a personas de tradiciones y opiniones muy distintas. Esto me muestra que existe la posibilidad de vivir con un ideal muy alto, de convertirnos en seres humanos excelentes. Aunque hay muchas personas que viven discretamente y son excelentes seres humanos, es importante señalar que el mundo ha brindado reconocimiento al Dalai Lama y a sus esfuerzos por dar una solución pacífica al desarraigo de los tibetanos y la pérdida de su país.

Respecto de la guerra y los conflictos (globales y locales) me siento impotente. Esto es prueba de mi preocupación y tristeza. Mi impotencia es una forma de preguntarme por qué no hago algo al respecto o qué es lo que podría hacer. Pero la escritura es poderosa y el discurso puede beneficiar a mucha gente, así que enseño y escribo sobre cómo anular los tres venenos: odio, avaricia e ignorancia. Así podemos socavar los conflictos internos y externos.

¿Por qué ganan los agresores?

El gobierno chino y su gente ocupan el Tíbet actualmente. Consideran que el Dalai Lama es un "separatista" de la gente y de la tierra madre. Dicen que debería mantenerse alejado de las cuestiones políticas. También aseguran haber liberado a los tibetanos de la esclavitud y haberlos llevado hacia la prosperidad y a una economía mayor. Pero en realidad han tomado el Tíbet para su propio beneficio. Lo reclamaron por sus recursos naturales, llevaron gente china para establecerse en tierras tibetanas, les dieron empleo e impidieron que los tibetanos nativos tuvieran acceso a la educación, al empleo y a otras oportunidades.

Debo señalar que Estados Unidos le hizo lo mismo a los nativos americanos.

En 1986 realicé un viaje en autobús con algunos viajeros tibetanos. Fuimos de Dharamsala a Katmandú, en Nepal. Un amigo me pidió que los cuidara durante el viaje. Pasamos cuatro fronteras y aduanas, y descubrí que a los tibetanos los segregaban y los llevaban a distintas áreas en los puntos de revisión. A pesar de que en ninguna de las fronteras había restricciones para los occidentales y para muchos nepaleses, los guardias le quitaban muchísimo dinero a los tibetanos sin que otros pasajeros lo notaran. Este maltrato es mínimo si se compara con lo que tienen que enfrentar dentro del Tíbet o cuando tratan de escapar cruzando las fronteras a pie para entrar a Nepal o la India. Algunas veces los han encarcelado, torturado y devuelto a los chinos para que paguen sobornos. Han tenido que soportar hambre y frío para obtener su libertad y escapar de la opresión china que se vive en el Tíbet.

Respecto a la política de Estados Unidos, Robert dijo: "A mí me parece que el crimen *paga*". Y, "¿por qué le suceden cosas malas a la gente buena?"

¿Puedo hacer una diferencia?

Cuando era joven oraba fervorosamente. Deseaba progresar, aprovechar mis dones al máximo. Hay un poema de Dylan Thomas: "No entres dulcemente en la noche. / Furia, furia cuando la luz fenece". Mi interpretación me dice que no se trata de ponerse furioso o ser abusivo, sino de que debemos tomar el centro de nuestras vidas y aprovecharlo completamente, aprender de la vida, no dejar ninguna piedra sin mover.

¿Será posible vivir una vida ética, poderosa y benéfica ayudándonos a nosotros y a otros sin condiciones?

¿Podemos elevarnos por encima de la opresión y el odio, de las actitudes mentales negativas, de la depresión, las distracciones y los intentos fallidos? ¿Podemos disfrutar enormemente de la vida?

Éste es el desafío de nuestra existencia.

¿Podemos vivir armónicamente en la diversidad?

Pase varios años muy dedicada al estudio. Asistí a eventos de intercambio de fe y trabajé con ministros y practicantes de otras creencias. La pregunta es, ¿con todos los grupos que tienen distintas religiones, cómo podemos vivir en armonía en un mundo que se hace cada vez más pequeño?

Tuve la maravillosa oportunidad de involucrarme con personas de otras religiones, incluyendo budistas de otras ramas. Esto me ha ayudado a apreciar la fe que tiene la gente en sus diferentes creencias. Pude ver el esfuerzo que hacen para practicar, estudiar y ser buenos discípulos. Todavía nos queda un largo trecho por recorrer para ser gentiles con quienes tienen creencias disímiles a las nuestras. Cuando subestimamos o minimizamos a otros, se hacen evidentes nuestra intolerancia y estrecha visión.

Con mucha lucidez y verdad, David Barry dijo: "Generalmente, las personas que quieren compartir sus ideas religiosas contigo no quieren que tú compartas las tuyas con ellos".

En muchas ciudades y comunidades conviven culturas y religiones diversas. Todos deberíamos aprender sobre los demás, de la misma forma en que disfrutamos la comida, los trajes típicos y la música de otros países. ¿Acaso no es inteligente, incluso sabio, poder mantener y apreciar puntos de vista diferentes, opuestos?

¿Una persona ordinaria, como yo, puede ser exitosa?

Aquí surgen más preguntas y respuestas. ¿Cómo puedo ser exitoso si soy una persona promedio, si soy un aspirante espiritual? No tengo talentos especiales. ¿Qué puedo hacer? La respuesta es: ¡sí, podemos tener éxito! ¡Para eso es nuestra inteligencia! Persevera en tus cualidades.

¿Necesitaba encontrar mis propias respuestas?

Casarme y formar una familia no era la respuesta adecuada para mí, aunque me parece maravilloso conocer gente que permanece felizmente casada durante décadas. En la actualidad es la excepción, no la regla. Individualmente atravesamos muchos cambios a través de los años. Es maravilloso y encomiable que dos personas, estando juntas, puedan crecer, cambiar armoniosamente y compartir una visión. Yo tenía que realizar mi búsqueda a mi manera.

Buda nos mostró un sendero hacia la iluminación. Pero tenemos que caminar por él y seguir nuestro propio camino. Las respuestas y las lecciones deben comprenderse individualmente.

Una persona puede sermonearnos hasta ponerse azul, pero en realidad debemos experimentar y descubrir las lecciones nosotros mismos. A veces he tenido que aprender algo una y otra vez. En otras ocasiones, lo comprendo de inmediato. De cualquier forma, hacemos lo que queremos y a veces la respuesta no es muy clara porque no estamos prestando atención. Pero el universo nos muestra el resultado de nuestro esfuerzo.

5

Senderos que transforman

A veces obtienes lo que deseas de la vida.

El problema es que tal vez no te gusta la forma en que llega a ti. Puede ser que no te guste el empaque en el que viene. Tal vez ni siquiera notes que te ofrecen lo que pediste.

Nuestras búsquedas nos llevaron en direcciones radicalmente opuestas, pero los paralelismos comenzaron a surgir. Para uno de nosotros, la clave fue mantenerse fuera de prisión.

ROBERT: UN CAMBIO EN LA VIDA

Mientras mi hermana buscaba la espiritualidad en la selva de la Isla Grande, yo buscaba sexo en la selva de Waikikí. Cuando me quitaron el helicóptero fue difícil mantener mi estilo de vida fiestero y seguir saltando de isla en isla.

No obstante, en 1974 conocí a una hermosa mujer en un bar. Su nombre era Jennifer y era un poco *hippie*. No sé si fue por mi corte de marinero o mi personalidad en general, pero cada vez que la invitaba a salir tenía un pretexto para decirme "no."

Mi persistencia fue compensada finalmente. Me dijo: "Sí, pero con una condición."

Yo tenía que asistir a un seminario gratuito con ella. Sería su invitado. Como estaba desesperado, accedí.

El seminario gratuito era un Seminario de Entrenamiento Erhard EST), como al que mi hermana Emi había asistido años antes. El evento se llevó a cabo en un espléndido salón de fiestas de un hotel en Waikikí. Estaba lleno, había como quinientas personas. Yo nunca había escuchado de EST, pero estaba impresionado con la cantidad de mujeres atractivas que había en el lugar. Todas me sonreían. Fue algo que nunca había experimentado. Desde la preparatoria había estado encerrado en una escuela militar para varones y luego en el ejército.

Pensé que había encontrado el paraíso en Waikikí.

Me senté junto a Jennifer, las luces se apagaron gradualmente y subió al escenario una mujer despampanante con un vestido blanco espectacular. Dijo algunas palabras y presentó a Werner Erhard. La gente saltó de sus asientos y aplaudió con fuerza.

Werner también vestía de blanco. Se veía en gran condición física. Sus facciones eran afiladas y atractivas; tenía confianza en extremo. Era un gran orador, pero entre más hablaba menos comprendía, lo único que entendí fue que tenía que hacer que mi vida funcionara mejor.

En poco tiempo me aburrí y quise irme. No tenía la menor intención de inscribirme en este entrenamiento, especialmente porque costaba 200 dólares y duraba dos fines de semana completos. Cuando hubo un descanso, volteé hacia Jennifer y le pregunté si quería ir a tomar algo. Agitó la cabeza y me preguntó algo que no me esperaba: "Bien, ¿estás listo para inscribirte en el curso EST?"

"No", le dije claramente. "Yo no necesito esto. Esta basura es para perdedores. Ven, vamos al bar y bebamos algo".

Jennifer movió la cabeza en silencio, me miró disgustada.

"¿Qué?", pregunté. "¿Tú crees que yo necesito esta basura?" Mi pregunta la hizo sonreír.

"De toda la gente que está aquí, tú eres el que más necesita el entrenamiento."

"¿Yo?", le pregunté indignado. Sentía como si me hubiera abofeteado verbalmente. "¿Por qué yo?"

"¿Por qué crees que no salgo contigo?", me dijo Jennifer.

"No lo sé", respondí con rudeza. "Dime."

Supongo que con esa pregunta estaba esperando que me aporreara como lo hizo. "No salgo contigo", dijo, "porque careces de mucho. No tienes confianza con las mujeres. Te da vergüenza y temor que te rechacen. Además, eres tan cachondo que estás desesperado. Te puedo asegurar que sólo hay una cosa que quieres. Pero, ¿por qué querría acostarme con un hombre al que le faltan tantas cosas?"

"¿Qué?", aullé como perro pateado.

"Además", continuó Jennifer, "finges ser un macho, pero puedo ver a través de ti. Eres solamente un remedo de piloto de marina, grande y rudo. Manejas por ahí en tu Corvette como preparatoriano buena onda".

"Está bien", le dije, herido. "Si eso es lo que piensas, entonces me voy".

"Mira", me dijo con un poco más de suavidad. "Escúchame, no me hace feliz decirte esto. Me agradas. Tienes cualidades, pero tú me preguntaste".

Estábamos en un área llena de gente. Algunos conversaban, otros se estaban inscribiendo al entrenamiento. Otros se ocultaban nerviosamente en la mesa de refrigerios. Lo bueno es que la multitud era lo suficientemente ruidosa como para apagar los comentarios de Jennifer. Y si los hubieran escuchado, no les habría importado.

Tocó mi hombro, sonrió y me dijo con delicadeza: "Por eso te invité. Tomé el entrenamiento y mi vida entera cambió para bien".

Me guió hacia la mesa de registro. Yo todavía estaba molesto por sus comentarios. Me dolía el estómago y mi mente estaba totalmente acelerada. No sabía qué hacer, así que lentamente tomé una pluma y comencé a llenar la solicitud. Todavía estaba a punto de correr hacia la puerta. Realmente no sabía si quedarme o salir corriendo. No tenía idea en qué me estaba metiendo.

Finalmente pagué el depósito de 35 dólares para apartar mi lugar en el entrenamiento. Abandoné el salón y fui al bar del hotel.

Jennifer se quedó para la segunda parte del evento.

En marzo de 1974 entré al entrenamiento EST, y dos semanas después mi vida había cambiado, tal como ella prometió.

Gran parte del curso fue sobre acuerdos. Dicho de otra forma, ¿cumples tu palabra? Fíjate bien en la palabra "palabra". Los acuerdos se basan en cumplir tu palabra. Cuando alguien dice: "Él es un hombre de palabra", se considera un gran halago.

Durante el entrenamiento se hizo muy evidente que la mayoría de nuestros problemas personales comienzan porque no cumplimos nuestros acuerdos. No nos mantenemos fieles a nuestra palabra. Decimos una cosa y hacemos otra. Ese primer día en que sólo se habló sobre acuerdos, fue dolorosamente iluminador. También se hizo evidente que mucha de la miseria humana es producto de acuerdos que se rompen, de que no cumples tu palabra o que los otros no lo hacen.

Por fin comprendí que mi falta de integridad y el no cumplir mi palabra era lo que causaba mi penuria. Estuve en los programas EST dos años más y aprendí mucho sobre mí mismo. Poco después de que dejé de asistir a los seminarios, la organización atravesó varias pruebas y tribulaciones. Actualmente se le conoce como Landmark. No es que yo necesariamente recomiende el programa, sólo comento que, para mí, fue una experiencia renovadora.

El siguiente lunes, tras completar el entrenamiento de dos fines de semana, junté el valor necesario para llamar a mi comandante de escuadrón y solicitar una cita. Estaba prácticamente paralizado por el miedo. Entré caminando con firmeza a su oficina. Saludé y tomé asiento. Comencé diciendo: "Señor, antes de abandonar el cuerpo militar, quiero hablarle sobre los acuerdos que rompí con su escuadrón."

El coronel se sentó y escuchó mientras yo admitía que tomé un helicóptero en viernes, aterricé en un lugar alejado de la base, recogí a un montón de mujeres, hieleras con cerveza y volé a una playa en una isla remota. También confesé que había transportado equipo de buceo (lo cual está estrictamente prohibido porque la altitud puede hacer que los tanques presurizados exploten), y que había volado en estado de ebriedad.

Movió la cabeza en silencio. Finalmente, habló.

"Gracias por decírmelo. ¿Hay otros pilotos haciendo lo mismo?"

"Prefiero no decirlo", contesté. "Estoy aquí sólo para declarar lo que yo hice."

"Comprendo", dijo el coronel. "Haré una investigación. ¿Está preparado para enfrentar un juicio si se le acusa de algo?"

"Sí", le dije.

"Está bien", me contestó. "Las autoridades militares se pondrán en contacto con usted."

Dos semanas después me llamó un abogado militar (un capitán de la Marina.) Me pidió que fuera a su oficina en la base. Cuando estuvo ahí me informó sobre mis derechos y me preguntó si quería un defensor.

"No", le contesté. "Estoy aquí para decirle todo y enfrentar las consecuencias de mis acciones, aun si eso implica ir a la cárcel."

El capitán llamó a un estenógrafo y comencé mi declaración de tres horas. Describí todas las actividades con las que había infringido la ley. Me sentía exhausto cuando terminé, lisiado, vacío. Les había dicho todo, cada detalle y cuántas veces había engañado al sistema. No oculté nada.

Estaba sentado en silencio y vi que el capitán hizo salir al estenógrafo. Comenzó a guardar sus notas.

"¿Voy a ir a la cárcel?", le pregunté, esperando que me sacaran esposado.

El capitán continuó jugando con su portafolio por un momento y después me miró y me dijo. "No, se puede ir. Saldrá en un mes y me voy a asegurar que sea dado de baja con honor. Gracias por su servicio al país".

Las semanas de estrés y la sorpresiva decisión me vencieron. Ya no lo soportaba más. Estallé en lágrimas y dije: "No comprendo".

"Tome su regalo, teniente", dijo el capitán. "Gracias por decir la verdad. Ahora salga de aquí antes de que me arrepienta".

Me levanté confundido, no me moví. No podía hacerlo. Finalmente el capitán sonrió y me dijo: "Sabemos lo que usted y sus compañeros hicieron. Me enteré de las langostas gigantes que pescaron y de las fiestas nudistas. Diablos, me hubiera gustado que me invitaran. Se ve que eran muy divertidas".

"¿Usted sabía?", pregunté.

"Claro. Las noticias de ese tipo siempre vuelan. Había varios pilotos haciendo lo mismo. Me invitaron una vez, pero no fui. Sabía que los iban a descubrir tarde o temprano, me alegro de no haber ido".

"¿Quién más lo hacía?", le pregunté.

"Había varios pilotos que le dieron mal uso a la propiedad del gobierno. Algunos tenían mayor rango que usted y yo. Pero me alegro de que haya tenido el valor de decir la verdad. No es usted a quien persigo. Estoy tras los otros que no se atrevieron a confesar. Volar con mujeres a islas desiertas y volar ebrio es muy malo. Pero no tener el valor de admitirlo y mentir son peores delitos. Son un defecto de carácter, un defecto trágico.

"Todos cometemos errores", continuó. "Todos hemos roto las reglas. Cometemos estupideces y pensamos que nos podemos salir con la nuestra. Cometer un error y ser estúpido no es un crimen. Ser tonto no es un crimen, pero mentir sí lo es".

Después de eso, me retiré.

El capitán cumplió su promesa. En junio de 1974 salí de la base y era un hombre libre.

La libertad para mí era algo más que eludir el consejo de guerra. Mi "nueva vida" iba más allá de esos dos fines de semana que pasé en el seminario EST. Comprendí que tenía el poder de crear el mejor o el peor destino para mi existencia. Era mi elección.

Tuve que dejar de pensar que siempre estaba en "lo correcto". Tuve que aceptar mi lado oscuro y llevarlo a la luz. El enemigo estaba dentro de mí, no "allá afuera", en algún lugar. Al desarrollar mi carácter había comprendido que también podía cambiar mis defectos.

En ese momento decidí que tendría que trabajar toda la vida para enfocarme en mí mismo y en desarrollar un carácter con una ética superior, un carácter moral y legal. Aquéllas nobles palabras, "mandamientos" que los maestros de la escuela dominical y las amigas de mi madre refunfuñaban, regresaron a mí en un lenguaje que yo podía entender y que me pertenecía. Sabía que sería una misión para toda la vida. Tenía que trabajar mucho conmigo mismo.

Las lecciones de vida que había aprendido en la iglesia eran valiosas. Eran sencillas y lógicas. Como eran simples, comencé a preguntarme por qué la gente tenía dificultades para seguirlas. "¿Para qué ir a la iglesia si no vas a hacer que las lecciones sean parte de tu vida?"

Me hice muy cínico respecto a la gente que iba a la iglesia, pero no en cuanto a la iglesia. A veces me preguntaba por qué una persona que asistía regularmente y parecía ser devoto seguidor de Dios y de los rituales de su religión, no ponía en práctica las lecciones.

Mamá y papá se habían esforzado para protegernos de las realidades crueles del mundo real. Pero sin importar cuánto se empeñaron, el lado oscuro de la vida siempre nos alcanzó. Por ejemplo, cuando tenía seis años, nos enteramos de que uno de los compañeros del trabajo de papá se iba a divorciar. No sabíamos lo que significaba divorcio, o por qué una madre y un padre se separaban. Nuestros padres trataron de explicarnos las razones sin decirnos lo que significaba adulterio, pero de cualquier forma nos enteramos poco después.

Unos años más tarde, el padre de un compañero de la escuela fue arrestado y encarcelado por malversación de fondos. También en este caso nos explicaron delicadamente. Otro amigo, también hombre de familia, era alcohólico. Pasó mucho tiempo ocultado su secreto. Un día, en su estupor alcohólico, atropelló a un peatón en un crucero y terminó en la cárcel. La familia se desintegró y la esposa volvió a casarse.

La parte más difícil de explicar era que esas familias eran religiosas y asistían a la iglesia. La pregunta que nos desconcertaba era: "¿Para qué ir a la iglesia si no vas seguir las reglas de Dios?"

Esto no quiere decir que estoy por encima del pecado y de la locura. Te aseguro que me esforcé en hacer casi todo lo que me dijeron en la iglesia que no hiciera. Mi excusa es que nunca pretendí ser un buen cristiano que seguía las reglas. Me molestaba el número de personas que actuaba como si fueran seguidores de Dios. Asistían a la iglesia, hablaban sobre un Dios amoroso y decían seguir las reglas. Pero, en realidad, en privado no eran lo que decían ser.

Conforme pasó el tiempo comencé a preguntarme por qué muchas personas fingen ser santas cuando en realidad son verdaderos pecadores. Si era tan sencillo seguir las reglas para una buena vida, ¿por qué mucha gente no las seguía? Algunos de los ejemplos que me han perturbado en particular son:

Todos sabemos que no debemos mentir.

Todos sabemos que debemos decir la verdad. Mi pregunta es, ¿si ésta es una lección tan fácil de seguir en la vida, por qué tanta gente miente? Fue especialmente entretenido cuando se descubrió que el presidente Nixon, el líder más importante del mundo, mentía. Él iba a la iglesia y era un buen cristiano.

¿Por qué mintió?

Todos sabemos que no debemos cometer adulterio.

Entonces, ¿por qué tantas personas engañan a sus cónyuges? Me encanta la fotografía del presidente Clinton posando al salir de la iglesia con una Biblia en la mano. Más tarde nos enteramos de que se dirigía a ver a Mónica.

Todos sabemos que no debemos matar.

Pero los gobiernos invierten mucho tiempo, tecnología y dinero en construir armas que asesinan gente. ¿Por qué Estados Unidos, una nación supuestamente creyente, gasta tanto de su producto interno bruto en armas? ¿Por qué la Tierra Santa es uno de los lugares más violentos de la Tierra?

Todos sabemos que debemos "amar a nuestro prójimo".

Entendemos que debemos ser amables con nuestros congéneres, pero mucha gente habla mal de sus vecinos a sus espaldas, apuñalándolos con sus palabras. ¿Por qué tanta gente invierte tiempo, creatividad y esfuerzo en Internet para difamar a alguien más?

De nuevo me encontré en mi vida buscando respuestas nuevas a viejas preguntas. Me parecía que si seguíamos la regla de oro: "Trata a los otros como quieres que te traten a ti", la vida sería mucho mejor. Las reglas parecían simples, pero seguirlas era más difícil. Me preguntaba por qué.

También noté que los seres humanos luchaban mucho dentro de sí mismos. Al parecer, mucha gente iba a la iglesia para orar genuinamente por una vida mejor. Pero esa mejor vida los eludía. Por ejemplo:

- Mucha gente quiere ser rica, pero millones de personas que son ricas espiritualmente, permanecen financieramente pobres.
- Millones de personas quisieran ser más delgadas y saludables, un gran número de ellas reza para bajar de peso, pero sólo sube más.
- Millones de personas rezan porque desean tener más amor y felicidad con sus parejas; sin embargo, es sabido que las peleas más encarnizadas las tenemos con quienes más amamos.
- Millones de familias va a la iglesia para establecer un ejemplo moral para sus niños, pero algunos de los hijos de las familias más creyentes a veces se convierten en las peores personas.

Me preguntaba, ¿por qué?...

Emi: Buscando mi talla

Mis hermanos y yo nacimos en el hospital San Francisco, en Honolulu, Hawai. Cuando era chica, mamá trabajaba ahí como enfermera. En algunas de las pocas visitas que le hicimos al trabajo, llegamos a ver a las monjas apuradas, cuidando a la gente. Pero eso era muy rara vez porque no se permitía la entrada de niños al hospital.

En general soy una persona con mucha fe. Estimo mucho a los maestros y a los santos de distintas tradiciones, y cuando viajo a diversos lugares por trabajo o cuestiones familiares, siempre trato de visitar los lugares santos de las distintas creencias.

Tal vez por mi temprana cercanía a San Francisco de Asís, siempre me he sentido atraída a su sorprendente vida y su trabajo. En 1999, cuando asistí a una conferencia para entrenamiento de maestros budistas en Pomaia, Italia, tuve la oportunidad de visitar Asís, donde había vivido San Francisco. Fue maravilloso estar precisamente en el lugar en donde él y Santa Clara estuvieron y comenzaron sus tradiciones monásticas. Aunque algunos consideran que Asís es un lugar turístico, en realidad está lleno de la energía de las oraciones de todos los fieles que han hecho peregrinajes hasta allá durante siglos. Cuando descubrí que la gente ha resguardado el cuerpo de San Francisco en la catedral, estuve a punto de llorar. Me parece que eso demuestra gran determinación, fe y sentido de protección. La gente mantuvo a salvo el lugar sagrado y la reliquia de su cuerpo durante siglos. Gracias a estas personas, sobrevivieron a la modernidad, los conflictos, la hambruna y la guerra. A los tiempos de fervor y a los de olvido.

También visité Lourdes, en Francia. Fui a Tolousse para ayudar a mi hija Erika y a su esposo cuando nació su segundo hijo. El día antes de irme de Francia, tomé un descanso y viajé durante dos horas en tren hasta Lourdes. Llegué a la hora del almuerzo, así que comí algo antes de explorar el área. En el café noté a un monje católico que también estaba comiendo. Después del almuerzo, lo volví a encontrar en el camino hacia la catedral y el área de las grutas. Se veía muy involucrado y me señaló en dónde estaban los lugares santos. Después, me preguntó: "¿Qué hace usted aquí?"

Le contesté que me encantaban las historias de los santos y que, cuando tenía la oportunidad, visitaba los lugares sagrados.

Tenzin y su hija Erika, en diciembre de 1994, en el aeropuerto internacional de Los Ángeles. Tenzin se dirigía de nuevo a la India.

"¿Pero, por qué razón está en el sur de Francia?"

Le expliqué que había ido porque mi hija acababa de tener un bebé. Se sorprendió mucho y me preguntó: "¿Quiere decir que los monjes como usted se pueden casar?"

"No", le dije. "Eso sucedió hace mucho tiempo."

"¿Pero qué le sucedió a su esposo?", me preguntó.

"Nos separamos hace muchos años", le contesté.

"¿Qué? ¿Quiere decir que ustedes los budistas se pueden divorciar?", me preguntó.

"Eso fue antes de que fuera budista", respondí.

"Bueno", me dijo, "debe saber que no podrá obtener ninguna bendición aquí a menos que haya sido bautizada".

"Pero sí fui bautizada cuando era niña", le contesté.

"¿Qué? ¿Quiere decir que abandonó todo?", me preguntó con incredulidad.

"No es que haya abandonado todo, sino que encontré mi camino en el budismo", le dije. Le expliqué que no creía que alguien tuviera que rechazar una fe para aceptar otra.

Después de eso, me llevó con amabilidad hasta donde estaba la gente llenando botellas con agua de manantial, y nos sentamos afuera de la gruta donde Bernadette Soubirous había tenido la visión de Nuestra Señora de Lourdes. Ahí recé por un rato. Después fui a las tiendas de las mujeres en donde la gente recibía la bendición con el agua de manantial. Como no hablaba francés, no comprendí sino hasta el último momento que teníamos que desvestirnos por completo para poder sumergirnos en el agua.

Los encuentros entre personas de creencias diferentes son importantes porque desarrollan la amistad y la armonía. Ya no vivimos en un mundo de islas en el que podemos mantenernos alejados de la modernidad, de otras culturas y puntos de vista. En los siglos anteriores el aislamiento era producto de las limitaciones tecnológicas y las dificultades para viajar. Siempre es importante estudiar profundamente las tradiciones y las comunidades que escogemos, pero en la actualidad es necesario que dialoguemos y seamos más tolerantes, que apreciemos más a los distintos grupos religiosos. Esto nos llevará a tener más paz, amistad y armonía.

En 1998 acepté un puesto en Colorado como maestra en residencia de un pequeño grupo budista. Un año después de haber llegado a Colorado Springs, uno de los capellanes de la Academia de la Fuerza Aérea de Estados Unidos me solicitó que me reuniera con los cadetes interesados en el budismo. Terminé sirviendo como capellán budista por seis años. Durante ese tiempo también terminé mi maestría gracias a una beca, fui voluntaria en un hospicio y participé en grupos interreligiosos.

En 2005 y 2006 realicé el primer año de entrenamiento de Capellanía hospitalaria en el hospital Santa Mónica de la UCLA en California. Colorado Springs es reconocido por ser un centro de grupos cristianos fundamentalistas y conservadores. Después de los años que pasé ahí, esperaba tener mayor flexibilidad y más amistad en el entrenamiento de capellanía. Santa Mónica era un lugar más liberal y moderno, y creí que podría soltarme el cabello, por decirlo de alguna forma. Nuestro grupo estaba formado por cristianos de distintas denominaciones y por mí, una budista. La supervisora nos comentó que le agradaba que hubiera diversidad de religiones en las sesiones de entrenamiento. Creía que el proceso de aprender juntos se volvía más interesante y nos brindaba más experiencia interreligiosa.

Cuando estaba en el entrenamiento me sorprendió descubrir que algunos de los capellanes tenían puntos de vista mucho más conservadores que los que había yo encontrado en Colorado Springs. De hecho, Colorado Springs había sido una sorpresa refrescante. La gente era muy amigable y los extraños siempre me saludaban en la calle al pasar.

En el entrenamiento de capellanía tuvimos que redactar y compartir una declaración de nuestra misión personal. Debíamos indicar lo que creíamos que obtendríamos del entrenamiento, y por qué. Yo inicié un párrafo con la frase: "En un espíritu ecuménico, espero poder trabajar y aprender junto a los otros capellanes".

Un capellán me confrontó agitado diciendo: "¿Por qué está empleando la palabra 'ecuménico'? Eso es sólo para los cristianos. ¿Y por qué usa la palabra 'espíritu'? Esa palabra representa el espíritu santo de Cristo".

Otro capellán aligeró la tensión cuando dijo que "espíritu" tiene varios significados, así como cuando decimos "el espíritu de la bondad" o "el espíritu de la alegría". Fui a casa esa noche y busqué "ecuménico" en el diccionario. Descubrí que ambos estábamos en lo correcto. Una de las definiciones era el encuentro de varias tradiciones cristianas, pero la primera definición, del diccionario Merriam-Webster, era "mundial o general en extensión, influencia o aplicación".

Cambié la definición a "espíritu interreligioso" para que funcionara mejor en el sentido más general y para no ofender a los demás. Sin embargo, como se estudia y practica budismo en Occidente, debemos tener cuidado con las palabras que usamos. Debemos recordar que el inglés tienen una base judeo-cristiana. Culturalmente, es normal que nos enfrentemos al sesgo y la tradición. Tenemos que ejercitar la tolerancia y la bondad para encontrar un punto de encuentro.

Existe un rasgo común que he observado en la gente que, siendo de una cultura, se convierte a otra religión. A veces son más inflexibles, estrictos y fundamentalistas en su actitud que las familias que han pertenecido a dicha religión por años. También pueden ser más intolerantes con las religiones diferentes a la que ellos adoptaron. Por otra parte, puede haber un resultado muy positivo. Cuando una persona se convierte o adopta una religión diferente a la que le impone su tradición cultural, tiende a la práctica intensa, al estudio sincero, la curiosidad, el amor y fidelidad a sus nuevas creencias.

Su Santidad, el Dalai Lama, dice que generalmente es mejor que si una persona estudia el budismo, permanezca dentro de la propia fe de su tradición. Si encuentran algo interesante o valioso en su estudio del budismo u otras creencias, deberán utilizarlo sin que sea necesario convertirse. Es importante señalar que la filosofía budista no profesa la existencia de un Dios creador, divino e independiente. Por tanto, cuando una persona llega a un momento coyuntural en la vida (especialmente cuando uno se acerca a la muerte o tiene experiencias relacionadas con ésta), tal vez su educación temprana y sus creencias más profundas ofrezcan más tranquilidad. Especialmente la creencia de que hay un Dios creador que supervisa su vida.

En la tradición budista cada persona es responsable por sus propias acciones. Lo que sucede después de la muerte depende del mérito y karma acumulados. Éste es un detalle importantísimo, pero sutil, que en muchas ocasiones es soslayado por los creyentes. De hecho, muchos budistas tienden a divinizar a Buda o a los santos budistas. Rezan por su salvación y por alivio a su sufrimiento. Piensan que los santos los liberarán. Aunque nuestros maestros son indispensables para guiarnos y enseñarnos, debemos cumplir las etapas hacia la iluminación con nuestro propio esfuerzo y comprensión. Debemos acumular mérito y virtud, y purificar lo negativo y las ilusiones.

Como soy parte de una religión establecida, tengo la oportunidad de asistir a muchos eventos religiosos y reuniones interreligiosas. Asisto y a veces organizo las conferencias anuales de los monjes budistas en occidente, en Estados Unidos. Como sólo somos unos cuantos en todo el continente, con mucha frecuencia los monjes occidentales están solos o asociados con centros budistas. Éstos son, predominantemente, comunidades laicas. Así ofrecemos a los monjes budistas la oportunidad de reunirse.

En esta era materialista, el monasterio se volverá poco común y atraerá solamente a algunos. Los monjes generalmente trabajan durante largas horas en tareas de enseñanza, logística o gerenciales. Nuestras reuniones son eventos que ansiamos, nos permiten tomar un respiro de nuestras actividades. Podemos discutir y compartir nuestras prácticas, tradiciones y preocupaciones. En una de nuestras primeras conferencias, tuvimos una presentación de "*batas* del mundo". Nos permitió comprender la historia y el significado de las distintas *batas* de China, Japón, Tíbet y Tailandia. Todas eran muy diferentes.

Como occidentales que practican la tradición y cultura budistas, a veces realizamos alguna adaptación o debemos definir lo que son prácticas efectivas o expresiones culturales. Qué es esencial y debe ser aplicado, y qué cosas debemos dejar a un lado. Aunque los votos se han mantenido casi iguales, los hábitos de la práctica monástica evolucionaron de maneras únicas en las distintas culturas. Al reunirnos en occidente, las culturas y tradiciones convergen. Aprendemos mucho unos de los otros. También necesitamos una mente más abierta y tolerante para aceptar las diferencias. En la tradición tibetana en la que fui educada, los monjes a veces comen tres veces al día, consumen carne, preparan sus propios alimentos y utilizan zapatos de piel, pero no matarían a una mosca o un mosquito. Además, nuestros templos están repletos de colores vibrantes e imágenes magníficas.

En contraste, en las tradiciones china, coreana y vietnamita, los monjes son vegetarianos, a veces sólo comen una vez al día y no usan artículos de piel. Los templos zen japoneses son tranquilos, más monótonos en sus colores y menos densos. En las tradiciones Theravada, los monjes no pueden tocar dinero, no operan vehículos, no preparan alimentos y sólo comen lo que se les ofrece, incluyendo carne. Algunas tradiciones se apegan al principio de tener pocas posesiones. Pero en Occidente, muchos monjes se mantienen a sí mismos, algunos trabajan, viven solos, tienen auto y casas llenas de posesiones.

Piensa en eso. Muchos templos tibetanos se establecieron a grandes altitudes. El monasterio de Gaden, donde estaba mi maestro, se encuentra en una colina solitaria y distante a más de cuatro mil metros de altura sobre el nivel del mar. Está por encima de la línea de las copas de los árboles, en una tierra árida y rocosa. Es casi imposible tener un jardín en donde crezcan vegetales para alimentar a miles de monjes. Ahí los monjes llevan una dieta de harina de cebada tostada y te de mantequilla, a veces un poco de carne seca (muchos de los monasterios que se restablecieron en la India, ahora ofrecen comidas vegetarianas). Al entrar al templo, el practicante puede gozar de la calidez del color y las representaciones de las imágenes de Buda, al entrar al templo.

En los exuberantes paisajes de los países con una elevación menor, los discípulos y los amigos de los monasterios pueden cultivar la tierra y llevar otro tipo de comida para los monjes. Ahí se puede seguir una dieta vegetariana diversa y balanceada. Los templos zen ofrecen un contraste serenidad y paz con el mundo exterior.

Éstas son tan sólo algunas de las diferencias externas. También hay muchas diferencias filosóficas e interpretativas, igual que sucede en otras religiones.

En algunas tradiciones las mujeres tienen puestos de gran poder y pueden ordenarse en rangos más altos. En otras, estas oportunidades no están disponibles.

Muchas de las diferencias son producto de la cultura. Por ejemplo, los cambios económicos y políticos dentro de cada país, a lo largo de los milenios. El clima y la vegetación también son factores importantes. Incluso en las tradiciones monásticas budistas debemos involucrarnos continuamente en un diálogo. Debemos aprender de otras tradiciones y apreciarlas y, al mismo tiempo, seguir profundizando en la convicción y la fe que tenemos en nuestra propia tradición.

Mientras estaba en Colorado Springs, tuve la buena suerte de asistir a una plática ofrecida por el Obispo John Spong. El obispo ha reflexionado con franqueza algunas de las asunciones y opiniones de su propia tradición cristiana. Aunque ha sido criticado por tener una postura radical, lo que ha hecho es analizar y cuestionar con un profundo amor por su fe. En las enseñanzas budistas, el mismo Buda nos dijo que no debemos aceptar ciegamente las enseñanzas. Dijo que deberíamos comprobarlas de la misma forma que lo haríamos con el oro: calentando, frotando y pesándolas para verificar su autenticidad y calidad antes de aceptarlas como verdaderas.

El obispo Spong habla con humor y cariño cuando dice que, si el paraíso es en algún lugar más allá del cielo, y Jesús subió al cielo y se fue al paraíso, entonces habría entrado en órbita. De acuerdo con las opiniones de la ciencia y de los cristianos del siglo I, María concibió a Jesús inmaculadamente y su vientre fue prestado para nutrir y dar a luz al niño Cristo. Pero el obispo Spong dice, y yo parafraseo: "Tomando en cuenta lo que sabemos hasta ahora sobre genética y reproducción humana, la mujer aporta un óvulo para crear a un niño. Por lo tanto, no fue solamente el vientre de María lo que fue prestado para producir a Jesús. ¿Significa esto que Jesús es medio humano y medio divino?"

El monje cristiano David Stendl-Rast también cuestiona si podemos tener un corazón gozoso en nuestra práctica espiritual y a la vez liberarnos de creencias dogmáticas y aburridos rituales sumamente arraigados e ilógicos. Él escribe que cuando alguien alcanza un éxtasis espiritual, éste se registra con escritos, enseñanzas y pureza moral, y es entonces celebrado en un ritual. Pero con el tiempo, los escritos se han vuelto dogmáticos y pueden llegar a estar desconectados del gozo. Los requisitos éticos se hacen inamovibles y restrictivos, y la celebración se formaliza y se torna hueca. Se olvida el agradecimiento. Para volver a ese gozo, a veces se requiere que el "fuego místico" atraviese el escudo de la formalidad. Que haya hombres y mujeres que puedan "distinguir entre la fe a la vida y la fe a las estructuras que la vida creó en el pasado, y que también puedan jerarquizar sus prioridades."

El monje también nos dice que lo que puede parecer una traición a la estructura, en realidad se vuelve fe, y que dicha traición también es un valeroso viaje en que el héroe encuentra ese corazón gozoso a otro nivel.

La buena ética, la vida recta y el pensamiento correcto, lo llevan a uno a su Jardín del Edén.

Yo me había ocultado durante tanto tiempo buscando aprobación, haciendo lo que otros me pedían en vez de explorar lo que yo podría, querría o haría, que me perdí a mí misma. Incluso como budista, tenía que vivir mi vida cumpliendo los deseos y las sugerencias de otros. Perdí mi poder y la energía de mi vida. Se habían ido en mi trabajo mientras yo me enfocaba en alinearme con las actividades centrales.

Cuando viví en un monasterio en la India intenté ser una "buena monja". Ayudaba, enseñaba y daba un ejemplo positivo a las monjas más jóvenes. Por muchos años todo esto fue gratificante. Sin embargo, siempre tomé el camino de menor resistencia para evitar el conflicto. Eso me permitía conservar mi fuerza y me daba nuevas oportunidades, pero también mejoraba sutilmente mi habilidad para ocultarme y no tener que salir. En la mayoría de las situaciones resultaba benéfico, pero a veces es necesario ponerse de pie y enfrentar el conflicto para retomar el poder y encargarme de mi propia vida. Hay algunas lecciones que solamente se aprenden de esa forma.

Debemos abatir a nuestros propios demonios. A veces son sutiles, aparentan ser una habilidad, apoyo o un amigo. Los antídotos deben ser aún más sutiles. Yo había estado bebiendo mi propia mezcla de Kool-Aid. Me había especializado en buscar aprobación a cualquier costo. Me había escondido entre los ropajes de mi propia envestidura.

La iluminación espiritual no se trata de eso.

Cuando nos imbuimos en oración, práctica, estudio, conducta y disciplina, nuestro viaje personal debe ser auténtico. Mientras caminaba por el sendero, mis opiniones equívocas me engañaron sutilmente y eso me cerró por completo. Mi sonriente exterior ocultaba un triste gesto interior. Pero mientras siguiera buscando aprobación en vez de hablar y enfrentarme, una parte de mí estaba forzada a vivir en un exilio mental. El resultado era que mi trabajo y mi vida parecían valer la pena, pero había una sutil corrupción en la práctica y me estaba lastimando. A veces vivimos por mucho tiempo cautivos de, y comprometidos con, el sabor de nuestro engaño. Las estructuras externas de la religión, de la disciplina y de la ética del trabajo nos ofrecen guías. Éstas nos sirven para mejorar nuestras relaciones y la habilidad de vivir en armonía con otros. Decidimos tomarlas y escogemos obedecerlas para reflejar y dirigir nuestra motivación y dirección internas.

Pero necesitamos supervisión para corregir y redirigirnos cuando perdemos el rumbo. El camino puede ser correcto, pero nuestra interpretación y conducta defectuosos. Necesitamos maestros hábiles y amigos espirituales gentiles.

Las enseñanzas budistas dicen que debemos examinar cuidadosamente a nuestros maestros y enseñanzas antes de aceptarlos; podemos examinarlos hasta por doce años. Yo creo que siempre debemos examinar, ser responsables con nosotros y con los demás, y no caer en la aceptación pasiva. Es muy fácil que nos influyan las modas, otras personas, nuestros delirios. Nuestras aspiraciones y guías deben ser claros, fidedignos y benéficos; nos deben ayudar a beneficiar a otros y a nosotros mismos. ¿Podemos seguir aspirando a la iluminación y al mismo tiempo involucrarnos en nuestras actividades cotidianas?

Mi vida como monja ha sido una aventura sorpresiva. Yo no la llamaría "un paraíso en la Tierra", pero ciertamente ha sido mucho más de lo que pude haber pedido o esperado cuando tuve las oportunidades de llevar una vida más ordinaria.

Pasé un año viajando en Estados Unidos y Sudamérica con monjes tibetanos y en todos lados nos abrieron las puertas. Fue un viaje de buena voluntad en que compartíamos las tradiciones del Tíbet y de los monasterios. También juntábamos fondos para construir un nuevo salón para el monasterio Gaden (un monasterio colosal restablecido en el exilio al sur de la India). Conocimos y disfrutamos de la compañía de mucha gente entusiasta interesada en la vida de los monjes y dispuesta a descubrir cómo podían ayudar a los tibetanos.

Nos quedamos en toda suerte de lugares, desde hogares modestos hasta mansiones. Incluso nos hospedamos en una funeraria llamada Nirvana, en El Salvador. Ahí realizamos las ceremonias de sanación rodeados de féretros vacíos y un gran crucifijo inclinado sobre nosotros. La gente de El Salvador acababa de salir de una guerra civil de doce años. El país se estaba poniendo de nuevo de pie. No podíamos creer las interminables multitudes que vinieron a ver a los monjes en Caracas, Venezuela.

En Santiago de Chile nos quedamos en un hermoso complejo de departamentos. Había sido construido recientemente con ladrillos fabricados con la tierra del lugar en donde estaba. Hasta las hojas de vidrio habían sido vertidas y fabricadas ahí. Era el lugar de una antigua batalla y los propietarios querían construir un centro de sanación para la gente. En Buenos Aires nos reunimos en un complejo de tabiques que era un club urbano de tenis. Había canchas construidas en el techo de los edificios. En Medellín, Colom-

171

bia, nos invitaron a conocer al gobernador y al alcalde. Disfrutamos de una hermosa vista de la ciudad y del valle desde las altas ventanas de las oficinas. Uno de nuestros traductores al español comentó que, tan sólo un año antes, las calles habían recibido un baño de sangre debido a los enfrentamientos entre los cárteles de la droga y la policía. Aun así, la gente nos invitó y recibió a los monjes, y sus oraciones para la sanación y la paz.

Algunos podrían llamar a esto el paraíso en la Tierra. Ver y conocer gente a un nivel íntimo (con confianza, interés y buena voluntad), es la expresión de "el Jardín." Resulta muy gratificante estar con los monjes budistas en nuestras conferencias, ir a los retiros con excelentes maestros, visitar hermosas áreas urbanas y rurales, conocer a personas destacadas que viven y comparten su talento. Ir a la Academia de la Fuerza Aérea de Estados Unidos y encontrarnos con los cadetes que se daban tiempo para la práctica espiritual y la discusión. Vivir al pie de las colinas Himalayas para estudiar con Su Santidad, el Dalai Lama y mis maestros. Vivir con los tibetanos. Éste es un mundo rico.

6

Promesas rotas

Entre los seminarios EST *y los estudios budistas, parte de la familia y muchos de nuestros amigos, los cristianos en particular, no entendían por qué tomábamos esos caminos. Consideraban al* EST *como un programa de culto de la nueva era. Pero en realidad no era un programa nuevo, sino más bien una mezcla de enseñanzas del Oriente y Occidente antiguos, y de los principios trascendentes por los que vale la pena vivir.*

También era una nueva forma de educación que trascendía los sistemas tradicionales. El programa había sido lo suficientemente fuerte para transformarnos a ambos y ofrecernos un mundo que no habíamos visto nunca antes. El seminario no se enfocaba en lo correcto o incorrecto, lo tradicional contra lo moderno, o lo que es aceptable y lo que no. Nos demostró que era fundamental tener una visión más amplia, observar desde múltiples perspectivas.

El budismo también ofrecía nuevas ideas y abría la mente a conceptos novedosos. Pero, por supuesto, el beneficio que las personas encontraban de las enseñanzas dependía mucho de hasta qué grado estaban comprometidas con superarse.

En ambos casos, había gente a quien no le interesaba.

Robert: Aprovecha el poder espiritual

Invité a mi papá a uno de los eventos EST, pero en cuanto entró al salón salió disparado hacia el bar.

De tal palo, tal astilla.

No pude volver a hablar con él al respecto sin que se enfadara. El suceso permaneció como una hosca pared de silencio entre nosotros. Mis dos hermanas tomaron el curso y eso nos unió más como familia. Aunque teníamos diferencias, al menos se hizo más fácil comprendernos. Años después de que la guerra nos separara, estábamos creciendo juntos y unidos.

Seguí otros caminos de educación no-tradicional. A lo largo de los años, descubrí que muchas de las sabias palabras que me decían ya las había escuchado, en la iglesia y en la Marina. Si mentía o robaba, en casa me castigaban con severidad. Y también me lo habían advertido en la iglesia, la escuela y la Marina. El problema era que crecí escuchado las palabras, pero no comprendía el mensaje.

En marzo de 1974, en el primer día de mi entrenamiento EST, se habló exclusivamente sobre los acuerdos. El líder del seminario repasó, con deliberada lentitud, cada uno de los diez o doce acuerdos. Después preguntó a cada asistente en el salón: "¿Estás de acuerdo?, ¿estás dispuesto a cumplir?"

Justamente cuando creía que los 300 participantes del salón ya estaban de acuerdo en un punto, alguien levantaba la mano y discutía: deseaba ser la excepción a la regla o quería más detalles sobre el acuerdo. Una hora después, el salón entero seguía debatiendo sobre el mismo tema. Era una discusión estancada.

Nunca había visto tanta psicosis humana al hablar de cumplir promesas. Después de once horas, por fin nos dieron el primer descanso para ir al baño. Estaba listo para mojar el suelo. Para ese momento del primer día del seminario, tan sólo habíamos llegado al acuerdo número cinco. Faltaban tres días completos.

Quería huir.

Pero primero tenía que ir al baño de caballeros.

Como ya mencioné, había *escuchado* las palabras anteriormente, pero nunca entendí el mensaje. Ya sabía que era importante cumplir mis acuerdos. Sabía que no debía mentir o engañar, que tenía que seguir las reglas y cumplir mi palabra. Ya me lo habían dicho en la Marina, sólo que ahí recibía el mensaje con una patada en el trasero o un rodillazo en la entrepierna.

En el entrenamiento EST experimentaba el mensaje sentado en un salón lleno de cientos de personas que discutían al respecto. No podría decir que el mensaje me llegó (al menos no completo) ni que ahora mi vida sea perfecta. Pero *puedo* decir que lo sigo escuchando una y otra vez. En cada ocasión comprendo mejor el significado, lo incorporo un poco más a mis acciones y, entonces, mi vida sí mejora.

Tras cuatro días de entrenamiento entendí perfectamente lo que era un mentiroso, un tramposo, un defraudador, un farsante, un soñador, un irresponsable, un holgazán, un maniaco sexual, un ladrón y todo aquello que yo decía no ser. Lo peor de todo era fingir que yo *no* era ninguna de esas personas. Sólo me engañaba.

Jennifer y muchos otros me habían descubierto por completo.

Ahora que estaba de vuelta en Estados Unidos, me sentía muy desilusionado por la calidad de nuestros líderes gubernamentales. También comprendí que mi comportamiento no era mucho mejor que el suyo. Todo lo que aprendí en la escuela dominical se había quedado en el camino, comenzando con "No matarás".

En Vietnam había enfrentado la muerte en repetidas ocasiones y, a pesar de eso, estaba vivo. Después de aquello, ¿qué otro tipo de consecuencia podría espantarme?

Mi experiencia en la guerra me ayudó a desarrollar un truco para aprovechar mi lado oscuro; además, me dio licencia para usarlo en el nombre del valor y el patriotismo. Mi lado oscuro fue valioso, me mantuvo vivo. Pero fuera del campo de batalla no había lugar para esas tendencias. Por otro lado, era imposible apagarlas. En vez de tomar las riendas y reordenarlo, continué usando mi lado oscuro a voluntad, siempre en mi beneficio.

La Marina fortaleció mi carácter; pero lo que se consideraba valor en Vietnam, en casa era imprudencia. Como lo mencioné antes, mi carácter era un defecto. Mis cheques personales y estados de cuenta se esfumaron, y vivía la vida sin consideración alguna por los demás y sin respetar la ley.

Reitero: dicen que el carácter marca el destino, pero sucede lo mismo con nuestros defectos.

En aquel entonces no pude ver la conexión, pero ahora observo que muchos líderes políticos (de Richard Nixon a Bill Clinton o Elliot Spitzer) caen en la misma trampa: creen que son invencibles. Ellos, al igual que yo, ofrecieron su vida a un propósito superior y su mundo cambió. También desarrollaron los rasgos de su carácter y así liberaron sus defectos. Es la otra cara de la misma moneda: permitieron que su lado oscuro emergiera sólo porque podían hacerlo.

De hecho, eso fue lo que respondió Bill Clinton a un reportero que le preguntó por qué había tenido relaciones con Mónica Lewinsky. Humildemente, contestó: "Porque pude".

Después dijo que no había excusa alguna.

Yo vivía imprudentemente porque pensé que podía hacerlo. Ahora comprendo mejor por qué el amigo de mi padre destruyó a una gran familia por una mujer más joven. O por qué nuestro conocido fue a la cárcel por malversación de fondos. Probablemente habían escuchado las palabras, pero fue necesario que un hombre perdiera a su familia y otro terminara en la cárcel para que ambos escucharan el mensaje, *si* es que acaso lo escucharon.

Y el error del alcohólico que fingía no serlo, fue engañarse y no pedir ayuda. A él tal vez ni siquiera le llegó el mensaje, quizá continúa mintiéndose a sí mismo.

Ahora también comprendo mejor por qué Nixon pudo mentir respecto al allanamiento, o por qué Clinton pensó que podía tener sexo con Mónica y salirse con la suya. Eran dos hombres muy inteligentes que habían escuchado las palabras y conocían las reglas, pero tuvieron que ser procesados legalmente o estar bajo la amenaza de serlo, para recibir el mensaje. Aunque dudo que les haya llegado.

"No soy un pillo", fue la infame frase de Nixon. Y: "No tuve sexo con esa mujer", es la famosa frase de Clinton. Después trató de defender lo que había dicho enredándose en la definición de lo que significa sexo. También trató de explicar que lo que él y Mónica habían hecho no era sexo. Me pregunto si entendió el mensaje. Su pecado no fue tratar de definir "sexo", sino incumplir su acuerdo de hombre casado, romper sus votos de matrimonio y, después, mentirle al mundo. Romper una promesa, especialmente un voto hecho ante Dios, y mentir sobre ello, es el reflejo de un trágico defecto en el carácter de una persona.

Después de cuatro días en el entrenamiento EST, comprendí que yo tenía los mismos defectos que esos hombres. También entendí lo que era un ladrón y un defraudador. Ambos han sido advertidos; sin embargo, nuestras cárceles están llenas de pillos "inocentes" y hombres que no han comprendido el mensaje. Hay líderes religiosos que juzgan a otros y poco después se les sorprende en actos sexuales. Me dan lástima. También los políticos y ministros que atacan a los gays y después se ven forzados a admitir, en las salas del Congreso, que ellos mismos han solicitado sexo homosexual a jóvenes internos.

Insisto: ellos han escuchado las palabras, pero no pueden entender el mensaje. Ahora también comprendo por qué mucha gente es pobre cuando podría ser rica. También conocen las palabras, *dicen* que quieren ser ricos, pero si revisas sus finanzas descubrirás que no han recibido el mensaje.

Sucede lo mismo con la gente con sobrepeso o que sufre de alguna enfermedad. Son personas que quieren estar sanas y también han escuchado el mensaje. Lo escuchan cada vez que se pesan o que su médico les hace una advertencia sobre su salud. Pero sencillamente no prestan atención.

El mundo está lleno de gente que busca amor, todos conocemos las palabras "te amo". El mensaje nos trata de llegar cuando estamos solos, heridos o molestos. Pero cuando estamos en busca de nuestra familia espiritual, las palabras no son suficientes. Lo que nos acerca es la combinación del mensaje y de las *acciones* que nos unen.

En 1974, cuando crucé la puerta de la Estación Aérea de la Marina en la bahía Kaneohe, en Hawai, comencé una nueva vida. Entonces tenía una mejor visión de las lecciones que había aprendido en casa, en la iglesia, en la escuela y en la Marina. Las palabras eran las mismas, pero por fin llegaba el mensaje.

Cuando dejé la Marina tenía una mayor comprensión de la ética, la moral, la legalidad, el amor, el valor y la integridad. También sabía que me faltaba mucho por entender, que debía desarrollarme más. Tendría que establecer en mi vida un estándar personal superior de los valores que enlisté. Comprendí que tenía que trabajar con diligencia para ser mejor y vivir con estos valores, y no sólo usarlos como palabras. Si lo lograba, me estaría encaminando hacia Dios, acercándome a un poder espiritual disponible para todos, si así lo queremos.

Pero primero debía encargarme de algunos asuntos. Por eso, en 1974, al terminar mi entrenamiento, decidí que tenía que estar bien conmigo mismo. Comenzaría remediando mis acuerdos incumplidos. Decidí comenzar con los más importantes y después trabajar hacia abajo hasta llegar a los de menos peso.

Mi mayor problema tenía que ver con todas las reglas que había roto como piloto de la Marina. Aunque estaba a punto de ser dado de baja, sabía que no podía irme sin limpiar el desastre. Y eso fue lo que hice.

El resultado fue que dejé la marina entendiendo mucho mejor lo que significaba la frase: "Y la verdad los hará libres". La había escuchado antes, pero ahora sí me estaba llegando el mensaje. Confesé todo lo que había hecho y un mes después recibí mi baja con honor de la Marina. El capitán cumplió su palabra.

A lo largo de casi toda mi vida me habían repetido lo mismo: "Tienes mucho potencial, pero no lo aprovechas". Ésta es una de las razones por las que ahora mi búsqueda permanece. Así también se justifica la importancia que le doy a mi desarrollo personal.

Desde ese momento, pasé todo el tiempo buscando educación e ideas que me ayudaran a encontrar mi don para emplearlo de la mejor forma. Quería aprovechar el potencial que sabía que tenía. No me imaginaba que una de las lecciones más sencillas se convertiría en la más importante. Lo mismo sucedió con las herramientas que me fueron reveladas.

Las palabras. Éstas me habían dado forma durante toda la vida. Mis palabras reflejaban quién era cada vez que mentía, y lo hacía tratando de evitar el castigo. Y cuando dije la verdad, también fueron mis palabras las que me revelaron en qué me estaba convirtiendo. En el EST, mi búsqueda me enseñó el valor de seguir mis acuerdos, de cumplir mi palabra.

En mi búsqueda comencé a aprovechar cada vez más lo espiritual y, sin darme cuenta, a acercarme más a Dios.

EMI: PROBAR LAS AGUAS

Un domingo, cuando tenía seis o siete años (lo recuerdo porque vivíamos en la casa de la calle Lono), me desperté y miré alrededor. Todos dormían. Lo gracioso es que la mesa estaba puesta y el desayuno servido. Era el trabajo de mamá, pero ella todavía no despertaba.

Entonces me di cuenta de que Robert no estaba ahí. Se había levantado temprano. Cocinó huevos revueltos con los cebollinos que crecían en el jardín atrás de la casa, tostó pan y dispuso una hermosa mesa para todos. Después, se subió al pequeño y ruidoso autobús que iba a la iglesia.

¡Me pareció algo muy maduro y valiente! Él tenía, como máximo, ocho años. Pasó mucho tiempo antes de que pudiera romper un huevo con seguridad. Mucho menos subirme al autobús e ir a la iglesia sola.

Es verdad que mamá y papá se esforzaron en ocultar el lado oscuro y triste de la vida. Eso produjo en mí una visión al estilo de Pollyana, siempre encontrando lo mejor de cada situación. Como papá era director del Departamento de Educación y mamá era enfermera, seguramente se enfrentaron a todas las formas de felicidad y sufrimiento humano. Pero nosotros definitivamente teníamos un escudo que nos protegió de las dificultades de la vida que nuestros padres y otros japoneses-americanos enfrentaron.

Al crecer y entender más, las noticias se filtraron hasta nosotros. Las que tenían que ver con la violencia doméstica, abuso del alcohol o de maestros que eran despedidos por hacer propuestas indecorosas a las estudiantes. Las pocas chicas que se llegaban a embarazar, desaparecían de la escuela y no se les volvía a mencionar, era un tabú. No sé si las cosas sean mejor ahora que las chicas pueden llevar a sus hijos a la escuela. Es más difícil enfocarte en el estudio si tienes que cuidar a un niño.

Creo que definitivamente es mejor que ahora se puedan sostener pláticas sobre educación sexual, tanto en casa como en la escuela. Mamá y papá nunca me dijeron nada sobre el tema, creo que tampoco a mis hermanos.

Las religiones del mundo tienen altos estándares éticos que sirven como guías para que vivamos en armonía. La iglesia y otros grupos religiosos sirven para que encontremos a personas que piensan de manera similar y para mantener buenos estándares éticos en nuestras relaciones. Además, aprendemos las oraciones y la filosofía que debemos obedecer en nuestra respectiva tradición. Cuando seguimos ideas falsas o nos dejamos influenciar por gente o ideas negativas, sucumbimos ante el comportamiento dañino.

En la tradición budista hay diez no-virtudes que debemos abandonar y diez virtudes que debemos cultivar. Como soy monja, tengo más votos que cumplir, pero estos fundamentos son las premisas básicas que aplican para todos. Hay tres no-virtudes que tienen que ver con el cuerpo:

• Matar
• Robar
• Involucrarse en conductas sexuales inapropiadas

Hay cuatro del habla:

• Mentir
• Calumniar
• Usar lenguaje rudo y ofensivo
• Contar chismes

Y tres de la mente:

• Codicia
• Mala intención
• Dudar del renacimiento y el karma

Las diez virtudes contrastan con las anteriores, comenzando con las tres del cuerpo:

- Proteger la vida
- Respetar lo que pertenece a otros
- Usar nuestra sexualidad con sabiduría y gentileza (como monja, yo hice un voto de celibato completo)

Hay cuatro virtudes del habla:

- Hablar con la verdad
- Hablar bien de los demás
- Usar un lenguaje gentil
- Hablar de cosas que son importantes

Las tres de la mente:

- Ser feliz
- Tener una actitud que beneficie a otros
- Abandonar las ideas equivocadas

Todo lo anterior puede parecer muy obvio, pero al revisar con cuidado y observar las realidades de la vida diaria, veremos que generalmente actuamos al calor del enojo o como resultado de celos, odio, lujuria y avaricia. Estas ideas falsas acaban con el buen juicio y nos arrojan al agua hirviendo. Tal vez nuestra mente racional puede ver con claridad las razones para apartarse de las no-virtudes, pero cuando surge nuestra mente engañosa necesitamos aplicar todos los antídotos posibles.

En el tiempo que fui capellán budista de la Academia de la Fuerza Aérea de Estados Unidos, conocí a un cadete con el que trabajé por algunos años. Él solía hacer preguntas excepcionales sobre ética, especialmente respecto al engaño y la mentira. Me agradaban sus cuestionamientos porque nos permitían reflexionar sobre la forma en que funcionamos.

Después de un tiempo dejó de asistir. Poco más tarde descubrí que la Academia lo había expulsado, ¡por hacer trampa!

Otra cadete, que también fue expulsada, enloquecía cuando hablábamos de no practicar conductas sexuales inapropiadas. Ella creía que estaba bien involucrarse en relaciones extramaritales, siempre y cuando la gente no se enterara. Estaba segura de que la esposa del policía con quien había estado saliendo no sabía nada y que, por tanto, sus acciones no lastimaban a nadie.

Cuando deseamos mucho algo, racionalizamos, justificamos y perpetuamos nuestros actos. Un maestro dijo que esto era como iluminar con una luz intensa, todo lo bueno que tenemos, lo que nos enorgullece, y esconder lo perturbador y dañino. Esconder lo malo es como beber veneno mientras te ocultas detrás de una escalinata oscura. Aunque nadie te vea, de todas formas te hará daño.

Aun cuando se estudie, discuta y medite sobre aspectos de la conducta ética y el poder de nuestros engaños, podemos caer en la aversión y en los apegos enfermizos. Aunque queramos cosas buenas y deseemos ser bondadosos, nuestro deseo por la fruta prohibida nos puede obstaculizar. Cuando satisfacemos nuestros apetitos, la emoción de vivir al límite nos invade. Ansiamos experimentar por lo menos una emoción, la buscamos y queremos que el rubor de la luna de miel dure para siempre.

A veces, cuando caemos en la misma rutina rancia en el trabajo, la casa y la familia, podemos sentir enfado y aburrimiento. Evidentemente, ansiamos divertirnos.

Existen dos niveles en los que podemos trabajar en nuestro comportamiento. El primero permite explorar la ética y "probar el agua", probar la flexibilidad en la práctica. En el segundo nivel podemos trabajar con mayor profundidad para desvanecer las malas interpretaciones y los malos entendidos sutiles. En este nivel podemos comenzar a raspar las opiniones más arraigadas y revelar nuestras motivaciones, sesgos, perspectivas y la forma en que funcionamos en la vida.

Al igual que a Robert, siempre me atrajo el sexo opuesto. Pero como era muy tímida nunca tuve novios ni besé a alguien, sino hasta terminar la preparatoria. Me aterrorizaba estar a solas con un chico aunque sólo fuera para ir a tomar un refresco.

En realidad, en la escuela salí una vez a cenar con alguien del equipo de futbol americano. Pero estaba tan nerviosa que no pude iniciar una conversación más allá de lo trivial. Otro amigo me invitó a un baile escolar pero me arrepentí varias veces y, al final, asistí al baile sin él. No quería confundirlo. Me encantaba bailar pero prefería ir sola, divertirme bailando con amigos y no estar atada a alguien.

Pero, claro, sentía la atracción natural.

Como Robert dice: "A veces obtienes en la vida lo que pides". En el verano de 1968 llegó mi rudo despertar. Acababa de cumplir veinte años y estaba lista para explorar el sexo. Estaba más que lista, pero todavía era tímida. Tuve que alejarme de Hawai y de mis raíces para poder dejarme llevar finalmente. Vivía con amigas; una de ellas me regaló pastillas anticonceptivas que le habían sobrado. Yo no sabía que si dejaba de tomarlas aumentaría mi fertilidad y, por tanto, no debería tener relaciones sexuales sin protección. Aprendí rápidamente las realidades de la vida y tres meses después estaba embarazada.

El resultado de mis acciones, tal como se han manifestado en mi vida, me ha dejado mensajes muy poderosos. El presente refleja las acciones pasadas y conlleva los frutos que hemos sembrado. Las respuestas a mis preguntas llegaron cuando escogí responsabilizarme por mis acciones y criar a Erika. Como ya lo mencioné, fue un camino difícil por varias razones: el embarazo no fue planeado, no estaba preparada para la maternidad y el matrimonio. Además, estaba en busca de las respuestas a mis preguntas internas.

El mismo día del funeral de mamá, papá nos reveló que ella había tenido un aborto. Nunca le pregunté qué sucedió, pero recuerdo que siendo niños experimentábamos la emoción y el dolor que seguramente sentía y que nos ocultó durante su vida. A veces padecíamos su enojo. No lo comprendíamos, pero nos tocaba escuchar las emociones que ella *no* podía esconder.

"¿Sabían que el doctor me dijo que nunca debí haberlos tenido?" A veces nos arrojaba su dolor de tal manera que no sabíamos cómo responder.

Sabíamos que había sufrido del corazón por la fiebre reumática, pero nunca nos alentaron a tratarla con más cuidado por ello. No teníamos las herramientas para entender o enfrentar la hipocondría que aparentemente padecía.

El hecho de que papá haya mencionado el aborto el día del funeral, me hace pensar que seguramente fue algo que pesó mucho en sus vidas mientras estuvieron juntos. Era uno de esos secretos que son como una herida que no sana entre la gente que se ama. Me hizo preguntarme si eso había influido en el hecho de que no hayamos conversado sobre la sexualidad, o en que no me hayan ofrecido otras opciones mientras estuve embarazada de Erika.

Lloro de tan sólo pensar en la posibilidad haber tomado otra decisión respecto a mi embarazo. Erika es ahora una de las personas más importantes en mi vida. Responsabilizarme por ella, en medio de mi confusión y ambivalencia, al final me dio fortaleza y dirección. Las elecciones que hice y las direcciones que tomé fueron hechas con ella en mente. También pensaba en ella cuando tenía que decidir respecto a mis amigos o mis relaciones personales. Entonces mis decisiones pueden haber parecido confusas o hasta insensatas, pero mientras enfrentaba los desafíos también quería saber con todas mis fuerzas de qué se trataba esta vida.

No me parecía justo, mucho menos suficiente o razonable, que de repente mi misión en la vida fuera establecerme con un esposo y un hijo. Bob, el padre de Erika, se esforzó mucho. Nuestras vidas habían cambiado. No estuvimos juntos por mucho tiempo y durante los años que crié sola a Erika a Bob le era muy difícil entender mis viajes a India y a otros lugares. Él no comprendía que mi vida pudiera tener más de un centro.

Al igual que Robert, fui invitada a un seminario EST. No podía creer cuán felices, competitivos y amigables eran todos. Me preguntaba si sus vidas siempre serían así o si sólo estaban actuando.

Tomé el entrenamiento en1972. El primer fin de semana lo dirigió Werner Erhard, y el segundo Randy McNamara. Continué asistiendo durante varios años. Antes de eso había estado atrapada en una red de timidez. El programa me permitió liberarme, aclarar mi mente. Aprendí que podía expresarme y enfrentar cada situación directamente. Las sesiones me ayudaron a salir de mi caparazón y del mundo isleño en que vivía. Pude crecer muchísimo gracias a que aprendí a pensar con más eficacia y a ver con claridad a través de las capas de conceptos y suposiciones. Más adelante, Erika tomó el EST para niños y pudimos comunicarnos mejor.

El entrenamiento EST realmente me hizo ver la importancia de mantener nuestros acuerdos. En muchos sentidos, descubrí que era sencillo hacerlo. Casi siempre podía estar ahí sentada a tiempo, evitar perderme una sesión y hacer el número de llamadas a las que me había comprometido.

Pero todavía podía ocultarme. Como cumplía con mis acuerdos y asistía, podía desaparecer. Podía desaparecer más para mí que para otros porque, externamente, todo seguía en su lugar. Podía sentarme y escuchar a la gente quejarse de los acuerdos, podía ser muy paciente. Yo me concentraba en estar tranquila y relajada para convertirme en una graduada modelo. No era muy llamativa, sólo era obediente. Seguía las instrucciones, no era una agitadora. Hacía el papel de "buena".

Qué aburrimiento; así perpetué mi tendencia a esconderme.

A pesar de todo, sabía que había un cambio en mi futuro y estaba comprometida con ello. Comencé a aprender que, cuando cambias, quienes están a tu alrededor se sienten desafiados. Sucede así porque los demás asumen cuál es tu lugar, y con el cambio se ven repentinamente amenazados por tus acciones y tu nueva fortaleza.

Lo más importante de las sesiones EST eran los acuerdos, el compromiso de cumplir nuestra palabra. *Nuestras palabras* transmiten la fuerza de nuestro corazón y mente, de nuestras convicciones. En mi caso, he desarrollado el vocabulario de un monje. Acomodada en esta vida por mucho tiempo, casi décadas, sentí que estaba logrando grandes cosas. Pero podemos ocultarnos hábilmente de nuestras lecciones de vida y sus mensajes. Podemos retroceder ante la oportunidad de escapar de nuestras zonas de seguridad. Cuando éstas se vuelven inadecuadas, aumenta la incomodidad y esto nos provoca crecer.

Cuando pienso en la ruptura de nuestros acuerdos, en no vivir siguiendo nuestra palabra, en promesas rotas, recuerdo aquéllas que le hicieron a mi padre cuando fue candidato a vicegobernador. Las personas en quienes confió le dijeron que, si la elección salía mal, él estaría bien. Le aseguraron que tendría un empleo bien pagado, pero eso no sucedió.

Mi padre siempre creía en la palabra de los demás. Aprendió una dura lección sobre la confianza, el honor y las promesas rotas. Nosotros, sus hijos, fuimos testigos de lo caro que lo pagó, y aprendimos bien esa lección.

7

Visiones del futuro

Cuando ambos estábamos en la preparatoria y nos esforzábamos como estudiantes, jamás hubiéramos imaginado lo que el futuro nos deparaba. No sabíamos que uno de nosotros se convertiría en escritor y educador, y que la otra sería monja.

Cada uno a su estilo, al principio éramos superficiales, idealistas y hasta teníamos un toque de rebeldía. En parte se lo debíamos a nuestros padres. Los sucesos de la vida templaron todo eso y nos ayudaron a dejarlo atrás.

Nuestros caminos tomaron rumbos inesperados, tanto en las tradiciones del budismo como en el mundo de los negocios. Parecía que seguíamos senderos totalmente diferentes. Pero, mirando hacia el futuro, teníamos más en común de lo que sospechábamos.

ROBERT: FLASH DE ENTENDIMIENTO

Fue irónico que cuando dejé la Estación Aérea de la Marina en la bahía Kaneohe, era mucho mejor marino de lo que lo había sido durante mi tiempo activo en la corporación. Al alejarme tuve una apreciación renovada de la Marina y de su Código de Honor. Comprendí mejor algunas palabras como misión, coraje y valor. Aprecié más la frase: "La verdad los hará libres", y entendí por qué mentir era para los cobardes.

Finalmente reconocí que para decir la verdad se necesitaba valor.

Se hizo claro por qué mucha gente no era libre, a pesar de que había vivido en la "tierra de la libertad". Por qué muchos carecían de valor, aunque habían vivido en la "tierra de los valientes".

Recuerdo que hice mi último saludo; fue a un joven marino. Reflexioné sobre la gran parte de mi vida que había dejado al recibir y devolver ese gesto. Vi al marino desaparecer en mi espejo retrovisor y me sobrecogió un sentimiento de pérdida. Pero me dirigía hacia la zona montañosa para entrar a un nuevo mundo en Honolulu.

Ese nuevo mundo era el de los negocios.

Aunque extrañaba mucho la milicia, comprendí que al dejarla llegó la oportunidad de rediseñar mi vida. Era mayor y tenía más experiencia. Estaba en la posición de tomar decisiones más sabias respecto a mi futuro. Recordé que cuando era niño, los adultos siempre me preguntaban: "¿Qué quieres ser cuando crezcas?" Ahora, a los 27 años, sentí que tenía la posibilidad de hacerme la misma pregunta.

¿Cuál *era* mi visión para el futuro?

Con el beneficio de mi experiencia, podía dar respuestas distintas. Percibí que, con la edad, ahora me conocía un poco mejor. Y mientras entraba al túnel que se dirige a las montañas, el que separa la base militar de Honolulu, mi mente volvió al tiempo en que tenía diez años, la edad en que decidí que quería ir al mar para ser oficial en un barco. También pensé en cuando tenía 21 años y decidí ir a la escuela de aviación para convertirme en piloto.

A los 27 ya no quería ser oficial de un barco ni piloto; navegar en barcos y volar aviones parecía sólo un sueño infantil.

Al salir del túnel y ver la ciudad de Honolulu extenderse ante mí, me sentí agradecido de tener la oportunidad de escoger nuevamente mi camino.

En cuanto llegué a mi condominio en Waikikí, me quité el uniforme militar y me vestí de civil. Me di cuenta de que había usado uniforme militar por más de nueve años, así que lo tomé y lo empaqué junto a los otros uniformes en mi clóset, nunca los volvería a usar. Había invertido tanto de mi vida en lo que ese uniforme representaba, que también era parte de aquello en lo que me había convertido.

Una semana más tarde fui a la oficina de la Corporación Xerox en Honolulu. Usé un traje azul de negocios, camisa blanca y una corbata. Estaba a punto de ver el mundo y de convertirme en una nueva persona detrás de un nuevo uniforme. Es el mismo que uso ahora.

De 1965 a 1974, realmente no sabía por lo que mi hermana estaba atravesando. Casi no nos hablábamos en aquel tiempo porque ella estaba buscando la paz y yo estaba luchando en la guerra.

Durante la siguiente década su vida siguió siendo un misterio para mí. Supe que vivía con su hija en una comuna en una montaña de la Gran Isla. Mi papá a veces se quejaba de su estilo de vida; sentía la necesidad de proteger a su nieta. Pero nunca le presté mucha atención a lo que decía entre dientes. Yo atravesaba mis propios cambios. El mundo de mi hermana y de mi padre no era el mismo que el mío.

Los años entre 1974 y 1985 trajeron muchos cambios.

RESPECTO A LAS MUJERES

Durante aquel tiempo no hubo muchas mujeres en mi vida. Cuando era militar había tenido muy pocas oportunidades porque el número de hombres era mucho mayor que el de mujeres. Al menos ésa era mi excusa. La mayoría de las mujeres en mi vida entonces eran chicas de la guerra y prostitutas. Yo disfrutaba de esas relaciones.

En 1974 estaba listo para recuperar el tiempo perdido. Conocí a muchas jóvenes interesantes en el trabajo, en la iglesia, en bares y en los seminarios. Al entrar al mundo de los negocios en 1974, creí que había muerto y llegado al cielo en lo concerniente a las mujeres.

RESPECTO A LA EDUCACIÓN

Mi padre pobre me sugirió volver a la escuela y cursar una maestría o estudiar derecho. Fui a la escuela de leyes de la Universidad de Hawai y rápidamente comprendí que no tenía las aptitudes ni el deseo de convertirme en abogado. Solicité el programa de maestría y me informaron que necesitaba cursos adicionales de negocios antes de poder ingresar.

Intenté tomar esos cursos durante dos meses. Me di cuenta de que no quería seguir en la educación tradicional.

Después de asistir al seminario EST había descubierto que estaba más interesado en los seminarios de desarrollo personal que en la

Jugando con dinero

En un evento que dirigió el Doctor R. Buckminster Fuller, aseguró que "el gobierno está jugando con el dinero".

Hasta ese punto de la plática, yo no había prestado atención a lo que decía. Había estado hablando sobre las verdaderas coordenadas de la ciencia y la matemática. Pero cuando entró a la explicación sobre cómo manipulaban los ricos el sistema del dinero a través de los funcionarios del gobierno, y cómo le roban fundamentalmente a la gente honesta que trabajó para conseguir el dinero, me interesó de inmediato.

No era la primera persona a la que había escuchado decir esto. Mi padre rico despotricaba cuando hablaba sobre los engaños financieros que usan los ricos para robarle a la clase trabajadora.

El presidente Kennedy a veces hablaba de la gente que usaba a los senadores y congresistas para lograr que se aprobaran leyes y poder hacerse más rica. Kennedy señalaba que el papel del presidente era representar a las personas, no a los ricos. Y el Doctor Fuller estaba diciendo lo mismo, que la avaricia se había apoderado del mundo.

Mis oídos se aguzaron cuando lo escuché decir: "Los ricos usan al gobierno, a través de los políticos que han elegido, sus abogados y sus contadores, para meter su mano a tus bolsillos, tomar tu dinero y ponerlo en los suyos legalmente".

A veces necesitamos escuchar las cosas más de una vez y de más de una persona para que nos llegue el mensaje. Cuando el Doctor Fuller dijo lo mismo que había escuchado decir a mi padre rico, a mi padre pobre, al presidente Eisenhower y a Kennedy, el mensaje llevaba más impacto. Era como encontrar al fin la pieza faltante de mi rompecabezas, la cual le dio más sentido y significado a mi vida.

Fuller dijo que todos teníamos un propósito aquí en la Tierra, una misión: que cada uno tiene un don regalado por Dios y que era nuestro deber desarrollarlos y compartirlos con el mundo. Fue muy claro en que no estábamos aquí solamente para hacer dinero. Estaba seguro de que los humanos habíamos venido para crear un mundo que funcionara para todos, no sólo para los ricos o los que nacieran en países occidentales.

Pensaba que era ridículo que nuestro sistema económico se basara en las filosofías económicas de un predicador llamado Thomas Malthus, quien divulgaba una filosofía de la carencia en vez de una economía de la abundancia. Fuller señaló frecuentemente que Dios, o el Gran Espíritu, era pródigo y que su abundancia era para todos. Le molestaba que solamente algunos hombres reclamaran la generosidad de Dios y que, aparte, nos vendieran el regalo de Dios de vuelta, a nosotros, como en el caso de las compañías petroleras.

educación tradicional. Me gustaba asistir a clases para expandir mi mente y mi espíritu, en lugar de competir por calificaciones con otros compañeros.

Yo pasaba la mayoría de los fines de semana asistiendo a distintos seminarios de varias materias. Fui a seminarios para el aprendizaje con la totalidad del cerebro, sexo tántrico, renacimiento, programación neurolingüística (PNL), y regresiones a vidas pasadas. Asistí hasta a una clase para comunicarme con los muertos.

Nadie respondió mi llamada, ni siquiera mi mamá.

En muchas de estas clases encontré la noción de que nuestras almas tienen un propósito en la vida que va más allá de ser un empleado o un soldado del gobierno. Me intrigaba la idea de que posiblemente había un propósito superior para mi vida.

Respecto a lo financiero, asistí a clases de inversión y de técnicas de negocios. No lo hice para tener buenas calificaciones, sino para ser un mejor inversionista y empresario.

RESPECTO AL ESTILO DE VIDA

Yo sabía en el alma que deseaba ser adinerado, que quería un estilo de vida de rico, no una existencia de clase media como la de mis padres. No estaba seguro exactamente de cómo lo lograría, pero deseaba llegar ahí con vehemencia.

En lo espiritual no quería adorar al dinero o ser su esclavo. Eso me quedaba claro porque mis padres habían tenido amigos que ahorraban, ahorraban y ahorraban. Tenían montones de dinero pero vivían frugalmente, por debajo de sus posibilidades. Aseguraban que el dinero era la raíz de todo mal. Desde mi perspectiva, el resultado de esta actitud era que el dinero se convertía en el dios que adoraban o al que temían.

Yo sólo quería ser rico, lo que significa ser rico mental, física, emocional y espiritualmente. Quería desarrollar el don de Midas, para que todo lo que tocara se convirtiera en oro. Estaba dispuesto a estudiar, trabajar duro y desarrollar mi espíritu para que, algún día, pudiera ser una persona rica en verdad, en vez de alguien de clase media con un montón de dinero.

Respecto a la visión

Observar a mi padre cuando era mayor, me dio una visión del futuro. Ahí estaba él, con mucha preparación, trabajador, un hombre responsable socialmente, luchando en sus últimos años en empleos extraños y prácticamente sin ahorros o inversiones a su nombre. Sus apoyos médicos y financieros dependían por completo del gobierno.

Era triste, pero en él veía el futuro de toda mi generación, la generación *baby boomers*.

Entonces no sabía que observar la lucha de mi padre algún día sería un catalizador para el trabajo de mi vida. Ahora me pregunto si la lucha de mi papá no me acercó al propósito de mi vida, si acaso no fue la razón para escribir *Padre Rico, Padre Pobre*, para crear el juego de mesa CASHFLOW, y la razón de todos mis esfuerzos para ofrecer educación financiera alrededor del mundo. ¿Podía mi visión del futuro guiarme a mi misión?

Respecto a la lujuria *vs* amor

A lo largo de los años conocí a muchas mujeres maravillosas; la lujuria me había acercado a ellas, pero terminé enamorándome de algunas. Entre 1974 y 1984 aprendí, a la mala, que no estaba listo o suficientemente maduro para el amor. Mis relaciones nunca parecían funcionar. Conocí a mujeres grandiosas, pero todavía no era un hombre de valor para una gran mujer.

Ahora que estoy casado con Kim, agradezco saber la diferencia entre la lujuria y el amor. No tendría un matrimonio sólido actualmente si no hubiera aprendido esta importante diferencia.

Respecto al dinero

En algunas de las iglesias a las que asistí, conocí a gente que le rezaba a Dios para resolver sus problemas financieros. Muchos parecían pensar que Dios debía proveer, así como otros creen que ése es el papel del gobierno. En algunos de los seminarios de superación personal a los que asistí, muchas personas creían que tener pensamientos positivos, o escribir su objetivo en un pedazo de papel y mirarlo a diario, era todo lo que se necesitaba para ser rico.

El puro deseo de tener dinero no sirve de nada. Gracias a mi padre rico, creo que la educación financiera, la experiencia, las habilidades, el trabajo y la dedicación es lo que se necesita para resolver los problemas de dinero. Aparentemente, mucha gente, sin importar si iba a la iglesia o no, creía que "Dios proveería". Le resultaba muy conveniente olvidar la segunda parte del mensaje que es: "Da y te será dado".

En una iglesia escuché al predicador decir: "Es importante tener fe en que Dios proveerá, pero ustedes también tienen que trabajar. La fe sin trabajo es igual a la muerte". Muchas iglesias señalan la importancia de ayudar a otros, lo que significa corresponder al Señor. Pero también hay quienes quieren dinero, sólo que siempre prefieren recibirlo a *darlo*.

Mi padre rico decía: "Da lo que quieras. Si quieres una sonrisa, sonríe. Si quieres un golpe en la boca, golpea a alguien. Si quieres dinero, da dinero". También decía: "Los pobres permanecen así porque no dan lo suficiente. Frecuentemente dicen: 'daré dinero cuando tenga dinero'. Por eso no tienen mucho. Si quieres dinero, da dinero. Si quieres más, da más".

Respecto a encontrar el propósito en la vida y compartir tu don

En algunas de las iglesias y seminarios a los que asistí aprendí que Dios o un poder superior nos dio un don a cada uno. Nuestro trabajo es descubrirlo y compartirlo con la humanidad. Aunque entonces yo no sabía que tenía un don, me mantuve abierto a la posibilidad de que tenía algo que ofrecer. Me enfoqué en dar en lugar de rezar para que Dios me proveyera. Me enfoqué en la generosidad y el servicio como los caminos a la manifestación de mis sueños.

Ahora comprendo que hay dos razones por las que muchas personas no comparten su don. La primera es que no lo reconocen. Y la segunda es que, si acaso *sí* reconocen su don, no trabajan para compartirlo. Mucha gente cree que los dones llegan con facilidad. Por ejemplo, Tiger Woods es un golfista talentoso. Aunque tiene talento, tiene que esforzarse mucho para desarrollar y compartir su don con el mundo. Puede ser que muchos golfistas sean igual de buenos, pero no se esfuerzan tanto como Tiger en desarrollar y compartir su talento.

RESPECTO AL CARÁCTER Y LOS DEFECTOS

En las iglesias y los seminarios también aprendí que es esencial tener carácter para compartir tu don. Como proviene de Dios o de alguna fuente divina, es importante entregarlo al mundo con el grado más alto de integridad personal y carácter. A través de los años he experimentado personalmente la disminución de mi carácter. Sucede cuando permito que mis defectos sean más fuertes que éste. Descubrí que si quería obtener más de la vida, tenía que ser más fuerte. Esto se logra impidiendo que los defectos opaquen las cualidades.

Como ya mencioné, las cualidades y los defectos son las dos caras de una misma moneda.

En un seminario tuve un instante de comprensión y me di cuenta de que muchos no desarrollan por completo sus cualidades porque *están muy conscientes* del poder de sus defectos, de su lado oscuro. El líder del seminario demostró con destreza que nuestros defectos florecen cuando estamos bajo presión. Por ejemplo, una persona que se esfuerza por ser honesta, bajo presión se puede convertir en un ladrón. O alguien con un carácter dulce por fuera, puede sacar a flote una vena maligna que se oculta detrás de su fachada.

El estrés y los desafíos son una forma de sacar lo mejor o lo peor de la gente. Durante aquel seminario comprendí que si quería desarrollar mi potencial completamente tenía que encontrar alguna forma de permitir que mi lado oscuro saliera a la luz. Ahora creo que soy una persona más sincera porque me siento cómodo con el niño bueno y tímido que era en mi juventud, y con el frío y tosco marino que fui cuando me hice adulto. Además, puedo asumir e intercambiar los dos carácteres.

RESPECTO A LA MISIÓN EN LA VIDA

También fue en iglesias y seminarios donde aprendí que el propósito o la misión de nuestra vida consiste en tomar el don que nos fue dado, desarrollarlo y compartirlo.

Trabajé en la Corporación Xerox porque quería vencer mi timidez y mi miedo al rechazo. También quería aprender a vender para hacer negocios. Mi padre rico siempre decía que vender es una habilidad esencial en el empresario. Tras cuatro años en Xerox, finalmente logré mi objetivo y me convertí en uno de los mejores vendedores y además tenía un salario adecuado a mi estatus.

El problema fue que descubrí que es difícil mantenerse motivado. Después de varios seminarios distintos, sabía que mi misión en la vida no era obtener un mejor puesto, hacer más dinero y subir por la escalera corporativa. Vender el modelo más reciente de Xerox ya no me emocionaba, aunque ganara mucho dinero haciéndolo.

Además, aunque era competitivo por naturaleza, la idea de vencer a IBM, nuestro principal competidor en aquel entonces, no me volvía loco. Descubrí que un empleo, profesión o carrera es muy distinto al propósito que tenemos en la vida, a nuestro llamado o misión.

Mi espíritu se estaba fortaleciendo, se hacía más audaz y quería mas, no solamente subir una escalera.

RESPECTO A LA DEDICACIÓN, LA DETERMINACIÓN Y LA DISCIPLINA

Mi padre rico me enseñó que había cuatro tipos de personas en el mundo de los negocios. Estos tipos están definidos en el Cuadrante del Flujo de Dinero que se ilustra a continuación:

E significa empleado
A significa autoempleado, dueño de negocio pequeño o especialista
D significa dueño de negocio grande
I significa inversionista

Nuestro sistema escolar hace un trabajo bastante respetable entrenando personas para los empleos en E o en A. El problema es que la gente más rica del planeta pertenece a D y a I. En la iglesia, en los seminarios de desarrollo personal y con mi padre rico, aprendí que para tener éxito en cualquiera de las cuatro secciones se requiere sacrificio.

En 1974 decidí no seguir los pasos de mi padre pobre y convertirme en un E con un empleo asegurado en el gobierno. Tampoco escucharía a mamá, quien quería que me convirtiera en doctor o mínimo en un A. En 1974 decidí que cuando creciera, quería convertirme en un D y en un I; en dueño de un negocio grande e inversionista. Con ese objetivo en mente, comencé a crear mi propia visión del futuro.

Cuando le dije a mi padre rico que me iba a convertir en empresario, me preguntó si estaba dispuesto a caminar en territorio agreste durante 40 años. Cuando le pregunté: "¿Por qué 40 años?", me contestó: "Porque ése fue el tiempo que Moisés caminó en el desierto antes de que Dios los llevara, a él y a su tribu, a la 'tierra prometida'". Además: "La mayoría de la gente no está dispuesta a caminar por 40 años porque le es más fácil encontrar un empleo y conformarse con un cheque de nómina".

"Nunca encuentran la 'tierra prometida', la tierra de la abundancia, la leche y la miel, el Jardín del Edén, el paraíso en la Tierra." Abandonan su búsqueda de aquello para lo que nacieron y nunca encuentran a su familia espiritual.

Para mi hermana, la prueba de fe era el budismo. La mía era el capitalismo. Por segunda vez en mi vida quería averiguar si contaba con lo necesario.

El año 2014 marcará 40 años de mi caminata en las secciones D e I para encontrar mi propia tierra prometida. En 2014 descubriré si fui lo suficientemente fuerte en mi prueba de fe.

En 1981, a pesar de toda mi sabiduría y buenas intenciones, me encontraba divorciado y en bancarrota. Había construido y perdido mi primer negocio, y me había casado y divorciado de mi primera esposa. Había probado el éxito, había construido la compañía que inventó y llevó primero al mercado las carteras de nylon y Velcro® para surfistas. El negocio pronto se transformó en una compañía que manufacturaba productos para bandas de rock como The Police, Van Halen, Boy George, Duran Duran, Iron Maiden y otros. Fui millonario por cerca de un año. Me había enamorado y estaba casado con una gran mujer.

Pero permití que la riqueza, el éxito, la lujuria y el amor se me subieran a la cabeza. Me volví altanero y arrogante, compré autos veloces y comencé a engañar a mi esposa. Mis cualidades se habían convertido en defectos y comenzó la autodestrucción. No pude cumplir mi palabra respecto a trabajar en el desarrollo de mi carácter, y mi "yo" tomó el control.

Era el mismo comportamiento que me había metido en problemas en la Marina. Se hizo obvio que necesitaba una búsqueda interna muy profunda si quería retomar la fuerza para enderezar mi vida. Todos hemos visto a gente caer de la nube por sus defectos, desde muy alto, y más de una vez.

Lo triste era que yo ya conocía la fuerza de las palabras y la importancia de cumplir con la mía. Lo había escuchado una y otra vez en todos los seminarios a los que había asistido a lo largo de los años. También cuando era niño, en el la escuela dominical.

"Y la palabra se hizo verbo", decía la frase, pero nunca la relacioné con mi vida en aquel entonces. No obstante, en el estado vulnerable en que me encontraba en 1981, comprendí el significado de esas palabras. De repente estallaron, atravesando mi cabeza como un choque eléctrico.

¿Era posible que algo tan sencillo como las palabras llevara en sí tanto poder? ¿Podía ser que algo tan simple pudiera determinar la calidad de nuestras vidas? ¿Acaso éstas son simplemente un reflejo de nuestras palabras?

¿Podía ser así de simple?

Estaba atónico y me intrigaba si la diferencia entre una persona rica y una pobre era simplemente sus palabras. ¿La diferencia entre una persona feliz y una deprimida podría ser las palabras que se repetían a sí mismas? ¿La diferencia entre un sinvergüenza y una persona honesta era simplemente una elección de palabras? ¿También marcaban la diferencia entre un millonario y un multimillonario?

Cuando pensé en ello en términos más prácticos, comprendí que la diferencia entre un dentista y un abogado (ambos inteligentes, y bien capacitados), era las palabras que usaban en su profesión.

Mientras más lo analizaba, el poder de las palabras se hacía más evidente. También entendí que *nos convertimos* en nuestras palabras.

El flash de lucidez duró como un minuto. Después de eso regresé a mi pensamiento normal. El impacto fue menguando, pero nunca olvidé el mensaje. En términos simples, parecía que nuestro cerebro era como un motor en un auto, y las palabras eran el combustible. Si poníamos combustible malo en el motor, éste no funcionaría bien. ¿Acaso sucedería lo mismo en la relación de nuestra mente con las palabras?

Comprendí que mi palabra —es decir, mi habilidad de cumplir un acuerdo o la carencia de ésta, junto con las palabras que decía—, se había transformado en carne, en verbo. Yo era el producto de mis palabras y lo había perdido todo. Ahora mi monólogo, las palabras dentro de mi cabeza, decían que mi vida era un desastre. Tenían razón.

Me estaba convirtiendo en aquello como me llamaba a mí mismo: perdedor.

Con una comprensión real de que necesitaba un cambio y ayuda para lograrlo, fui a buscar un nuevo maestro y nuevas respuestas. Ese año, 1981, conocí y comencé a estudiar con el Doctor R. Buckminster Fuller.

Después de mi padre pobre y mi padre rico, el Doctor Fuller fue la tercera mayor influencia en mi vida. La gente lo ha considerado una de las mentes más originales del siglo XX. Era un futurista, escritor, inventor y filósofo. Muchas de sus predicciones se han hecho realidad en nuestro tiempo. El Doctor Fuller también tenía su opinión respecto a las palabras.

EMI: ELECCIONES

Robert dice que la gente escucha las palabras pero no entiende el mensaje. Los cristianos hablan de que "la palabra se hizo verbo". Él se pregunta: "¿Será posible que algo tan simple como las palabras pueda determinar la calidad de nuestras vidas? ¿Será que éstas son solamente un reflejo de nuestras palabras?" Robert reflexiona sobre las palabras que usamos en nuestra profesión.

De la misma forma, creo que las palabras son un reflejo de nuestra mente y una llave a nuestras creencias.

Él se pregunta si la diferencia entre una persona rica y una persona pobre es el vocabulario. El vocabulario es un reflejo de nuestra mente y de nuestro estado mental. Cuando usamos la jerga de la profesión, también encarnamos las características de la propia actitud mental respecto a nuestra situación en la vida, relaciones sociales y vínculo con la riqueza. En cada profesión hay gente apabullante o discretamente exitosa, próspera y famosa. También hay quienes son oscuros, pobres y tienen problemas en su trabajo. Sucede igual con los políticos, los hombres de negocios, los campesinos y los monjes.

Si alguien me hubiera dicho en la preparatoria que me convertiría en monja al crecer, me habría desmoronado. Ser monja nunca fue un pensamiento en mi mente. Cuando estaba en la universidad, me especialicé en psicología y pedagogía. Pero yo era una caminante, buscar era parte de mi vida.

Mi hermano, por otra parte, estaba más enfocado.

Siempre que pensaba en mi futuro me sentía atraída a las ciencias sociales, pero mi papá me desalentó. Fue más fácil para mí ceder que defender mi posición. Sugirió que me involucrara en ciencias más emocionantes en lugar de las "pseudo-ciencias". Así era como él llamaba a la psicología. Robert era lo opuesto. Cuando papá le preguntó: "¿Por qué quieres ser marino?", Robert simplemente fue y lo hizo. A él no le importaban la aprobación y los permisos.

Ambos fuimos muy rebeldes, cada uno a su manera. Robert sólo hizo lo que quería. Yo seguía buscando en silencio, explorando nuevos estilos de vida y caminos. Aprendiendo sobre la vida. Ésa era la gran diferencia entre nosotros. Hasta 1968, cuando me embaracé.

Cuando Erika nació y comencé a criarla, hubo muchas lecciones que entender. Tuve que aprender a cuidarla y a mantenernos. Y mientras lo hacía, seguí tratando de comprender la vida.

Cuando Erika y yo nos mudamos a las montañas de Hawai, comencé a recibir ayuda de la beneficencia social. Si Robert se hubiera enterado de eso, se le habría roto cada uno de los huesos. Todavía me apena recordarlo ahora. Mi papá siempre pensó que el gobierno debía cuidar de nosotros, aunque no creo que haya estado pensando en la beneficencia social. Él sabía que yo recibía la ayuda, pero nunca hablábamos sobre eso. Su pregunta habría sido: "¿Por qué no consigues un buen empleo en el gobierno que incluya una pensión?", justamente como le había dicho a Robert: "Quédate en la Marina y asegúrate un buen retiro".

Ésas eran formas aceptables en que el gobierno podía ayudarnos. Pero la beneficencia, no lo era.

Yo sentía que era justificable aceptar beneficencia. Me decía a mí misma que lo merecía porque estaba haciendo "buen trabajo" para otros. Estaba estudiando espiritualidad. Con el dinero que recibía del gobierno ayudaba a otros. Hacíamos casas con domos, tinas de madera para agua caliente, y trabajábamos con cualquiera que deseara unirse. Por ahí pasó mucha gente extraña.

Yo era parte de una comunidad. Estaba buscando una utopía perfecta, mi paraíso en la Tierra. Y lo hacía con un grupo que pensaba igual que yo. Teníamos mucho en común y, desafortunadamente, uno de esos rasgos comunes era que todos recibíamos ayuda del gobierno. Juntos justificábamos nuestro comportamiento y, pensándolo bien, ahora veo que acepté la ayuda gubernamental porque era un patrón bien recibido entre la gente que me rodeaba.

Mis ideas sobre la beneficencia comenzaron a cambiar cuando encontré a una mujer que había sido hermana mía en una comunidad. Me dijo que desde que el gobierno daba dinero a las madres solteras con hijos, su plan había sido seguir teniendo niños.

Me molesté.

Dentro de mí sabía que era incorrecto. Varios meses después tuve otra llamada de atención cuando fui a solicitar cupones de comida a una oficina del gobierno en Honolulu. El lugar estaba lleno de gente y de nuevo el destino me hizo una jugada. Mi trabajadora social resultó ser otra hermana. Ella tenía que verificar que yo necesitara los cupones. Me sentí muy avergonzada. Con frialdad, me dijo: "Todos atravesamos altibajos en la vida". Era una frase con mucha carga. También fue una señal más de que tenía que cambiar, tomar el control y escapar de la mentalidad de la beneficencia.

Cuando Erika tenía cuatro años, abandoné la beneficencia y decidí nunca volver a caer en esa situación. Fue difícil porque me importaban mucho mis estudios. La mayoría del dinero que ganaba lo utilizaba en niñeras y en seminarios de desarrollo personal y espiritual. Fue difícil en lo financiero porque sabía que tenía que tomar esas clases. Pero descubrí que para ser congruente con mi sendero espiritual, debía seguir la ética y rechazar la beneficencia. Por mi bien y el de mi hija.

La ayuda del gobierno estaba matando mi espíritu.

Además, mi actitud respecto a la beneficencia causaba un conflicto con mi deseo de obtener libertad espiritual. Buda nos enseña que tenemos el potencial de ser libres y que debemos trabajar en ello. Incluso, el término "Buda", significa "despierto". Un Buda es alguien que ha purificado todos los "velos e ideas falsas" y que ha logrado excelentes cualidades de virtud. Era hora de que yo removiera mis propios velos e ideas falsas para convertirme en una mejor persona.

El budismo me atraía por las maravillosas enseñanzas y la claridad de los maestros que nos mostraban cómo aplicarlas. Otra razón para acercarme al camino budista fue que la mayoría de los maestros que conocí eran gentiles, felices, tenían un gran sentido del humor y celebraban la vida. Yo quería cultivar esas cualidades en mí misma.

Tuve que aprender a confiar en mis instintos espirituales y seguir los profundos principios éticos que nuestros padres nos habían inculcado, en lugar de depender del gobierno. Creí que al seguir mi camino espiritual encontraría lo necesario. Pero también me aseguré de no estar cambiando a una institución por otra. Esta vez, mi camino tenía que ser propio y debía recorrerlo con los ojos abiertos.

Cuando tomé la decisión de trabajar en Alaska para ganar suficiente dinero e ir a estudiar a la isla, le pedí a mi ex esposo que cuidara a Erika un año. Estuvo de acuerdo, así que regresé a Hawai de Colorado mientras él la inscribía en una escuela japonesa budista en Honolulu. La decisión de dejarla iba en contra de lo que yo consideraba ser una buena madre. Ella deseaba con vehemencia acompañarme a la India. Desgraciadamente, yo sabía que no tenía suficiente dinero para hacer el viaje juntas, y mucho menos para mantenerla estando allá.

También me preocupaba su salud y la posibilidad de exponerla a enfermedades. Después de todo, era sólo una niña. Sin embargo, la verdad es que quería llevarla conmigo, que experimentáramos India juntas por primera vez. Pero financieramente no era posible y ésa fue una parte del sacrificio.

Mis decisiones de dejar Colorado, ir a Alaska y luego viajar a la India, le parecían absurdas a la gente que me rodeaba. Mi ex esposo pensaba que irme era irresponsable y que yo era muy inestable. Mi papá también estaba muy preocupado, mamá quería que yo fuera una "buena chica", pero mis acciones los confundían frecuentemente. Mis padres querían una vida llena de seguridad y garantías. Pero yo tenía mi propio camino y, aunque sabía que tal vez no encontraría lo que estaba buscando, estaba dispuesta a correr el riesgo.

Tenía la gran necesidad de ir a un lugar y, por primera vez en mi vida, no iba a permitir que la desaprobación de otros me detuviera. Me iba a mover con o sin permiso. Sabía lo que quería y no había duda en mi mente ni en mi corazón. Tenía que ir a la India a estudiar, aunque eso significara hacer a un lado mi papel de madre por más de un año.

Ahora comprendo que era "mi llamado", y que estaba buscando el bienestar espiritual. En aquel entonces sentía como una carga de energía eléctrica dentro de mí diciéndome que debía ir. Era un llamado, una atracción tan fuerte que sabía que estaba escogiendo el camino correcto. A veces los llamados implican sacrificios y desafíos, y para mí era ciertamente así. A cierto nivel sentía una enorme gratificación, pero había otra parte que estaba fuera de equilibrio. Erika quería estar con su madre, como todos los niños, pero mis limitaciones económicas y mi deseo de estudiar en la India y en otros lugares nos hicieron separarnos. Al verlo ahora, sé que me perdí de maravillosos momentos mientras ella crecía. Estar presente y criarla habría sido muy bueno para ambas.

8

Provisiones para
el camino

El Doctor R. Buckminster Fuller se consideraba un hombre ordinario. Su reputación, sin embargo, era la de uno de los hombres con mayores logros en la historia de Estados Unidos.

Su vida nos afectó de muchas formas, directa e indirectamente. Él fue uno de los que diseñó los domos geodésicos cerca de los volcanes de Kilauea. En 1979 y 1980 realizó conferencias en Estados Unidos en compañía de Werner Erhard, el creador de los seminarios EST, a los que Robert y yo nos acercamos.

Buckminster dedicó su vida a determinar aquello que las grandes organizaciones, incluyendo el gobierno, no podían hacer, pero que un individuo sí podría. Solía decir: "Aplicar los principios de la ciencia para resolver los problemas de la humanidad". Se le conocía como "el genio amigable del planeta".

Robert: En busca del estrés

Cuando era niño comprendí que tenía dos desventajas en la vida.

La primera: era inherentemente perezoso. La pereza me hizo reprobar en la escuela y, a lo largo de los años, me ha costado millones de dólares.

Segunda: no tengo ningún talento en particular. No era bueno en nada, no tenía una especialidad. Era solamente promedio.

Como sabía que era perezoso, comprendí que si quería lograr algo en la vida tendría que encontrar ambientes en donde no se tolerara la pereza. El surfeo era bueno para mí; si me daba flojera, las olas me vapuleaban. De hecho, uno de mis amigos murió en Sunset Beach, donde surfeábamos. Tomó una ola grande y se tardó un poco en girar. Desapareció. Encontraron su cuerpo varios días después, cuando emergieron los restos que habían dejado los tiburones.

El Doctor Fuller no surfeaba pero era marino. Con frecuencia decía que los hombres de la tierra eran distintos a los hombres del mar por que estos últimos sí respetaban el poder de la naturaleza. Yo pasé mucho tiempo en el océano y aprendí a respetar desde joven las fuerzas de la naturaleza.

El futbol americano era otro ambiente que me beneficiaba. No me gustaba mucho en particular, pero necesitaba la disciplina del deporte. El futbol no era para flojos. El entrenamiento era intenso y el constante temor al daño físico no me permitía darme el lujo de lo que el entrenador llamaba "caminar como señorita". Si era flojo durante la práctica, tenía que dar "dos vueltas más". Tener pereza durante el juego significaba que me sentaría en la banca mientras alguien más jugaba.

Fui a Kings Point por la misma razón. Sabía que un estricto ambiente militar y académico era la forma de graduarme. La disciplina era extrema las 24 horas del día, los siete días de la semana. Si hubiera ido a la Universidad de Hawai habría reprobado. Una escuela relajada no hubiera sido un buen ambiente para mí.

En la Academia de la Marina Mercante en Kings Point, Nueva York,
el equipo de remo ofrecía mayor intensidad que cualquier otro deporte.
Robert es el que tiene un remo levantado en la parte superior derecha.

Incluso dentro de la Academia buscaba los ambientes más disciplinados. Me uní al equipo de remo porque tenía que encontrar un deporte que fuera más doloroso y estricto que la escuela misma. Remar en las heladas aguas del estuario de Long Island durante el invierno, era tan doloroso que mis manos y mi trasero no paraban de sangrar. Pero el dolor me ayudaba a escapar de la penuria de la escuela.

Después de la Academia me uní a la Marina, en donde la pereza se calificaba como deshonra. Ello significaba que era intolerable decepcionar a los compañeros marinos. En Vietnam, la pereza significaba la muerte.

Tal vez por eso ahora soy un empresario. Para un empresario, la pereza significa caer en bancarrota. Además no existe la seguridad de un empleo. En muchos países como Francia y Australia es muy difícil despedir a un empleado porque es flojo. Pero el mercado despide a empresarios todos los días. Es un ambiente que tampoco tolera la pereza.

211

Estos ambientes en donde me presionaban mental, emocional, física y espiritualmente, más allá de lo que era posible en mi realidad, me llevaban a un estado alterado de conciencia. Hoy en día le llaman "la zona". Lo experimenté en muchas ocasiones. En el futbol americano podía atrapar un pase que nadie más lograba o hacer una tacleada imposible. La presión me hacía jugar más allá de mis límites. Jugaba fuera de mí.

Algunos terapeutas lo llaman "meditación forzada".

Las carreras de remo duran diez minutos. Después de los primeros cuatro, sientes que estás remando con el alma y lo físico se queda atrás. Los siguientes seis, tu cuerpo funciona por pura fuerza de voluntad. El dolor es tan espantoso que no queda energía, sólo una especie de sincronía espiritual que está más allá del dolor y que se asienta en el bote. El equipo completo de ocho remeros saca lo mejor de sí en un estado alterado de poder. Gana el equipo que puede continuar funcionando así durante más tiempo.

En Vietnam hubo ocasiones en las que debí haber muerto junto con toda la tripulación, pero no sucedió así. Algo se apoderó de la situación. A veces, después de esos incidentes, nos preguntábamos: "¿Por qué seguimos vivos? ¿Por qué aquéllos están muertos? ¿Cómo salimos de esa situación?" Muchas veces íbamos más allá de la vida y la muerte.

Mi hermana medita, yo nunca lo hago. Yo aprovecho mi zona a través del estrés. Ilya Prigogine ganó el Premio Nobel de Química en 1977 por su Teoría de las Estructuras Disipativas. Él creía que el estrés es la forma en que la inteligencia crece. Al colocarme en situaciones intensas que me empujaban más allá de los límites de lo que creía que era capaz de lograr, estaba creciendo. Todo esto lo descubrí gracias a mi pereza intrínseca.

La mayor parte de mi vida me he enfocado en llegar al punto de quiebre que, como dice Prigogine, provoca el estrés que hace que las cosas se ordenen nuevamente. La mayoría de la gente va hacia el lado contrario, toma la dirección más sencilla. Como mis vecinos, que caminan lentamente alrededor de la pista de ejercicio. Piensan que se están ejercitando pero nunca bajan de peso. Se están moviendo pero sin estrés, así que sus cuerpos nunca se reorganizan. Los atletas de alto rendimiento saben que deben llegar al punto de quiebre y más allá si es que quieren ser mejores, más fuertes y más rápidos. El avance sólo se logra cuando sobrepasamos los límites.

Cuando tenía quince años y comencé en el fútbol americano, pesaba 110 kilos. Al final de la temporada sólo pesaba 88 y era más fuerte gracias al estrés del ejercicio. Para fortalecer el acero se le tiene que calentar hasta casi derretirlo y después se le vierte agua fría. El estrés entre lo caliente y lo frío es lo que hace fuerte al metal. De esto es lo que hablaba Prigogine. Al igual que el acero, los humanos se pueden hacer más fuertes gracias al estrés.

Muchos hemos experimentado la sensación de ir más allá de lo que creemos posible sin dejar que la realidad nos venza. Es ir más allá del torrente de adrenalina. La zona es una experiencia incorpórea.

Descubrí que en realidad necesitaba situaciones de estrés para relajarme. El golf es muy relajante para mucha gente, pero a mí no me lleva al estado en donde puedo dejar ir todo. Cuando lo juego, siempre termino pensando en todo *excepto* en el golf. Así que yo me relajo yendo al extremo. Por eso disfruto los deportes extremos. Cuando juego rugby no pienso en nada excepto el juego.

De 1974 a 1980 mi enfoque de tiempo completo estaba en incrementar el poder de mi cerebro. Trabajaba en Xerox y ahí educaba mi mente para convertirme en empresario. Mi empleo de medio tiempo consistía en aumentar mi fuerza de voluntad. Mientras mis compañeros vendedores de Xerox estaban en casa viendo el futbol o persiguiendo mujeres en los bares, yo estaba constantemente en seminarios o talleres, persiguiendo mujeres y buscando respuestas.

La idea era incrementar el poder de mi mente y mi voluntad para obtener ganancias financieras. Mi papá pensaba que yo estaba malgastando mi tiempo y dinero en estos seminarios. Para él, la única educación real provenía de prestigiosas universidades como la de Stanford y la de Chicago a donde él había asistido. Aunque nunca se graduó de esas escuelas, se sentía muy orgulloso al decir que había estudiado ahí. Papá siempre se preguntó por qué yo asistía a cursos que no me llevarían a obtener un título de posgrado, un mejor puesto o un aumento de salario.

Mi padre rico comprendía lo que yo estaba haciendo. Él no se había graduado de la preparatoria y no tenía un título universitario, pero constantemente asistía a seminarios como los de Dale Carnegie. Estaba involucrado en el desarrollo personal. Cuando mi padre pobre se enteraba de que mi padre rico volaría desde nuestro aletargado pueblo de Hilo hasta Honolulu sólo para asistir a un curso de ventas o para escuchar a oradores de motivación, creía que estaba malgastando su tiempo y su dinero.

Para mí era imposible discutir lo que estaba aprendiendo con mi padre pobre. Él no quería escuchar nada que no proviniera de una escuela acreditada. Por otra parte, papá rico y yo pasábamos horas charlando sobre lo que estaba aprendiendo. Él sabía que el éxito era más psicológico que académico, estaba más interesado en el poder personal que en los títulos de posgrado.

Sabía que la mente subconsciente era más poderosa que la mente consciente. Sabía que la mente subconsciente podía ser nuestro mejor amigo, pero también el peor enemigo. Conocía la importancia de educar a ambas mentes.

Mi padre biológico, el pobre, se enfocaba en educar su mente consciente.

Al haber asistido a cursos de educación tradicional y de desarrollo personal, comprendía el valor de ambas formas de educación. La educación tradicional es importante, especialmente si quieres ser

Ésta es una imagen ultra simplificada del cerebro humano.

doctor, abogado o subir en el escalafón corporativo o gubernamental. La educación del desarrollo personal también es importante, en especial si te quieres cultivar personal, emocional y espiritualmente. Creo que el desarrollo personal es especialmente valioso si eres ambicioso y si quieres lograr lo más posible en tu vida.

Existen muchas diferencias filosóficas entre los dos tipos de educación. La tradicional se enfoca principalmente en la mente consciente, en ser inteligente, tener las respuestas correctas y evitar cometer errores. El desarrollo personal, por otro lado, se enfoca en el espíritu. Estos programas se enfocan en la motivación, en expandir tu realidad, tomar riesgos y estar dispuesto a fallar para ponerte de nuevo de pie. Se enfocan en la mente subconsciente y en cómo hacer que ésta trabaje *contigo*, no en tu contra.

Invité a mi padre pobre a ir a los seminarios porque pensé que él necesitaba aprender a ponerse de pie de nuevo. Él siempre había sido un estudiante excelente. Nunca había fallado en nada hasta que perdió la elección. Después de que perdió la elección y a su esposa, no pudo soportarlo. Su corazón se había roto y sufría. Todavía existía poder en su mente, pero había perdido su fuerza de voluntad. Su espíritu se había quebrado.

Para 1980 había perdido mi primer negocio y mi primer millón. De no haber sido por el entrenamiento que tuve en los cursos de desarrollo personal, quizá no hubiera podido levantarme de nuevo. También perdí otros dos negocios antes de volver a hacer otro millón de dólares y no separarme de él. Como sabemos, no se trata de cuántas veces te caes, sino de cuántas puedes volver a levantarte.

Zig Ziglar es uno de los mayores autores de *bestsellers* y oradores motivacionales. Es un cristiano devoto que logró tener una mayor audiencia con su mensaje de empoderamiento personal. Su libro *Te veo en la cima* (*See You at the Top*), está lleno de principios religiosos traducidos a un lenguaje más cotidiano. Conozco personalmente a Zig, es uno de los hombres más agradables con quien me he encontrado. Es un verdadero cristiano que practica lo que predica y lo que escribe.

En la actualidad, Oprah Winfrey es el nombre femenino más prominente en el desarrollo personal. Inspira a millones de personas alrededor del mundo, toca sus mentes y corazones, los inspira a levantarse y hacerse cargo de sus vidas.

La bendición de una de las mujeres más poderosas del mundo.

Alcohólicos Anónimos (AA) tiene sus raíces en la religión cristiana. Cuando los Beatles fueron a la India popularizaron en Occidente la música oriental, en su mayoría religiosa. John Denver era un famoso cantante de música *country* y *folk-rock* con profunda influencia religiosa. Así que es verdad que muchas de las grandes influencias del desarrollo personal provienen de la religión.

Diversas compañías de mercadeo en cadena y compras directas tienen extensos componentes de desarrollo personal en sus programas. Ésta es la mayor razón por la que patrocino esa industria. Hace mucho bien. Primero construye a la gente y después le ayuda a construir un negocio. Apoyo a los negocios que le ayudan a las personas a sobrevivir en el mundo real.

El desarrollo personal me ha enseñado lo que podemos hacer: crear nuestra propia realidad. Permíteme darte un ejemplo personal. Cuando reprobé inglés porque no podía escribir y me expulsaron de la preparatoria a los quince años, estaba herido emocionalmente. El dolor era una cicatriz en mi alma. Sentía que había decepcionado a mi familia. Me sentía avergonzado y mis compañeros me molestaban. El dolor emocional estaba adherido a los pensamientos: "Soy un estúpido, siempre seré estúpido, nunca seré listo".

Estos pensamientos, mezclados con emociones de tristeza y enojo, se hicieron reales cuando de verdad me *creí* que era estúpido y continué batallando y fallando en la escuela. De no haber sido por la fuerza de voluntad, no me habría graduado de la universidad. Tenía que *enfrentar* mis pensamientos que se habían hecho realidad. Todos los días seguía pensando que era un estúpido.

En mis clases de ciencia aprendí que dos objetos no pueden ocupar el mismo espacio al mismo tiempo. Por ejemplo, no puedes meter tres autos grandes en un espacio para un solo auto. En algunos de los cursos de desarrollo personal que tomé descubrí que dos pensamientos tampoco pueden ocupar el mismo espacio al mismo tiempo. En mi caso no podía contener el pensamiento: "Soy inteligente" mientras el pensamiento: "Soy estúpido" estuviera ocupando ese lugar. Fue hasta que los sentimientos de tristeza y enojo se diluyeron, que el pensamiento: "Soy estúpido" se liberó y "Soy inteligente" pudo ocupar su lugar.

Cuando el pensamiento emocional "Soy estúpido" se diluyó, mi sed de aprender se renovó, volvió a la vida. En 1974, a los 27 años, volví a ser un estudiante con hambre de aprender.

Éste es un ejemplo de una de las transformaciones que atravesé gracias a mis clases de desarrollo personal. Fui capaz de sanar una cicatriz mental y emocional que databa de la preparatoria. Es irónico que ahora sea mejor conocido por ser escritor y que cuando tenía quince años haya reprobado por no poder escribir. Si no fuera por las clases de desarrollo personal, todavía sería un inválido intelectual y tú no estarías leyendo este libro.

Círculos concéntricos

Muchos cursos de desarrollo personal tienen sus raíces en religiones de Oriente y Occidente, y se apoyan en el poder espiritual. Yo he estudiado los círculos concéntricos que se le atribuyen a Confucio, el educador oriental. Cuando vemos los Círculos Concéntricos de la Vida que explicó Confucio, los primeros cinco son:

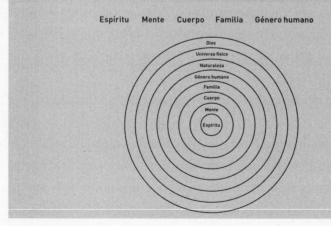

Espíritu   Mente   Cuerpo   Familia   Género humano

En mis estudios descubrí que nuestros espíritus son como polvo, flotan en el primer círculo. Cuando añadimos la mente, el círculo número dos, nuestros pensamientos pueden funcionar como un pegamento para que nuestros espíritus sean más completos. Cuando espíritu y alma son más completos, entonces se manifiestan en nuestros cuerpos, en el tercer círculo. Cuando esto sucede nuestros pensamientos se hacen carne, se convierten en nosotros. Entonces, creamos nuestra propia realidad.

Cuando vas al quiropráctico, éste busca las vértebras desalineadas. Si una vértebra está desalineada, las fuerzas vitales tienen problemas para llegar a las distintas partes del cuerpo. Si las fuerzas vitales están bloqueadas, el cuerpo comienza a degenerarse.

Los círculos de la vida son muy parecidos a la columna vertebral. Mucha gente tiene bloqueos emocionales, mentales y físicos. Si los bloqueos son severos, entonces las fuerzas vitales entre el espíritu de una persona y Dios disminuyen. Si la línea entre Dios y el alma de una persona está bloqueada, su poder personal, su habilidad para hacer y crear, también disminuye.

Muchos de los cursos de desarrollo personal, terapias, programas de autoayuda y cursos religiosos están diseñados para reconectar el espíritu de una persona con Dios. Depende del individuo *reconciliarse* con la idea de incrementar su poder personal. Después deberá buscar la ayuda apropiada para recuperarlo.

En el presente, casi cualquiera tiene un entrenador personal. Muchos entrenadores utilizan la tecnología de las religiones de Oriente y Occidente para trabajar con el potencial humano. También usan psicología moderna y culturas indígenas. Mi padre rico fue uno de mis primeros entrenadores. Ahora tengo varios para distintos aspectos de mi vida. Un entrenador está para ayudarte a aprovechar tu poder y apoyarte en el fortalecimiento de tu espíritu, para que éste brille en los momentos malos y buenos de tu vida.

Una de las definiciones de la palabra *poder* es "la habilidad de hacer o crear". Asistí a esos seminarios simplemente para recuperar mi poder. Sentía como si mi poder hubiera sido apaleado en casa, la iglesia, en el trabajo y la escuela. Pero sabía que tenía potencial, que había más poder, pero algo me estaba deteniendo.

Otra cosa que aprendí en un seminario es que no somos nuestras mentes.

El concepto era que nuestra mente puede ser tanto amiga como enemiga, que en realidad podía sabotear nuestros sueños. Hasta ese momento, siempre había pensado que mi mente era mi amiga. Después, comencé a comprender cuánto podía impedirme lograr lo que quería en la vida. Comprender esto me ayudó a entender por qué la gente pobre que quiere volverse rica, permanece pobre. Por qué la gente gorda que quiere ser más delgada, sigue ganando peso. Por qué los solitarios permanecen así y por qué el éxito elude a tanta gente talentosa.

El tema del seminario era que a veces nuestras mentes nos obligan a hacer cosas que no deberíamos. Es nuestra mente la que nos hace mentir cuando sabemos que lo correcto es decir la verdad. Es nuestra mente la que nos orilla a hacer trampa en vez de jugar apegados a las reglas. Es nuestra mente la que a veces nos obliga a hacer cosas que sabemos que no deberíamos, especialmente si tu fuerza de voluntad es menor que el poder del cerebro.

Lo que el líder del seminario estaba diciendo era que, cada vez que no somos íntegros, ética o moralmente, y mentimos al respecto (especialmente a nosotros mismos), estamos sacrificando un poco de nuestro poder personal. Si queremos recuperar el poder personal y espiritual tenemos que hacer las cosas bien, decir la verdad y enfrentar las consecuencias, así como lo hice cuando le dije a mi oficial la verdad sobre la bebida y los vuelos con mujeres a playas desiertas. Dicho en términos simples, si tenemos el valor de decir la verdad, entonces podremos aumentar nuestro poder personal y espiritual.

Ese seminario también me recordó la iglesia. Ahí escuchaba mensajes similares sobre el poder de la verdad, aunque estaban enunciados de maneras distintas. En el seminario, el mensaje estaba expresado en formas mucho más crudas y desafiantes. También me resultó interesante que mucha gente, incluyéndome, tenía problemas para hacer las cosas bien y para decir la verdad. Parecía que nuestro deseo de ser perfectos, de no equivocarnos y cometer errores, nos hace colgarnos a nuestros pequeños secretos.

Conforme pasaron los años y en distintos cursos, seguía apareciendo y reapareciendo la misma lección, el mismo mensaje sobre el poder de las palabras.

En 1981 asistí a un curso llamado "El futuro de los negocios", en un centro de ski cerca de Lake Tahoe, en la frontera de California y Nevada. Era un evento de una semana con el Doctor R. Buckminster Fuller como orador principal. Fue horrible, aburrido. Varias veces pensé en irme. Pero, por alguna razón, me quedé. Estoy feliz de haber permanecido hasta el final porque el último día atravesé una de las transformaciones más poderosas de mi vida. No estaría escribiendo este libro y tú no lo estarías leyendo de haberme retirado.

Durante mi tiempo con el Doctor Fuller alcancé un estado diferente en dos ocasiones. Creo que entré a una dimensión paralela a la realidad. Aunque esos dos sucesos eran muy distintos a los estados de conciencia que alcanzaba con el estrés o el peligro, también fueron muy poderosos. Llegaron por compasión, más que por dolor. Todas las organizaciones a las que pertenecí —futbol, remo, la milicia—, requerían rudeza.

Cuando me encontraba con el Doctor Fuller, mi zona no era un estado de rudeza, sino de compasión.

Finalmente, también estoy agradecido por la desventaja de mi pereza. Me colocó en lugares a donde la flojera o el karma de mi pasado no pudieron llevarme. Yo no me permito decir "no puedo hacer" algo o "no puedo darme el lujo" de algo. Eso es pereza y no voy a permitir que ésta dirija mi futuro.

Mi futuro es hoy.

Eso es karma.

Hoy tengo dos estados de "zona", y aprovecho ambos. Uno es el de rudeza, el otro es el de compasión. Cada uno me lleva a un lugar similar. Es una suerte de euforia en la que las cosas por las que me preocupo no tienen consecuencias.

Cuando escucho o hablo con gente que está estresada porque tiene que pagar sus deudas y mantener sus trabajos, no puedo evitar sentir que la razón por la que están en ese estado es porque no se han estresado lo *suficiente*. No se han presionado a sí mismos más allá de los límites del dolor. Recuerdo haber visto en un programa de noticias matutino, a una mujer que se lamentaba porque estaba atrasada cuatro meses en los pagos de su casa y la hipoteca estaba a punto de vencer. El reportero le preguntó qué iba a hacer. Su respuesta fue sorprendente: "Bueno, sólo voy a esperar que pase lo mejor". Me recordó un sermón que mi ministro dio cuando yo era niño. Se titulaba "Esperanza para los desesperanzados".

Cuando escuché al Doctor Fuller decir que se consideraba una persona ordinaria, sin talentos especiales, sentí una conexión.

Así como enfrenté desafíos por mi conducta en la Marina, el Doctor Fuller fue expulsado dos veces de Harvard por problemas de conducta y finalmente terminó su licenciatura en la Academia Naval de Estados Unidos. Decía no tener talentos especiales, pero había logrado mucho. El Instituto Norteamericano de Arquitectos

Visión y profecía

Hay versos de la canción *Have you Ever Seen the Rain?* (*¿Has visto la lluvia alguna vez?*), de Credence Clearwater Revival, que dicen:

Alguien me dijo hace mucho tiempo,
hay calma antes de la tormenta.
Lo sé... lo sé,
viene desde hace tiempo...
Quiero saber,
¿has visto la lluvia alguna vez?
¿La has visto llegar en un día de sol?

Cuando Noé estaba construyendo su arca era un día soleado. La estaba haciendo como respuesta a un mensaje y visión de Dios. Yo diría que, a lo largo de la historia, la mayoría de la gente que ha hecho cosas extraordinarias, ha estado motivada por alguna visión o profecía, una urgencia de cambiar el futuro. Por ejemplo, Albert Nobel creó el Premio Nobel de la Paz cuando descubrió el poder inherente a su creación, la dinamita, y cómo éste poder podía ser utilizado para construir y para *destruir*.

le dio la medalla de oro, a pesar de no ser un arquitecto. Harvard lo reconoce como uno de sus más connotados egresados, pero en realidad nunca se graduó ahí. Es autor de más de 25 libros y tiene más de dos mil patentes, aunque no es ningún tipo de especialista.

El Doctor Fuller decía que una vida de especialización podía hacerse obsoleta. Y que, entre más especializado eres, a menos gente podrás servir. Él pensaba que era mejor ser "generalista" que especialista.

Los especialistas ven la vida desde una perspectiva angosta, mientras los generalistas pueden ver todo el panorama.

Cuando conocí al Doctor Fuller en 1980, yo también tenía una visión y una profecía para el futuro. Era la misma visión que mi padre rico vio y la que mi padre pobre estaba viviendo. Era el problema del que muchos estamos conscientes ahora: el tremendo vacío económico entre los pobres y los ricos, y la dependencia de millones de personas de las naciones occidentales, que dependen del gobierno para obtener apoyo económico y médico.

El problema en aquel entonces era que yo estaba trabajando sólo para salvarme de la visión y la profecía que veía venir. Podía ver las tormentas financieras que se avecinaban y me esforzaba para no ser una víctima de ello.

Cuando conocí al Doctor Fuller, trabajaba solamente por mi propia salvación. Después de conocerlo comprendí que necesitaba trabajar por algo más que sólo mis necesidades personales.

Al ver a mi padre sentado en casa, dependiendo de programas del gobierno como la pensión para maestros, la Seguridad Social y el Medicare para mantenerse vivo, también veía mi propio futuro. Especialmente si no tomaba los pasos inmediatos para cambiarlo. Mirando al futuro, podía ver crecer el número de personas que estarían igual que mi padre.

Nuestras escuelas tradicionales en realidad nos entrenan para ser especialistas, no generalistas. Los empresarios son con frecuencia generalistas, y usualmente son más ricos porque han podido ofrecer servicios a más gente. Esta teoría ha regido mi vida. Como generalista puedo reunir grandes equipos de gente con más experiencia que yo; es gente que puede hacer que las cosas sucedan. Durante el proceso, aprendemos y crecemos juntos, hacemos dinero y servimos a otros.

El Doctor Fuller me inspiró a emprender casi todo lo que hago. Dice que Dios no es mezquindad, sino abundancia. Me reveló que la economía que convencionalmente se define como "la asignación de recursos escasos", es un mito. Los recursos no son escasos. Todos pueden participar de la abundancia y, de hecho, eso es lo que Dios quiere que hagamos.

Me ayudó a comprender que cualquiera puede ser rico si se le enseña cómo. Es derecho de todos tener la oportunidad de aprender. Combiné el sentido de servicio de mi padre pobre, el sentido del dinero de mi padre rico y los principios generalizados del Doctor Fuller. Así pude seguir una vida experimental propia, saliéndome de la carrera de ratas para después buscar y hacer el trabajo de Dios.

Fuller también hablaba mucho sobre el estado del mundo. Decía que los humanos estábamos en lo que él llamaba "la exterminación final", y que si no cuidábamos a este planeta, pereceríamos. Pensaba que era una locura matarse unos a otros por el petróleo e invertir tan poco en las ilimitadas energías renovables como la solar. Toda la energía que necesitamos está a nuestra disposición; sin embargo, nos peleamos por un recurso que desaparece y que, cuando se quema, contamina nuestro planeta y daña a todos.

Siempre he tratado de redistribuir el dinero que obtengo de mis inversiones en petróleo; lo reinvierto en el desarrollo de energía solar. El Doctor Fuller dice que la Tierra es "una bola de lodo en donde la naturaleza nos está permitiendo crear un paraíso en la Tierra". Él no cree que a Dios realmente le importe, pero piensa que a *nosotros* debería importarnos. Después de todo, la Tierra, nuestro hogar, es un organismo vivo y lo estamos matando. Si creemos que el cambio sucede cuando hay una emergencia (emerger es la raíz de la palabra "emergencia"), entonces estamos en ella. Piensa en el negocio de la energía. No es la ciencia, sino la avaricia lo que ha causado que el progreso sea tan lento. Los negocios aún no han encontrado la forma de acercarnos al poder del sol.

El Doctor Fuller también tenía su opinión sobre el poder de las palabras. Decía: "Las palabras son la herramienta más poderosa creada por el ser humano". Aunque creía en un dios, un ser supremo sin forma humana, Fuller no era un hombre religioso. Con frecuencia mencionaba cómo algunos líderes religiosos civiles y líderes en educación utilizaron palabras para contrarrestar el uso que hacían de las armas los líderes militares. La idea de que las palabras pudieran contrarrestar el poder de las armas, era muy novedosa para alguien como yo que había pasado cuatro años en una escuela militar, casi seis años en la Marina y un año al frente, en la línea de guerra. También nos advirtió que las palabras podían ser usadas como armas, utilizarse para destruir e invalidar a la gente. A la mayoría nos han lastimado o alguien ha divulgado rumores falsos sobre nosotros. Todo el tiempo vemos que las palabras son usadas como armas.

Estas reglas no son mías ni del Doctor Fuller. Tal como lo dijo en una clase a la que asistí en agosto de 1981: "Tú no creaste el universo y, ciertamente, tampoco lo estás dirigiendo". El universo seguirá su camino con o sin nosotros. Pero creo que está en manos de esta generación resolver nuestros problemas para sobrevivir y experimentar lo que Dios esperaba, un paraíso en la Tierra.

Emi: Para digerir los bocados

Toda mi vida he tenido desventajas. Desde que tengo memoria, he evitado el conflicto y buscado la aprobación de las figuras de autoridad.

Mientras buscaba mi camino, me escondía de mí misma y de la vergüenza de mis acciones pasadas. En la escuela nunca me consideraron inteligente. Ahora que soy adulta creo que lo que en realidad tenía era Síndrome de Déficit de Atención no diagnosticado. Era desorganizada y tenía poca concentración. Por eso, yo tampoco me consideraba inteligente.

Mi padre era el superintendente escolar, lo que añadió más estrés a mi situación. Hizo que temiera hablar en clase porque creía que la gente descubriría lo mucho que *no* sabía. Amaba a mi padre y quería complacerlo, así que, en lugar de avergonzarme y decepcionarlo, decidí ser discreta. Retirarme para evitar situaciones difíciles se convirtió muy pronto en un hábito.

Tal vez si en las clases nos hubieran dado más libertad para explorar, preguntar y descubrir, yo no me hubiera dado por vencida. En la escuela no había mucha oportunidad de que los profesores nos ofrecieran atención personal o de que yo pudiera construir mi autoestima. Tenía demasiado miedo a equivocarme, así que no me arriesgué a explorar y a descubrir lo que era "correcto". A pesar de todo, la búsqueda y el descubrimiento se convirtieron en algo importante para mí.

Yo no quería llevar la misma vida por siempre y, de cierta forma, aquella desventaja que me hacía esconderme del conflicto, se tornó en una bendición. Me guió hacia un camino de estudio que se convirtió en el trabajo de mi existencia. También me llevó a estudiar con excelentes maestros como Su Santidad, el Dalai Lama. Esto no quiere decir que a la fecha haya superado mi timidez y que pueda enfrentar los conflictos, pero continúo trabajando en ello.

Mi segunda desventaja era buscar siempre la aprobación. Ésta se complementó con la primera tan bien que, en conjunto, formaron un elegante sistema que ha gobernado mi vida desde la niñez. Ahora tengo conciencia de mis problemas, y todavía tengo que verificar que no me impidan hacer cosas. Trabajo para reconocerlas en cuanto surgen y luego usarlas como herramientas que me ayuden a moverme hacia acciones más constructivas.

Desde que era adolescente, Robert se colocaba en situaciones que lo obligaran a vencer sus desventajas. A diferencia de él, yo me colocaba en situaciones que *perpetuaban* las mías. De hecho, al reflexionarlo, las decisiones que tomaba diariamente para evitar el conflicto y buscar aprobación no eran conscientes. Casi todo lo que hacía en la vida reforzaba mis tendencias negativas, en tanto que Robert se presionaba de formas que finalmente vencerían o le darían un nuevo propósito a sus desventajas.

Desde que era pequeño tuvo a su padre rico como mentor y maestro.

En una ocasión, me decidí a sacar la cabeza del hueco en la tierra. Sucedió en nuestra fraternidad 4-H, cuando tenía catorce años. Mi hermana y yo íbamos a las reuniones. En una de ellas se me asignó la tarea de crear el *stand* para el Día Anual del Mercado. Venderíamos sushi. Este proyecto implicaba reunir donaciones de todos los ingredientes, reclutar a los voluntarios y preparar cientos de rollos. Era un gran evento comunitario para nuestro pueblo, además de una enorme oportunidad para reunir fondos. A los catorce años acababa de aceptar una misión con un altísimo nivel de responsabilidad y no podía entenderlo por completo.

Cuando llegué a casa y le conté a mi mamá que me habían asignado, me preguntó por qué había decidido aceptar un compromiso tan grande. Con eso me quiso decir que no era capaz de lograrlo. Sentí el conflicto de inmediato. Por una parte estaba preocupada de no poder realizar el trabajo y, por otra, si fallaba decepcionaría a mi líder de la fraternidad, y ella contaba conmigo. Había aceptado un gran riesgo, pero en el proceso me había colocado en una posición en la que mi madre no me apoyaría.

El evento fue todo un éxito. Se produjeron toneladas de sushi. Y ayudé, pero la líder de la fraternidad fue quien hizo la mayoría del trabajo, no yo. Aunque las cosas terminaron bien, me sentía terrible por toda la experiencia que, por cierto, nunca olvidaré.

Mirando hacia atrás tengo que preguntarme, ¿qué tanto se habría podido esperar de una niña sin entrenamiento, apoyo ni valor, a la que le dieron una tarea colosal? Analizar los sucesos en retrospectiva nos permite el lujo de ser objetivos y claros. Desgraciadamente, el episodio reforzó el peso que mis desventajas tenían sobre mí.

Me hubiera gustado conocer esta sencilla práctica budista:

Examinaré mi mente en cada acción, y en el momento en que surja una actitud perturbadora, la confrontaré y apartaré con firmeza.

Son las palabras de un maestro tibetano del siglo XI, llamado Geshe Langri Tangpa, tal y como se encontraron en el libro: *Ocho versos de transformación del pensamiento* (*Eight Verses of Thought Transformation*). A lo largo de los años me he acercado a versos como éste, que combinan la contemplación y la práctica, y a la vez profundizan mi comprensión. Tomo un verso como éste y a través de lo que se conoce como "meditación analítica", lo pondero en relación con mis propias experiencias de vida.

Aquí hay otro poderoso verso que me ha ayudado cuando me he encontrado con gente difícil: "Cuando alguien a quien he ayudado y en quien he puesto toda mi confianza, me hiere profundamente, trataré de ver a esa persona como mi supremo maestro". Todos hemos tenido la experiencia de un colega, familiar, amigo o vecino que nos decepciona, que nos dice algo y hace otra cosa. Esta enseñanza remueve la culpa, refleja nuestras expectativas y nos ayuda a desarrollar mayor tolerancia con quienes están alrededor. Nos ayuda a desarrollar compasión en lugar de enojo y justificación.

Su Santidad, el Dalai Lama, menciona que el líder Mao Tse-Tung fue su más grande maestro. Bajo el gobierno de Mao los tibetanos perdieron su país, enfrentaron la hambruna, la destrucción de más de seis mil monasterios y la muerte de más de cien mil personas. El Dalai Lama dice que esta situación le ayudó a ser "ecuánime, a casi llegar a ser un simple monje".

Yo estudio y enseño estas meditaciones, también tengo que ponerlas en práctica todos los días. Nadie es perfecto, yo menos que nadie. Los años de mi propio desequilibrio, de esfuerzo excesivo, le pasaron la factura a mi salud.

En 1998, durante un examen de rutina, me dijeron que tenía cáncer. Estaba asustada porque, en principio, el diagnóstico era cáncer y, segundo, porque no sabía cómo me haría cargo de mis gastos médicos. Había pasado mi vida tratando de desarrollar habilidades para beneficiar a otros, sin poner atención en mí o en el dinero.

Afortunadamente, la comunidad espiritual que visitaba en Seattle se hizo cargo de todo. Yo estuve muy agradecida por el apoyo. Pero también fue eso lo que me hizo perpetuar mi equivocada idea sobre el dinero. Hay una tradición histórica de laicos que apoyan a los monjes con alimentos y medicina a cambio de enseñanzas, oraciones y bendiciones. Pero ésta puede ser una situación precaria, especialmente si los gastos sobrepasan al sistema de apoyo. Ofrecer diariamente arroz y aspirinas es una cosa, pero esperar que los laicos paguen por tomografías y cirugías es algo muy distinto. También es una situación precaria porque la gente no aprende a cuidarse a sí misma y la hace más dependiente.

Desgraciadamente, mi cáncer era sólo la primera de varias llamadas de atención. Vi la necesidad, pero tenía que sobreponerme al problema financiero. Poco después de mi enfermedad, acepté un puesto en Boulder para guiar a un pequeño grupo budista. Ganaba un estipendio que comenzó con 200 dólares al mes, y me dieron un departamento pequeño. Llegó a ser de unos 600 dólares hacia el final de mi estancia. Este estipendio que era típico para un monje budista, fue la forma en que yo estaba atendiendo, o no, las necesidades humanas básicas. Había un conflicto entre mi necesidad de dinero y mi creencia de que ser un monje significaba que debía tener una vida austera.

Un año después, uno de los capellanes de la Academia de la Fuerza Aérea, me pidió reunirme con cadetes interesados en el budismo, y terminé trabajando como capellán budista por seis años. Entonces recibí otro pequeño estipendio como "asesora de la Defensa".

El Dalai Lama dice: "El dinero es bueno, es importante. Sin él, la supervivencia diaria, sin mencionar la continuación del desarrollo, sería imposible. De hecho, los textos budistas mencionan la cristalización de ocho cualidades, incluyendo salud, riqueza y fama, que definen una existencia afortunada". También dice: "La felicidad terrena se basa en las cuatro excelencias que son: las enseñanzas espirituales (el *dharma*), la riqueza, el nirvana y la satisfacción".

Llevar una vida de sencillez, así como yo lo había definido, funcionaba cuando la vida era relativamente simple, cuando no se presentaban problemas como el cáncer. Pero cuando se volvió más desafiante, cuando las cuentas médicas, el seguro y la necesidad de cuidados se convirtieron en realidad, descubrí que tendría que expandir mi definición de "simple" si quería sobrevivir. Tenía que encontrar una forma de integrar la salud a mi vida monástica.

9

Saltos de fe

Dar un salto en la fe significa que no tendrás todas las respuestas. A algunas personas esto les causa miedo. Sin embargo, lo que en verdad debe atemorizarnos es encontrarnos con gente que cree que posee todas las respuestas.

ROBERT: PRUEBA DE LA EXISTENCIA DE DIOS

En diciembre de 1984, a diez años de mi compromiso de trabajar en mi persona, me encontré preguntándome lo mismo que cuando era niño: "¿Realmente existe Dios?" Para ser honesto, la razón por la que lo cuestionaba era que no podía ir más allá del dogma de la iglesia para encontrar la espiritualidad. No hubiera podido enunciarlo de esa forma entonces, pero la verdad es que no entendía por qué la gente que era tan religiosa los domingos podía ser tan pecaminosa todos los demás días.

Cuando era chico sabía por qué *yo* hacía cosas malas. Las hacía porque era divertido. Pero era sólo un muchacho. Seguramente los adultos sí serían capaces de cumplir su palabra y de ser más fieles a sus creencias que un niño. En ese entonces me preguntaba por qué tanta gente que profesaba públicamente que creía en Dios y en lo privado, hacía cosas terribles. Era como si tuvieran vidas secretas.

No había podido responder a la pregunta de si realmente existe Dios. Estaba ahí desde mi pasado, así que busqué una forma de responderla y de *probar* su validez.

A pesar de que buscaba algo más que las opiniones de otra persona, mucho de mi ímpetu nació en aquel seminario de una semana de Bucky Fuller. Durante cinco días nos habló del futuro de los negocios y de los grandes cambios que se avistaban en el horizonte. También habló del fin de la Era Industrial y del nacimiento de la Era de la Información. Señaló que la avaricia excesiva produce crueldad y que la Era de la Información sería el comienzo de la generosidad y la abundancia.

A pesar de que me esforcé en poner atención, se me escapó buena parte de lo que estaba diciendo. La plática me había abrumado. De pronto, cuando se hablaba sobre los cambios que atravesábamos, algo me despertó. Fuller mencionó la evidencia de que Dios existe. Dijo que no había un "Dios de segunda mano". Esto significa que no necesitaba que un predicador se interpusiera entre él y el Gran Espíritu para actuar como intérprete (él prefería utilizar el término "el Gran Espíritu", que usaban los nativos norteamericanos. También se refería a la *naturaleza* en vez de a Dios. Sentía que el término Dios implicaba un hombre).

El Doctor Fuller reveló que en 1927 había iniciado un proyec-to al que denominó Cochinillo de Indias B. La B era por Bucky (Buckminster). Consideraba que él y su propia vida eran como un enorme experimento. A los 32 años, sin un centavo, casado y con una pequeña hija, decidió probar la existencia o inexistencia de Dios. ¡Al fin me estaban diciendo algo nuevo e interesante! Durante una charla que supuestamente tendría como tema el futuro de los negocios, Fuller comenzó a hablar de la prueba de la existencia de Dios.

Le di toda mi atención.

Fuller continuó contando que alguna vez fue un pequeño desarrollador de bienes raíces. Había comprendido que no contaba con lo que se requería para convertirse en un hombre de negocios exitoso. Sus amigos le recordaron que tenía una esposa e hijos, y le sugirieron que buscara un empleo. Pero cada ocasión que lo contrataban, el dinero y la seguridad disminuían su habilidad y su capacidad mental para aprender. Descubrió que la certidumbre y el dinero lo estaban matando. Así que abandonó la seguridad de su trabajo y se lanzó en un clavado hacia lo más profundo. Podía hundirse o nadar.

Nos dijo que, cada vez que hacía un clavado así, sin seguridad ni medios de apoyo económico, se convertía en un hombre más inteligente. Era intrigante.

También nos presentó el concepto de comprometer tu existencia con la mayor ventaja para los demás. Me hizo pensar. ¿Significa que no se trata solamente de volverme rico? Comenzó a sonar como mi padre pobre. La diferencia es que mi padre sólo hablaba de la seguridad que ofrece un empleo y el Doctor Fuller se refería a algo más: a dar un salto. Había un gran conflicto en mi mente entre las ideas de Fuller y las de mis dos padres. Sin embargo, quería seguir escuchándolo.

En el seminario me entregaron una copia de un libro de Fuller titulado *El camino crítico* (*Critical Path*), que incluye este pasaje:

Asumí que en el transcurso de mi trabajo, la naturaleza lo evaluaría. Pensaba que si hacía lo que la naturaleza me pedía, y si lo hacía de una manera prometedora y respetando sus principios, mi trabajo sería recompensado económicamente. También podía suceder lo contrario y, en ese caso, tendría que dejar inmediatamente lo que estaba haciendo y buscar caminos alternativos hasta encontrar el correcto. La naturaleza

*tendría que aprobar este nuevo camino ofreciéndome apoyo para se-
guirlo y continuar mi misión.*

El pasaje contenía la clave para probar la existencia o inexistencia
de Dios. Para mí significaba que, si estaba haciendo lo que Dios
quería (como resolver algún problema que él quisiera que se so-
lucionara), me llegaría alguna forma de apoyo, como dinero. Si el
dinero *no* aparecía, significaba que debía cambiar mi camino rápidamente o morirme de hambre.

Esta idea era emocionante y viable. Se trataba de confiar en Dios
y dar un salto de fe. Si el dinero me llegaba, entonces Dios estaba
de acuerdo con lo que yo hacía. También significaría que usé bien mi
intuición respecto a lo que Dios quería que hiciera, y que no estaba
haciendo simplemente lo que a mí me interesaba.

Así quedaba atrás la idea de hacer lo que amas.

Por si este concepto no hubiera sido suficiente, el Doctor Fuller
también hizo temblar mi mundo cuando dijo que la mayoría de
los negocios producían lo que él llamaba *obnóxico*. Era el término
para los productos que no hacían que el mundo fuera mejor. El único objetivo de las compañías *obnóxicas*, era hacer dinero. Hoy en día, a
estos productos se les llama chucherías. En lo profundo, yo sabía
que mi negocio de productos de rock era una típica compañía de
obnóxica. Pero pasé días y semanas negándolo, tratando de justificar
mentalmente que las carteras de nylon y las gorras con logos de bandas de rock en serigrafía, eran productos valiosos para el mundo.

Cuando Emi lidiaba con la situación de pertenecer al programa
de beneficencia social, yo me enfrentaba a la idea de que mi compañía y sus productos (aquellas cosas en cuya producción invertía
mi vida), tenían un impacto casi nulo en el mundo real. Estaba produciendo dinero, pero no le hacía bien a nadie. Comprender esto
me hirió y provocó un colapso en los cimientos de mi negocio, mi
trabajo y de mi valor como empresario.

Era un reto a todo aquello en lo que creía.

La idea de que me iba bien en lo económico pero que no estaba haciéndole ningún bien al mundo, me cambió por completo. Gracias al Doctor Fuller, hoy en día sé que hay *dos* "estados de cuenta" que describen nuestra vida. El primero es uno que refleja cómo nos va en términos financieros. El segundo, el de nuestra cuenta social, nos dice cuánto bien le hemos hecho al mundo. Bucky le llamaba "la cuenta cósmica". Mi primer estado de cuenta reflejaba que yo era millonario, pero el segundo me decía que estaba en bancarrota.

Tenía que encontrar la forma de modificarlo. Sin importar lo maravilloso de mi estilo de vida, yo no podría sentirme bien de ser rico gracias a una compañía de, digamos, tabaco. Especialmente porque mi padre murió de cáncer en los pulmones. Mi estado financiero podía estar bien, pero no estaba contento con mi estado *social*.

Por supuesto, también hay personas que han beneficiado grandemente al planeta y que son muy fuertes en términos de su contabilidad social. Sin embargo, estas mismas personas tienen estados financieros muy endebles. Mi hermana cayó en ese grupo. Eso es lo que nos reunió de nuevo, la creencia de que, tanto nuestros estados financieros como los estados sociales, pueden ser fuertes.

Mucha gente religiosa cree que los monjes siempre deben ser pobres, pero en la orden de mi hermana no existen los votos de pobreza. Solamente se espera que los monjes lleven una vida austera y sencilla. Ésta era mi oportunidad de compartir con Emi lo que había aprendido sobre el dinero. De esa forma su estado de cuenta financiero podría verse tan bien como el social. Podría cuidarse a sí misma mientras se hacía cargo de otros.

Los hermanos están para ayudarse.

Lo anterior me recuerda la historia del gurú hindú Bhagawan Shri Rashneesh, un personaje bastante pintoresco y controversial. Él y su orden religiosa se apoderaron de un rancho cerca del remoto pueblo de Antelope, en Oregon, en la década de los ochenta. Molestaron a las aproximadamente 40 personas que vivían en el pueblo. Además, atrajo a miles de seguidores y llamó mucho la atención. En una entrevista, un reportero le preguntó: "¿Por qué tiene 93 Rolls Royce?" Su respuesta fue inesperada.

"Ésa no es la pregunta. La pregunta es: ¿por qué usted no tiene 93 Rolls Royce?"

El número de los Rolls Royce se puede cambiar cada vez que se cuenta la historia para hacerla más interesante, pero lo que es divertido en verdad es el comentario del gurú. En mi opinión había bastante verdad en su respuesta. En lo personal no creo que ser pobre me haga ser más espiritual. De hecho, cuando era pobre, la misma circunstancia me robaba el espíritu y nunca me fortaleció. Después del seminario de Fuller, comprendí que quería tener dos estados de cuenta y ser rico en ambos.

También supe que era un sueño imposible si seguía produciendo productos *obnóxicos*.

Lo que no he dicho es que tenía un "pequeñísimo problema". Después de asistir al seminario *El futuro de los negocios,* con el Doctor Fuller, hice un viaje a mis fábricas en Corea y Taiwán. Me horrorizó lo que encontré. Había niños trabajando en terribles condiciones para poner los logos de serigrafía de las bandas de rock en los productos de mi compañía. Vivían hacinados en condiciones infrahumanas. Inhalaban gases tóxicos en medio de un calor insoportable y no había ventilación. Yo me estaba haciendo rico, pero estaba utilizando sus vidas para producir *obnóxicos*, productos sin ningún valor a largo plazo.

Mi vida cambió de nuevo.

No me malinterpretes. Me gustaba mi producto *obnóxico*, no estoy diciendo que no tuviera valor en lo absoluto. Me gustan las cosas bonitas y tengo la capacidad de pagar para obtenerlas. Sólo estoy muy contento por ya no producirlas.

Al volver de mis fábricas, pasé más tiempo leyendo el libro de Fuller, *El camino crítico*. Me costó trabajo entenderlo, así que llamé a algunos amigos y les pregunté si les interesaba comenzar un grupo de estudio para entender los conceptos de Bucky Fuller. Increíblemente, como seis personas estaban dispuestas a invertir una noche a la semana para estudiar en grupo. Fue una experiencia muy grata trabajar en equipo en vez de hacerlo para competir, como lo hacemos en la escuela.

El libro tiene diez capítulos, así que acordamos leer uno cada semana. Después nos reuniríamos el miércoles en mi departamento durante cuatro horas por la noche, para discutir lo aprendido. Siempre era interesante ver cuando una persona entendía algo que a los demás se les había escapado. Cuando teníamos una visión integral y uniforme del capítulo, hacíamos un *mapa mental*. Lo hacíamos en una enorme hoja de papel con plumones de diferentes colores.

Un mapa mental era una interesante y creativa manera de usar el mayor número posible de imágenes y dibujos para explicar los mensajes de cada capítulo. Debíamos mantener el uso de palabras al mínimo. No había respuestas *correctas* ni *incorrectas*. Si nos quedaba duda sobre lo que el Doctor Fuller había querido decir, nos dirigíamos directamente al pasaje en el libro y tratábamos de entenderlo en vez de presentar nuestras opiniones personales.

Al finalizar las diez semanas habíamos evolucionado. Nos convertimos en personas que veían el mundo desde una perspectiva diferente y más amplia.

Estudié con el Doctor Fuller dos años, en 1981 y 1982. Después decidí comenzar mi carrera como maestro. Yo había jurado que nunca tomaría esa profesión porque la escuela y los maestros nunca me habían agradado. Pero me comprometí a aprender para ser el tipo de maestro que me *hubiera gustado* tener cuando estuve en la escuela. Mi idea no era enseñar con palabras, memorización inútil, lecturas al azar y exámenes sin sentido, quería transmitir conocimiento a través de juegos y acciones.

Obtuve la siguiente información en uno de los talleres. El instructor nos comentó que hay cuatro tipos de personas en el mundo:

- La gente que tiene que caerle bien a los demás
- La gente que tiene que estar cómoda
- La gente que siempre tiene que estar en lo correcto
- La gente que siempre tiene que ganar

Estas características están dentro de cada uno de nosotros, pero siempre hay una que domina. Yo estoy dentro de la categoría de los que "siempre tienen que ganar". Por eso que me agrada incrementar mi fuerza de voluntad y el poder de mi mente. La gente de esta categoría normalmente está involucrada en los deportes, los negocios y las ventas.

Los que siempre tienen que estar en lo correcto, sólo necesitan el poder de la mente. Usualmente son académicos, doctores o abogados. Las personas que tienen que caerle bien a los demás y las que tienen que estar cómodas, buscan paz, armonía, amistad y balance para sus vidas. En general, buscan empleos seguros, un trabajo en el gobierno, están involucrados en la religión, las caridades y el servicio a otros. Tal vez les agrada meditar en silencio, orar o buscar más tranquilidad para sus vidas.

Para ser honestos, sé que yo debería estar buscando más paz, balance y armonía en mi vida. Pero mi necesidad de ganar es mi prioridad. Prospero cuando estoy en acción, adoro mi trabajo y sufro en las vacaciones. Me he retirado dos veces y fue espantoso. Mi doctor dijo que yo era una de las pocas personas que conoce cuya salud mejora al estar bajo presión. Puedo encontrar placer en la belleza de la naturaleza, en cierto tipo de meditación, pero sólo después de que escalé hasta la cima de la montaña. En la escuela rezaba frecuentemente, en especial en tiempo de exámenes. Ahora hablo mucho con Dios y con Jesús, especialmente en el campo de golf.

Ésta es mi manera de decir que, gracias a mi necesidad de ganar, descubrí mi camino hacia Dios. En realidad, tratar de ser una mejor persona no me ayudó a encontrar a Dios. Lo encontré porque quería aprovechar mi poder personal al máximo y así poder ganar. Es obvio que hay otras personas que tienen distintas motivaciones para buscar a Dios.

Encontré las siguientes tres palabras en otro programa:

Ser   Hacer   Tener

En ese curso, el instructor nos dijo: "Cuando una persona se fija un objetivo, se está enfocando en el tener". Continuó: "Por ejemplo, muchos quieren tener un millón de dólares. Lo importante no es el objetivo, sino lo que tienes que *hacer* para obtenerlo. Después viene quién tienes que *ser* para llevar a cabo lo necesario y lograr tener el millón de dólares".

Mi padre rico diría: "Existen un millón de cosas que puedes hacer para obtener un millón de dólares. Tu trabajo es encontrar esa 'cosa en un millón' en la que estás dispuesto a ser el mejor".

Cuando encontré esa 'cosa en un millón', supe que necesitaría dar un salto de fe para olvidar todo lo demás y seguir ese camino. El instructor habría estado de acuerdo con mi padre rico. Terminó diciendo: "Cuan más grande es tu objetivo, más grande es tu espíritu".

Mi padre rico me explicó que el objetivo se mide con el estado de cuenta financiero personal. Especialmente si se trata de dinero. Me dijo: "Cuando veo el estado de cuenta financiero de una persona, puedo saber lo que tiene en la vida. Cuando veo su estado de cuenta *social*, puedo saber lo que hace y, lo más importante, puedo saber cuán grande es su espíritu".

"Con frecuencia, la gente es pobre porque no tiene fuerza de voluntad", continuó diciendo. "Puede ser buena, honesta y agradable. El problema es que quizá le resulta más fácil dar pretextos para decir que no le alcanza para comprar algo, o tal vez culpa de sus problemas a otros o a sus circunstancias personales. Si esas personas rezan, le piden a Dios que les dé algo, en lugar de enfocarse en lo que *ellos* tendrían que dar para recibir lo que quieren".

"Si quieres recibir mucho", me dijo, "tienes que dar mucho".

A finales de 1983 conocí a una hermosa joven que se llamaba Kim. Comencé a invitarla a salir. Me tomó seis meses convencerla de que aceptara mi invitación. En febrero de 1984, en nuestra primera cita, hablamos hasta el amanecer sobre el propósito de la vida, los negocios y sobre mi salto de fe inspirado en Fuller.

A principios de 1984 comencé a vender mis negocios y fábricas. Iba a hacer el trabajo que Dios me tenía reservado y a probar su existencia. Mi plan era enseñar al margen del sistema escolar. Quería compartir las importantes lecciones que no se ofrecían dentro de ese sistema. De cierta forma, quería salvar a otros de lo que mi papá estaba enfrentando debido a su falta de educación financiera. Papá todavía lidiaba con sus finanzas y también a él quería salvarlo.

En 1984 vendí mi Mercedes, dejé mi apartamento de lujo en el Hotel Colony Surf, de Diamondhead, y renuncié a las cosas caras de la vida. Kim renunció a su trabajo en publicidad, vendió su auto y se despidió de sus amigos. Nos tomamos de la mano y saltamos juntos.

El peor año de nuestras vidas fue 1985. Dejamos Honolulu y nos mudamos a San Diego para seguir nuestras carreras como maestros, gente de negocios e inversionistas. A veces teníamos menos de cinco dólares a la semana para comer. Gracias a Dios, había un pequeño puesto de tacos al final de la calle. Caminábamos hasta ahí y comprábamos una quesadilla de 99 centavos. Pero cada taco nos tenía que alcanzar para más de una comida.

Bobby McKelvey (al centro) es la amiga de Kim y Robert que les ayudó cuando se quedaron sin casa en 1985. Les brindó su casa y su corazón.

Las cosas empeoraron. En algún momento nos quedamos sin casa, comenzamos a dormir en los sótanos de las casa de otros y estudiamos con lo que la Biblia llama "profetas falsos", como el maestro de Emi en Hawai que llegaba borracho a las reuniones.

Nos topamos con aproximadamente quince profetas falsos. Algunos de ellos eran genios pero, a pesar de su inteligencia, tenían un terrible defecto que opacaba su carácter. Por ejemplo, había un maestro que se acostaba con las chicas guapas que iban a sus seminarios. Es muy difícil tener poder espiritual si no tienes ética ni moral.

Sin importar el tiempo que podíamos estudiar con estos maestros, siempre tratamos de aprender de ellos, tomar lo mejor de lo que nos ofrecían, y luego seguir adelante.

Kim y yo cambiamos el rumbo numerosas veces. El Doctor Fuller había dicho que el apoyo moral o económico aparecería si hacíamos lo que Dios quería. Así que si el dinero no llegaba, confiábamos en nuestro instinto, cambiábamos de dirección, aprendíamos nuestra lección y seguíamos caminando.

Nos tomó un año descubrir que muchas empresas no querían enviar a sus empleados a seminarios que les enseñaran a tener una vida mejor. Las empresas buscaban que en los cursos sólo se hablara de cómo ser un mejor empleado. Finalmente, en diciembre de 1985, llevamos a cabo un seminario que nos trajo un poco de remuneración económica. Nos pagaron 1 500 dólares que tomamos como señal de que estábamos haciendo lo que Dios quería.

Fue una Navidad llena de gozo.

De la misma forma que le sucedía a Emi, me sentía muy feliz a pesar de no tener dinero. Estaba más contento que nunca porque finalmente estaba haciendo algo que se *suponía* que debía hacer. Estaba estudiando las cosas que *quería* conocer en vez de aquellas que *tenía* que aprender para pasar un examen. Me había convertido en estudiante y había encontrado a un maestro, el Doctor Buckminster Fuller.

El Doctor Fuller murió el 1° de julio de 1983. Lo único que me quedó para seguir aprendiendo fueron sus libros y grabaciones. Irónicamente, la última vez que estuve con el Doctor Fuller fue en mayo de 1983, en Pahala, Hawai, el mismo pueblo en donde se habían conocido mis padres en 1945. También era el lugar en que Emi vivió en el templo budista en 1973. Si conocieras este pueblo y vieras lo pequeño que es, te preguntarías por qué *alguien* querría estar ahí y, sobre todo, por qué alguno de nosotros querría estar ahí.

Emi: Cuando me convertí en Tenzin

Yo casi no conocía a Robert en el tiempo en que ambos buscábamos los caminos que debíamos seguir. Estábamos demasiado alejados el uno del otro, así que pasaron muchos años antes de descubrir que ambos estábamos a punto de dar un salto de fe.

Después de mi aventura para ganar dinero en Alaska, volé con unos amigos a la India en septiembre de 1975. Llegamos a Calcuta y tomamos un tren hacia Nueva Delhi. De ahí avanzamos más, hasta adentrarnos hasta el pie de los Himalayas. Viajamos en trenes repletos de gente y cubiertos de hollín. También los "trenes directos" se detenían durante su ruta, así que hicimos algunas paradas en distintos pueblos y nos tomó varios días cruzar el continente.

Llegué a Dharamsala, el lugar en donde Su Santidad, el Dalai Lama, vive en el exilio. Dharamsala es una pequeña villa en las montañas, un lugar muy pobre. Para producir calor y cocinar sólo contaban con anafres de leña, carbón o keroseno. Había pocas instalaciones sanitarias. Tampoco había agua corriente. La gente hacía largas filas para lavar sus trastes en las únicas dos llaves de agua del pueblo. Usaban la ceniza que producía el fuego como un abrasivo para limpiar las sartenes y ollas. Nunca había experimentado algo similar a la vida que ahí llevaban.

La mayoría de la gente imagina la India como un lugar cálido, pero en los Himalayas es muy frío. Cuando llegué llevaba conmigo una buena chaqueta de pluma de ganso. A pesar de eso me sentía muy incómoda porque había nieve en el piso y el concreto de las casas se congelaba. Sin embargo, había encontrado mi paraíso en la Tierra, estaba en donde se suponía que debía estar.

Muy pronto encontré un lugar para vivir. Renté un cuartito apenas más grande que mi bolsa de dormir. La renta era de 35 rupias al mes, que en aquel entonces equivalía a unos cuatro dólares. Estaba bien, no necesitaba mucho porque estaba feliz simplemente por estar ahí.

Los tibetanos son increíblemente cálidos y amables. Perdieron su país, sus hogares y sus templos. Los exiliaron en la India sin mayor posesión que lo que pudieron llevar consigo a través de los Himalayas. La mayoría lleva una existencia muy precaria, pero gracias a muchos de sus maravillosos maestros y practicantes, cuentan con gran fortaleza. En vez de sentirse derrotados, celebran su determinación de vivir en libertad, ayudarse unos a otros y construir sus comunidades.

Su fortaleza es evidente más allá de las diferencias culturales. No permiten que los obstáculos o los problemas detengan sus vidas.

Tienen gran convicción en su fe y prácticas éticas. Se han fortalecido con determinación y valor para alcanzar sus objetivos.

Asistí a cursos en la Biblioteca Tibetana y fueron sorprendentes las enseñanzas las impartía el Venerable Geshe Ngawang Dhargyey, un anciano monje tibetano. Después traducían la sesión al inglés. La clase era para visitantes y había gente de todo el mundo. Entre murmullos se podían escuchar las traducciones al francés, español, italiano, japonés y otros idiomas. Los maestros eran académicos entrenados y educados que gozaban mucho la experiencia de dar clase. Pero no solamente enseñaban; también eran capaces de inyectar su comprensión y experiencia a cada lección.

Por ejemplo, hablaban del sufrimiento en la vida: aquellos momentos en que trabajamos duramente para obtener lo que queremos pero no lo conseguimos; o cuando nos esforzamos mucho por obtenerlo, lo conseguimos y después decidimos que ya no lo queremos; también cuando nos esforzamos muchísimo para obtener algo y después nos lo arrebatan.

Los maestros nos preguntaban que, si en realidad no hubiera forma de librarse del sufrimiento en la vida, entonces, ¿para qué molestarse en estudiar el sufrimiento? Pero si existiera el potencial para liberarnos de él, entonces tendríamos que buscar una forma de lograrlo y no rendirnos hasta encontrarla.

Éste es uno de los varios temas del Lam Rim, el "camino gradual hacia la iluminación". Fui a la India para estudiarlo. Este camino nos inspira a esforzarnos para desarrollar nuestro potencial humano al máximo. Eso fue lo que me atrajo, la posibilidad de alcanzar la iluminación después de remover todas las ideas equívocas y falsas de la vida, alcanzar todas las cualidades virtuosas. Quería encontrar el valor para seguir el camino hacia la iluminación. Buscaba el gozoso espíritu con que los tibetanos viven a pesar de sus penurias.

Estaba a los pies de mi maestro y había encontrado aquello a lo que quería dedicar mi vida. Así fue como di el salto. No necesité un retiro de meditación para decidirlo.

Algunas personas encuentran su llamado muy jóvenes. Pronto se dan cuenta de que quieren estudiar medicina o música. Algunos se tardan más, y otros que nunca lo encuentran. Ese llamado es en realidad el de tu familia espiritual guiándote hacia la existencia para la que naciste. Hay otras ocasiones en que la gente en nuestra vida, como los padres, maestros y amigos, nos dice lo que deberíamos hacer. A veces, nosotros mismos encontramos nuestro don y llamado pero, aun así, es necesario dar un salto de fe como Robert y yo lo hicimos. Yo nunca hubiera imaginado que mi llamado llegaría al pie de los Himalayas.

En este viaje conocí a Su Santidad, el décimo cuarto Dalai Lama. Nos otorgaron dos entrevistas privadas para discutir las preguntas que los occidentales teníamos acerca del budismo. Cuando estuvimos ante él, se enfocó totalmente en nosotros y en la discusión. Su presencia era imponente.

Nos extrañó mucho enterarnos de que la mayoría de los tibetanos no eran budistas.

"Yo diría que el 90 por ciento, sí, 90 por ciento no son budistas", dijo. Después sentimos que se refería a las personas en general, a quienes declaran ser practicantes pero que todavía se aferran a la reputación y la avaricia. Los que todavía conservan posesiones y buscan los placeres opuestos a la ética, los votos matrimoniales e incluso a la salud. Los que se imbuyen en una dicha egoísta y pasajera.

Teníamos mucho en que pensar. Uno de los más grandes maestros budistas de nuestro tiempo nos acababa de advertir sobre los riesgos de manchar nuestra práctica espiritual.

Recuerdo bien cuando fuimos a visitar al Hacedor de lluvia. Era un adepto a la meditación que vivía en una pequeña choza en la montaña. Le llamaban el Hacedor de lluvia porque tenía la habilidad de iniciar o detener la lluvia con oraciones y ceremonias. Las paredes de su casa eran endebles tablillas de madera que había sacado de cajas de naranjas. El viento soplaba por entre los agujeros.

Cuando estuvimos dentro, nos sentamos sobre unos tapetes sucios sobre la tierra. Hicimos un esfuerzo por leer un texto tibetano que estaba sobre una caja volteada. Un practicante intervino con rapidez y colocó, debajo de las escrituras, un viejo trapo arrugado y manchado de carbón. Era todo lo que teníamos pero, por respeto a las escrituras, y hasta en esas pobres condiciones, no colocamos las enseñanzas en una superficie descubierta.

Hacia el final de nuestra estancia, le dijimos al Hacedor de lluvia que deseábamos llevarlo a Nueva Delhi con nosotros. Queríamos que un doctor revisara sus oídos y sus pobres ojos. Dijo que no podía ir en la fecha que propusimos porque debía estar presente para detener la lluvia en las celebraciones de Año Nuevo. Así que cambiamos nuestros planes y decidimos salir después de esa fecha. Por supuesto, hubo nieve durante varios días antes de Año Nuevo, pero exactamente el día de la víspera el cielo brillaba y el clima era hermoso. Era un día perfecto para celebrar.

No fue nada fácil regresar de la India, reiniciar mi vida occidental y volver a ser madre. Tenía que encontrar un trabajo y hacerme cargo de mi hija otra vez; fue muy duro.

Comencé a trabajar como contadora y apenas podía ganarme la vida viviendo entre Honolulu y Los Ángeles criando a Erika. Lo que me tomó por sorpresa fue el choque entre los dos estilos de vida. El lujo de poder estudiar todo el día con mi maestro se había acabado. Ahora tenía que trabajar tiempo completo, luchar para continuar mis estudios y ser madre de una preadolescente.

En 1984 escribí al Dalai Lama solicitando ser ordenada como monja. Para ese momento ya llevaba casi diez años pensando en ordenarme como monja y tenía el respaldo de mi maestro en Los Ángeles para continuar con mis aspiraciones. Pasaron varios meses antes de recibir respuesta de la oficina del Dalai Lama. Estaba muy nerviosa y me preocupaba saber si me aceptarían o no. Cuando llegó la carta atravesé toda una serie de emociones distintas: emoción, miedo, alivio y muchas más.

Me habían aceptado. Mi vida cambiaría de nuevo, así que comencé a prepararme para volver a la India.

Solicité al Dalai Lama que él me ordenara porque lo consideraba un excelente guía. Me sentí honrada cuando aceptó. Sentí que si profesaba mis votos con él podría conservarlos por largo tiempo.

Mi ordenación en Dharamsala fue como entrar a un mundo totalmente distinto. Me dieron mis hábitos antes. La bata se sentía muy diferente porque era como si trajera puestas mis preciadas promesas. Antes de entrar al templo, los monjes rasuraron mi cabeza. Solamente dejaron un pequeño mechón que el maestro de ordenación tenía que recoger y abrochar durante la ceremonia.

Nunca había estado en un lugar exclusivamente con monjes. Ahora, estaba ahí frente a Su Santidad, el Dalai Lama, y con muchos monjes más que vestían sus coloridas batas doradas. Junto a mí se sentó uno que iba a ser ordenado a un nivel más alto que yo. Él tradujo toda la ceremonia. Los monjes recitaron y cantaron los votos que yo iba a profesar, fue algo muy solemne.

El Dalai Lama me dio mi nombre de ordenación durante la ceremonia: Tenzin Kacho. *Tenzin* significa sabiduría y *Kacho* significa la que va al cielo.

Me convertí en Tenzin Kacho el 5 de octubre de 1985.

Al regresar a la India a estudiar había cumplido un ciclo. Estaba yendo más lejos esa vez. Era como una oruga que había estado envuelta en su capullo y ahora emergía convertida en monja budista.

Tenía que pasar seis meses más en India después de la ordenación. Así tendría más experiencia y una mejor comprensión de mi nuevo papel. El tiempo que pasé ahí me ayudó y alentó mucho, pero tenía temor de regresar y enfrentar mis responsabilidades. ¿Podría ser digna de los hábitos? ¿Cómo me las arreglaría en el mundo occidental como monja y madre? Tenía confianza en mi salto de fe y sabía que podría enfrentar de pie mis desafíos.

Pero cuando volví a Los Ángeles me encontré de nuevo con que, aun si deseaba llevar una vida simple, mis finanzas no lo permitían. Ni siquiera podía cubrir los gastos más elementales.

En 1986 Robert estaba participando en un seminario de Tony Robbins en Hollywood. Enseñaba a los estudiantes a "cruzar a través del fuego". Me sentía emocionada y nerviosa ante la posibilidad de volver a verlo después de tantos años. Había pasado mucho tiempo y yo era una persona diferente. ¿Qué tan diferente sería *él*?

Fui a Hollywood. Kim fue la primera que dijo algo. Cuando me vio en los hábitos, dijo: "Realmente estás comprometida con esto".

"¿Creerías que andaría en esta bata y con la cabeza rapada, caminando por las calles de Los Ángeles si no estuviera comprometida?", respondí. Ése fue el raro inicio de una prolongada visita que debía a mi hermano y a su esposa.

Él también había cambiado.

10

Iluminación para
una vida más plena

"Todos quieren ir al cielo pero nadie quiere morir".

Es un dicho agudo porque es verdad, figurativa y literalmente. Explica que muchas personas no dan saltos de fe porque temen morir, no saltan a pesar de saber que eso es justamente lo que las podría llevar a la Tierra Prometida.

Un salto de fe significa morir y nacer al mismo tiempo, es una transición en la vida. Todos los hemos dado en varias ocasiones. Para muchos niños, el primer día de escuela es un salto de fe. Casarse es un salto de fe que dan dos que se aman. A veces saltamos involuntariamente, como cuando nos despiden del trabajo o cuando la persona amada dice: "Me voy". Esos saltos de fe nos llegan de pronto y nos obligan a cambiar dramáticamente.

A pesar de que pueden ser traumáticos, no deben tomarse con tanta seriedad. Son sólo transiciones, momentos coyunturales que nos aleccionan y muestran nuevos caminos para aprender.

Buckminster Fuller calculaba que había varios cientos de principios generalizados, y en el budismo hay ¡84 mil enseñanzas referentes a un solo concepto! Alguna vez, un maestro budista dijo: "Existen muchísimas enfermedades

y para cada una hay un remedio; de la misma forma, tenemos 84 mil ense-
ñanzas para cada idea falsa, para las grandes y las pequeñas".

El budismo también enseña metafísica, ética y las palabras de Buda.
Buda vivió y enseñó 45 años antes de su iluminación; por tanto, sus en-
señanzas comprenden varios volúmenes. Podrías dedicar tu vida entera a
estudiarlas y practicarlas, y apenas estarías rasgando la superficie.

El viaje continúa.

Robert: Confianza en Dios

Todos pensaron que me había vuelto loco cuando me fui de Hawai
en busca de pruebas de la existencia de Dios. Estaba dejando atrás el
paraíso, una compañía exitosa que había construido y reconstruido,
amigos y un gran estilo de vida. De paso, me iba a llevar a Kim.

En el fondo llegué a sospechar que mis amigos tenían razón, era
un orate.

Una parte de mí estaba de acuerdo con ellos porque realmente
no sabía lo que buscaba. No sabía cuáles eran las "pruebas de Dios",
ni cómo reconocerlas.

Era un gran contraste con aquella ocasión que me fui de Hawai
en 1965 para estudiar en Nueva York. En ese viaje sabía exactamente qué buscaba y lo que encontraría. Ya había visto fotografías del
campus y tenía idea de cómo sería el ambiente de la escuela militar.
Cuando fui voluntario en la Marina, sabía más o menos cuál sería
mi transición. Sabía que iba a comprometerme por seis años y
que, si tenía éxito, saldría convertido en un piloto con experiencia
en combate. Había visto en televisión las noticias de la Guerra de
Vietnam. También varias películas de John Wayne, así que podía
imaginar en lo que me estaba metiendo.

Pero cuando me fui a buscar a Dios en diciembre de 1984, mi
visión no era tan clara. Estaba saltando a un oscuro abismo y resultó
que 1985 fue el peor año de nuestras vidas.

Poco antes de dejar Hawai, un amigo fue a vernos y a desearnos buena suerte en nuestra nueva aventura. Era uno de los pocos que parecía entender la búsqueda y no creía que estuviéramos locos. Fue uno de los primeros *hippies*, así que había pasado la mayoría de su vida buscando. Al igual que mi hermana Emi, él tenía muy pocas posesiones materiales, pero contaba con un profundo sentimiento de paz y dicha. En lugar de dudar de nuestro juicio, nos hizo un regalo.

"Les voy a contar una historia que pueden usar en su viaje. Les va a ser de mucha ayuda cuando tengan que enfrentar las pruebas más fuertes de la vida. Esta historia iluminará su visión en los tiempos de mayor oscuridad." Su historia resultó ser un regalo invaluable:

Hubo una vez un hombre que se detuvo con su bicicleta a un lado de las Cataratas del Niágara. La gente se reunió a su alrededor cuando dijo: "Voy a cruzar las cataratas en mi bicicleta. Atravesaré al otro lado andando sobre este cable de acero que llega hasta allá".

De la multitud surgieron exclamaciones de asombro.

"¡Qué peligroso!", dijo una joven.

"Por favor, no arriesgue su vida", suplicó otra mujer.

"Está usted loco", dijo un viejo. "Se va a matar."

"Sé bien lo que hago", confirmó el hombre al subir a su bicicleta.

Comenzó a pedalear lentamente sobre el cable. Oscilaba y se balanceaba a sólo unos metros de las furiosas cataratas. Bastaba resbalarse para que muriera. La multitud esperaba jadeante. El hombre llegó al otro lado, volteó su bicicleta y pedaleó de regreso. En cuanto estuvo de vuelta, la multitud se abalanzó sobre él. Muchos dijeron: "Sabíamos que podía hacerlo, teníamos fe en usted".

"¿Quieren que lo haga de nuevo?", preguntó con una gran sonrisa. "Por supuesto", contestó la multitud. "Creemos en ti."

"Muy bien", dijo el hombre. "Como ahora sí creen en mí, ¿quién quiere acompañarme?"

*La multitud se quedó en silencio. La gente comenzó a sentirse in-
cómoda. Algunos se fueron. Entonces, de entre la multitud, surgió una
vocecita que dijo: "Yo voy contigo". La multitud exclamó cuando una pequeña niña salió al frente y se ofreció como pasajera. Mientras subía a
la canasta de la bicicleta, muchas personas se enojaron aún más.*

"¿Cómo se atreve a arriesgar su vida?", dijo alguien.

"Voy a llamar a la policía", amenazó otro.

*Lentamente, el hombre comenzó a cruzar las cataratas en la bicicle-
ta con la niña. Había un silencio sepulcral entre los observadores. Todos
respiraron al verlos llegar al otro lado y voltear la bicicleta. Venían
de regreso. Cuando estuvieron a salvo sobre tierra firme, la multitud
los vitoreó y felicitó a la pequeña por su valor.*

"¡Qué valiente!", le dijo una señora a la niña.

"¿No te dio miedo?", preguntó otra.

"No", dijo la niña.

"¿Por qué no?", quiso saber la mujer.

*"Porque ese hombre es mi padre", dijo la pequeña. "No sólo creo
en él. También puedo confiarle mi vida".*

Nuestro amigo *hippie* nos miró para ver si habíamos entendido la
historia. Al ver que así fue, nos dijo: "La mayoría de la gente cree
en Dios, pero muy pocos confían en él. Cuando las cosas se pongan
difíciles, vayan más allá de creer en Dios. Confíen en él."

Es un regalo muy útil, incluso ahora.

Todos conocemos a gente que cree en Dios pero no confía en
él. Ésta puede ser la razón por la que muchos se aferran a empleos aburridos, paga miserable, gente mala, matrimonios inser-
vibles y ambientes tóxicos. Como dije anteriormente, prefieren
quedarse junto a algo familiar que soltarse o dejar que Dios los
lleve a su siguiente destino. Hay muchos que creen pero no
confían en Dios.

Aunque hubo momentos en que no estábamos seguros de que Dios existiera, seguíamos confiando en él. Lo hacíamos porque el Doctor Fuller me había hablado de los principios generalizados que rigen el universo. Aprendí sobre ellos antes de dar mi salto de fe.

Pero Kim y yo no saltamos a ciegas. Así como mi hermana había pasado diez años estudiando para convertirse en monja, nosotros también estudiábamos y nos preparábamos.

Tuve la oportunidad de estudiar directamente con el Doctor Fuller en tres ocasiones entre 1981 y 1983. Durante ese tiempo me esforcé por cubrir todos sus escritos. Fue difícil porque él era un generalista, no un especialista. Su trabajo incluía prácticamente todas las materias de estudio, incluyendo dinero, historia, religión y el futuro. De hecho, al Doctor Fuller se le conocía por su capacidad de predecir el futuro. John Denver escribió una canción sobre él. Se llamaba *Lo que un hombre puede hacer* (*What a Man Can Do*). En esa canción, Denver lo llamó "El abuelo del futuro".

Cuando estudiaba con él, Fuller comenzaba a hablar después del desayuno y seguía hasta las dos o tres de la mañana. Mientras hubiera alguien despierto y con ganas de aprender, él continuaba. A los 80 y tantos años, tenía más fortaleza que muchos de nosotros que teníamos 50 menos que él. Sus disertaciones iban de un lugar a otro cubriendo distintos temas. Si se le acababan las ideas, se sentaba abruptamente y se quedaba en silencio. Ponía sus dedos bajo la barbilla, como si estuviera rezando. Supongo que daba tiempo a su mente para que se llenara con el nuevo tema.

En *El camino crítico*, Fuller escribió sobre algunos de los principios generalizados; es decir, los principios de funcionamiento del universo. En términos simples, los principios generalizados son aquellos que son verdaderos en todos los casos, sin excepción. Son los que, literalmente, mantienen al mundo y al universo girando. En términos cuasi religiosos, son los principios de cómo opera Dios.

El principio generalizado de precesión es un buen ejemplo. Muchos saben que la precesión tiene que ver con el movimiento de un giroscopio. Si el eje sobre el que gira se ladea, el giroscopio queda sujeto a la gravedad. La gravedad, a su vez, es una fuerza que actúa exactamente de la misma manera sobre todos los cuerpos. Gracias a las leyes de gravedad sabemos que si saltamos sin paracaídas de un edificio de diez pisos, nos estrellaremos en el suelo. No hay excepciones. A la gravedad no le importa si somos ricos o pobres, si estudiamos o nos salimos de la preparatoria, si somos cristianos o musulmanes. Podemos rezar, meditar y tener pensamientos positivos, pero si nos caemos de un edificio de diez pisos, nos lastimaremos o moriremos. La gravedad nos trata igual a todos, nadie se salva.

Una de las razones por las que la vida de las personas no funciona, es porque violan uno o más de los principios generalizados.

En 1985, después de haber dado nuestro salto de fe, seguimos nuestra pasión y participamos en eventos de aprendizaje en todo el mundo. Aquí estamos en el evento mundial "El futuro de los negocios", en Aspen, Colorado. El cantante John Denver participó en el evento. Aquí estamos con Allegra (al centro), hija del Doctor R. Buckminster.

Dicho de otra forma, creen que la gravedad los tratará de manera diferente de los demás. Cuando Kim y yo dimos nuestro salto de fe en 1984, estábamos preparados para dejar que estos principios nos ayudaran y nos guiaran. Los usaríamos a nuestro favor, no en nuestra contra. Si permitíamos que los principios generalizados nos guiaran, éstos nos llevarían hasta Dios.

Cuando asistí a un segundo evento del Doctor Fuller, nos informó que había calculado la existencia de entre 200 y 250 principios generalizados. A mí me pareció que si los estudiábamos todos, podríamos alcanzar los poderes de Dios. En ese evento se formó un pequeño grupo que le ayudaría al Doctor Fuller a descubrir y registrar todos los principios generalizados. No fui miembro de ese comité, pero cada mes realizaba una donación al proyecto.

Desgraciadamente el comité no logró mucho. Después de la muerte del Doctor Fuller en 1983, comprendí que habíamos perdido mucho más que un gran hombre. Perdimos una gran fuente de conocimiento. Según entiendo, el Doctor Fuller nunca pudo recopilar los 200 o 250 principios generalizados.

Desde ese momento sólo pude estudiar los pocos principios que el Doctor Fuller había alcanzado a describir en sus libros. Aunque sólo tuve acceso a unos cuantos, cuando los comprendí fui capaz de dar mi salto de fe con Kim. Esos pocos principios que estudiamos nos permitieron ir más allá de creer en Dios para verdaderamente confiar en él.

De la misma forma en que mi hermana leyó, estudió y se imbuyó en las enseñanzas de Buda, un pequeño grupo de personas y yo nos reuníamos para leer, releer y discutir los principios generalizados que encontrábamos en los libros del Doctor Fuller. Hacíamos demostraciones físicas en las que reproducíamos los principios. Después discutíamos, cuestionábamos y analizábamos su autenticidad. Aplicamos el mismo rigor que los estudiosos de la religión han utilizado por siglos para profundizar en sus libros. Comenzábamos a trabajar a las seis de la mañana y, a veces, terminábamos al caer la noche. Menciono esto porque solamente voy a describir cinco de los principios generalizados que estudiamos. Temo, sin embargo, que mi descripción sea demasiado escueta. Me preocupa que resulte inadecuada y que no haga justicia a los poderes que se encierran en ellos.

LA UNIDAD ES PLURAL

Este principio generalizado establece que la unidad no es igual a "uno". De hecho, "uno" no puede existir. La unidad significa por lo menos dos. O sea, más de dos. La idea de un solo Dios viola este principio tan importante.

Este principio explica por qué hay desacuerdos y guerras. Siempre que pensamos que sólo existe un camino, una respuesta o una solución, se viola el principio y hay una perturbación a la paz. Recuerdo que cuando era niño e iba a la iglesia, me contraía enojado cada vez que el predicador decía: "Solamente existe un Dios y sólo hay una forma de llegar a él: a través de nuestra iglesia y nuestra religión". Desde que era pequeño sabía que estas declaraciones iban en contra de las palabras. También me intrigaba por qué no podía haber más de un camino hacia Dios.

Cuando una religión declara que venera al Dios único y verdadero, en realidad está buscando una riña. De igual forma, asegurar que sólo hay un camino hacia él es un desafío a otros y es el mejor sendero directo hacia el conflicto. Actualmente sigue habiendo guerras para decidir quién sigue al único y verdadero Dios. Cuando visité la Ciudad Santa de Jerusalén, había cristianos en conflicto con otros cristianos. Ni siquiera necesitaban a los musulmanes o a los judíos para pelearse.

El principio va un poco más lejos. El hombre no existiría si la mujer no existiera. No sabríamos lo que es arriba si no hubiera abajo, no habría adentro sin afuera, negro sin blanco, rápido sin lento, positivo sin negativo, correcto sin incorrecto o cielo sin infierno. En la política siempre tenemos un sistema de, por lo menos, dos partidos. Siempre que haya conservadores habrá liberales. Los soñadores que desean un gobierno único para todo el mundo, evidentemente no entienden este principio.

No puede haber un solo gobierno para todo el mundo porque la "unidad" no puede existir por sí misma.

Este principio también explica por qué no se debe ser políticamente correcto o excesivamente educado. Mucha gente quiere agradar a todo el mundo y ser políticamente correcta porque teme a la crítica; trata de mantener feliz a todo mundo. Este tipo de personas en realidad no hace feliz a otros. A veces son *demasiado* educados y, por tanto, poco eficaces.

Muchos critican cada uno de los libros que escribo. Es algo que siempre espero y ¡lo hago con ansias! Si me critican es porque dije algo con sustancia. A veces me preguntan si me siento contrariado por lo que se escribe de mí en algunos *blogs* de Internet. Mi respuesta es: "No, me alegra incomodar a otros. Significa que dije algo sustancial". Los exitosos reciben críticas, los mediocres no.

Sólo piensa en la cantidad de personas que critican a los líderes políticos y religiosos como presidentes, primeros ministros, el Papa o el Dalai Lama. Ni siquiera los hombres de Dios se salvan de sus iracundos detractores. Los equipos profesionales y las luminarias atléticas del mundo de los deportes no ganarían tanto dinero si no existieran otros equipos y estrellas rivales. Sin la enfermedad no celebraríamos la salud ni necesitaríamos doctores. Y si los humanos siempre estuvieran de acuerdo, tampoco necesitaríamos abogados (bueno, eso tal vez no sería tan malo).

Si comprendemos este principio generalizado, sabremos por qué siempre habrá abogados, policías y por qué siempre se requerirán soldados. Su Santidad, el Dalai Lama, se hizo inmensamente famoso gracias a China Comunista. Sin los chinos, Su Santidad sería el simple monje que siempre dice ser. Mi hermana lo expresó anteriormente, el mundo ha tenido muchos más años de guerra que de paz.

También en la Biblia podemos encontrar ejemplos de este principio generalizado. En la historia de la gran inundación, Noé llenó su arca con animales que iban en pareja. El principio también justifica el hecho de que, dentro de algo bueno, siempre hay algo malo y viceversa. Cuando aceptamos este principio, Kim y yo tuvimos el valor de dar nuestro salto de fe porque sabíamos que, si enfrentábamos lo malo, encontraríamos lo bueno.

Al principio de este libro incluimos una cita de F. Scott Fitzgerald: "La prueba de una inteligencia de primera clase es la habilidad de tener dos ideas opuestas en la mente al mismo tiempo, y seguir funcionando". Los seres humanos estamos perdiendo claridad. Creamos un infierno en la Tierra porque hay demasiadas personas que piensan en términos de un solo Dios, una religión, una respuesta correcta y un conjunto de valores exclusivo. Hay demasiados que quieren estar en lo correcto y asumir que todos los demás se equivocan.

Nosotros fuimos capaces de seguir avanzando en tiempos sumamente difíciles porque entendimos que los humanos tenemos un pie derecho y uno izquierdo, no dos derechos. Además, confiamos en nuestra intuición, que es el vínculo entre nuestra mente consciente y la subconsciente.

En lugar de discutir y empeñarnos en cambiar el punto de vista de otras personas, sencillamente avanzamos. Aceptamos que siempre habría, por lo menos, dos ideas opuestas. Como dice el refrán: "Si dos personas siempre están de acuerdo, una de ellas sale sobrando". Nuestra misión en la vida es tomar al menos dos ideas contrarias y abrirnos camino a través de ellas.

PRECESIÓN

El efecto generalizado conocido como "precesión" se manifiesta cuando arrojamos una piedra al agua. Las ondas circulares que se producen por el impacto de la piedra son efectos precesionales.

Mucha gente se fijaba objetivos. Kim y yo también lo hacíamos, pero no por el objetivo mismo, sino por el efecto precesional de esa meta. Dicho de otra forma, nuestros objetivos reales no se encontraban frente a nosotros, sino en un ángulo de 90 grados de la dirección en la que nos estábamos moviendo.

Por ejemplo, se cuestionaba mucho nuestra renuencia a llevar la educación financiera al sistema escolar. Pero eso hubiera significado convertir al sistema en nuestra meta. Cuando comprendimos el principio generalizado de precesión, preferimos mantenernos alejados de las escuelas y permitir que fuera nuestro efecto de ondas circulares el que alcanzara al sistema educativo. A pesar de que me gustaría integrar la educación financiera al sistema escolar, las escuelas no son mi objetivo. Esto lo comprenderás más adelante, cuando te explique los otros principios generalizados.

Como mencioné anteriormente, la manera en que se mueve un giroscopio ilustra otra forma visible de precesión. Cuando haces girar la rueda del artefacto, éste se puede mantener girando en un eje inclinado. Esa capacidad que tiene de girar sobre un eje inclinado, como lo hace la Tierra, es el mejor ejemplo de precesión.

Cuando era niño y fabricaba cohetes, descubrí que los científicos colocaban giroscopios en la punta de los cohetes reales y funcionaban como un sistema de guía. En el océano, los barcos usan los giroscopios para orientarse y mantenerse en curso dentro de la vastedad marina.

Igual que los barcos en el mar y los cohetes en el espacio, en 1985 Kim y yo dependíamos de la precesión para no perdernos. En términos simples, la precesión es la retroalimentación, el eco o la palmada en el hombro que recibes cuando avanzas. Si hacíamos lo que Dios quería, la retroalimentación era positiva, nos llegaba en forma de dinero, nos sucedían milagros o, simplemente, conocíamos gente mágica. Si la retroalimentación era negativa, Kim y yo usábamos nuestra intuición (el vínculo entre nuestra mente consciente y nuestra mente inconsciente) y, entonces, cambiábamos de dirección hacia un nuevo objetivo. Así como los antiguos marineros aprovechaban el agua, el viento, el sol, la luna, las estrellas, las corrientes, los desechos flotantes, los pájaros y su intuición para guiarse en el ancho mar, Kim y yo dirigíamos nuestro sistema interno de navegación considerando la retroalimentación o el efecto de ondas de precesión.

La precesión es un tema inmenso, apenas si he comenzado a hablar de él. Explica por qué la Tierra se mueve alrededor del sol y la luna alrededor de la Tierra; justifica el movimiento de las estrellas en todo el universo. También describe por qué algunas personas tienen más éxito que otras. Para que haya precesión, primero debe haber un movimiento con una dirección definida. La gente lenta o sedentaria casi no tiene precesión. No se mueve y repite las mismas acciones día tras día. Míralo de esta forma: el efecto de ondas circulares de Dios prácticamente no los alcanza.

Con frecuencia, los sedentarios reciben retroalimentación, sólo que es el tipo de retroalimentación que no les agrada. La gente lenta sube de peso, tiene mala salud y se rezaga en lo profesional y lo financiero. Estas negativas palmadas en el hombro también son sucesos precesionales.

EFIMERALIZACIÓN

En términos muy simples, "efimeralización" significa hacer más con menos. También se le puede llamar "apalancamiento".

La efimeralización es particularmente importante en los negocios. Como empresario, si quiero hacer más dinero necesito hacer cada vez más con cada vez menos. Si por el contrario, hago menos con más, voy a terminar en bancarrota por violar este principio genera-lizado. En muchas ocasiones, la gente gana poco porque quiere que le paguen *más* por hacer menos. Los sindicatos usualmente se apegan a esta idea, y por eso muchas empresas se han ido de Esta-dos Unidos.

Dicho de manera simple, si quieres ganar más, tienes que hacer más por menos.

La efimeralización es más sencilla en la actualidad. Con la com-putadora hemos apalancado nuestras mentes y el Internet apalanca nuestro acceso al mundo. Hoy en día, con unos cuantos dólares, cualquiera puede convertirse en empresario global y tener alcance a los mercados internacionales.

A veces me entero de gente que tiene problemas financieros; poco después descubro que es porque trabajan físicamente, sin apa-lancamiento. Hay veinteañeros millonarios y hay veinteañeros que ganan diez dólares por hora. Esto se debe al principio generalizado de efimeralización.

Entre 1984 y 1985, Kim y yo dirigimos una compañía que pro-veía educación empresarial y para inversionistas. Era un trabajo físico. Cuando demostramos que sí practicábamos nuestras propias enseñanzas y que éstas funcionaban, aplicamos la efimeralización. Integramos toda la información en libros y juegos de mesa. Al efi-meralizar nuestros conocimientos con libros y juegos, produjimos más dinero con el principio de precesión. Observa que los princi-pios de efimeralización y precesión pueden funcionar en conjunto.

En términos más simples, la efimeralización es indispensable para cualquiera que desee obtener más riqueza. Somos gente de nego-cios y constantemente buscamos la forma de lograr más con menos. Buscamos la forma de servir a más gente rápidamente. Si compren-diste esta última frase, entonces estás aventajando al 99 por ciento de las personas del planeta Tierra porque tu mente tuvo un atisbo al poder de este principio generalizador.

La gente que aplica la efimeralización a su vida se está enriqueciendo. Por desgracia, la gente que no la aplica cada vez es más pobre, a pesar de sus grandes esfuerzos.

Rezago

El rezago es simplemente una diferencia de tiempo. Por ejemplo, si arrojo una pelota en un campo, el rezago será el tiempo que le toma dejar mi mano y llegar al otro lado. El rezago es otro principio generalizado fundamental.

Las industrias tienen distintos tiempos de rezago. Por ejemplo, la industria con el menor tiempo de rezago es la tecnológica. Las nuevas ideas se convierten en productos que llegan al mercado en un día. Al día siguiente, alguien más ya se encargó de copiarlas, mejorarlas, distribuirlas y venderlas. El rezago es la cantidad de tiempo que pasa para que una nueva idea sea adoptada e implementada.

La gente tiene diferentes tiempos de rezago. Algunas personas son demasiado lentas para adaptarse a las nuevas ideas. Otras se adaptan con rapidez. Los líderes intelectuales Alvin y Heide Toffler, escribieron el libro *Riqueza revolucionaria* (*Revolutionary Wealth*), en el que describen al mundo desde la perspectiva de un policía motorizado parado junto a la carretera. El policía mide la velocidad de nueve autos distintos, de nueve grupos diferentes:

- El primer auto, el más rápido del grupo, va a 160 kilómetros por hora. Son los negocios y los empresarios.
- El segundo auto corre a 150 kilómetros por hora. Son las ONG (Organizaciones No Gubernamentales). Los Toffler dicen que este auto va lleno de payasos de circo, grupos pro y anti empresariales, organizaciones profesionales, órdenes católicas, hermandades budistas (como la de mi hermana), organizaciones manufactureras, cultos, evasores de impuestos, amantes de las ballenas y cualquiera que se identifique con ellos.

- En el tercer auto, que circula a sólo cien kilómetros por hora, viaja la familia norteamericana. Lo que antes conocíamos como la típica familia norteamericana, ahora ya casi no se ve. Ha cambiado debido a los nuevos formatos familiares, la incidencia de divorcios, la actividad sexual, las relaciones intergeneracionales, los patrones de cortejo, la crianza de los niños y otros parámetros familiares.

Una predicción del futuro

Para mí es importante tener una visión del futuro porque soy empresario e inversionista. La visión es un aspecto esencial del liderazgo. Una persona puede vislumbrar el futuro sin tener una bola de cristal; sólo necesita estudiar la historia. Pero no me refiero al estudio de la historia que enseñan en la escuela: ese tipo de estudio se basa en el ejercicio inútil de memorizar nombres, fechas y sucesos sólo para poder regurgitarlos el día del examen. Los eventos históricos deben aprovecharse de la forma en que se usan las piedras para cruzar un río.

El Doctor Fuller nunca mencionó la bola de cristal o la cartomancia. Él usaba la palabra "pronosticación". Daba el ejemplo del arquero. Cuando lleva su flecha hacia atrás, estirando el arco lo más lejos posible, entonces ésta vuela lejos hacia el futuro para darle una visión.

Al estudio de la pronosticación, el Doctor Fuller sumaba la efimeralización (el proceso de lograr más con menos) y la aceleración aceleradora. En otras palabras, el proceso de cambio debe ser acelerado. El avance no debe ser linear ni llevarse paso a paso. Fuller decía que la aceleración aceleradora del cambio había tomado a muchos por sorpresa; se hicieron tan obsoletos como los dinosaurios o mamuts que no pudieron enfrentar los cambios en el mundo.

¿Qué es la aceleración aceleradora?

En el año 1500 a un barco le tomaba por lo menos dos años navegar alrededor del mundo. Con la llegada de la maquinaria de vapor, hacia 1900, ese tiempo se había reducido a dos meses. Hoy en día podemos circular en el mundo en menos de un segundo gracias a la tecnología electrónica.

Otro ejemplo reciente de la efimeralización es la historia del vuelo motorizado. El 17 de diciembre de 1903, Orville Wright voló durante doce segundos. Fue el primer vuelo motorizado con éxito en el mundo. El 20 de julio de 1969, Estados Unidos colocó al hombre en la luna. En tan sólo 66 años —menos de lo que dura toda una vida— los humanos pasaron de un vuelo de doce segundos a aterrizar en un satélite extraterrestre. Éste es un ejemplo de cómo se aplica el principio generalizado de efimeralización a la pronosticación: mirar al pasado para vislumbrar el futuro.

Estos procesos toman a muchos por sorpresa porque la tasa de cambio se ha modificado. Durante la Era Industrial, para que algo cambiara tenía que transcurrir una vida entera. En la Era de la Información, en lo que pasa una sola vida, atravesamos cinco vidas completas.

En la época de los cazadores y durante la Era Agraria y la Industrial, aprendíamos a respetar a nuestros mayores porque poseían toda una vida de experiencia. La edad fue respetada por miles de años porque significaba sabiduría. Ahora, ser viejo es un lastre, significa ser anticuado. Mucha gente de mi generación dice: "Los 50 son los nuevos 40". También se puede decir que, mental y profesionalmente, "los 35 son los nuevos 65".

- El cuarto auto viaja a 55 kilómetros por hora. En él van los sindicatos.
- El quinto auto, a 40 kilómetros por hora, son la burocracia gubernamental y las agencias reguladoras.

- El sexto auto viaja a quince kilómetros por hora. Es el sistema escolar norteamericano.
- El séptimo auto pasa a diez kilómetros por hora. Ahí van las agencias intergubernamentales mundiales como el Fondo Monetario Internacional (FMI) y la Organización Mundial de Comercio (OMC).
- El octavo auto va a cuatro kilómetros por hora. Son las estructuras políticas de los países ricos como Estados Unidos: el Congreso, el Senado y los partidos políticos.
- El noveno carro es el más lento. Viaja a un kilómetro y medio por hora. Es la ley: los abogados, las escuelas de leyes, las barras de abogados y los bufetes. Aunque muchos juristas están cambiando a mayor velocidad, la ley permanece inamovible. Una de las razones por las que los créditos *subprime* se desvanecieron, es que la ley y organizaciones como la Comisión de Seguridad e Intercambio (CSI), no pudieron aguantar el paso de los empresarios que viajaban a cientos de kilómetros por hora.

Cuando estudié con el Doctor Fuller, me dijo que las dos industrias más lentas eran la de educación y la construcción. Su tiempo de rezago —el tiempo que pasa entre el surgimiento de una nueva idea y su adopción en la industria— es de 50 años. Ahora entiendes por qué las escuelas no son mi objetivo en el plan de educación financiera. El tiempo de rezago de la industria escolar es demasiado largo, el cambio tarda mucho en llegar. Tal vez se implemente la educación financiera en las escuelas para 2030, pero no tengo la paciencia suficiente para esperar tanto.

En 1927, el Doctor Fuller predijo que en 80 años habría una demanda de dos mil millones de casas nuevas. En 2007, a 80 años de su predicción, los precios de la materia prima se disparaban hasta el cielo porque cientos de millones de personas en Asia, Sudamérica, Europa Oriental y el Cercano Oriente, querían casas estilo occidental.

Al doctor Fuller se le considera un futurista. Utilizó los principios de efimeralización y rezago para predecir el futuro con precisión. Hoy en día utilizo estos principios generalizados para dirigir mis negocios y planear mis estrategias de inversión. Así logro hacer mucho dinero.

En 1983, durante mi última clase con el Doctor Fuller, predijo que antes de que terminara la década aparecería una nueva tecnología. También predijo que, gracias a ella, los superpoderes del mundo comenzarían a desvanecerse y a perder su hegemonía. El Doctor murió en 1983, y en 1989 surgió el Internet, al mismo tiempo que el muro de Berlín era derribado. Fuller podía vislumbrar el futuro y confiar en Dios, sencillamente porque entendía los poderes generalizados, los principios de operación del universo, los principios de Dios.

En la foto, tomada con Fuller en 1981, sonrío porque estoy sentado junto al hombre que le dio significado a mi vida, o al menos me recordó para qué había sido colocado en la Tierra. Sigo sonriendo y continúo agradecido porque encontré el propósito de mi existencia, mi misión y el problema del cual yo soy la solución.

El doctor R. Buckminster Fuller y el joven Robert Kiyosaki en 1981, durante el seminario "El futuro de los negocios". Este evento, dirigido por el Doctor Fuller, cambió la vida de Robert.

Hasta ese momento, siempre había sentido que no había lugar para mí en este mundo, que no pertenecía y que era un bicho raro. Nunca me interesó lo que el sistema escolar consideraba importante. No me atraía ir a la escuela porque no quería convertirme en el empleado de una gran compañía o del gobierno. Pasé por la escuela, trabajé para una enorme compañía petrolera y luché por mi gobierno, pero mi corazón nunca estuvo realmente involucrado en esos procesos.

Hasta antes de conocer a Doctor Fuller, mi vida parecía no tener sentido, era como si no estuviera sincronizado con el mundo. Sólo había marchado al ritmo de diferentes tambores.

El tema del dinero había llamado mi atención desde pequeño, pero era un tabú en mi familia. Lo consideraban un pecado, algo sucio. Así que durante casi toda mi existencia, exceptuando el tiempo que estuve con mi padre rico, rara vez mencioné ese tema que tanto me preocupaba.

Deseaba ser rico, pero ante todo sentía curiosidad. Realmente quería saber por qué algunas personas eran ricas y otras pobres; por qué había gente como mi papá, quien aseguraba no estar interesada en el dinero, pero pasaba toda su vida trabajando para obtenerlo y quejándose de que nunca tenía suficiente; por qué en la iglesia se hablaba en contra del amor al dinero y después se exhortaba a la congregación a poner más en el canasto de las limosnas.

Me preguntaba por qué las escuelas nos preparaban para obtener un empleo, pero no nos enseñan nada sobre el dinero.

Tenzin: En camino

Éstas son las enseñanzas fundamentales del budismo, las que han desempeñado un papel importante en mi vida:

Todo es transitorio

Todo cambia: nuestra vida, nuestros hogares, las posesiones, las familias y las demás relaciones. La Madre Tierra, así como todos los planetas y estrellas, cambian. Hace muchos años, en Hawai, llevábamos a nuestros visitantes a pasear por la costa de Hilo. Íbamos a ver el Arco Onomea. Era un maravilloso arco natural de tierra que llegaba hasta el océano. Las olas rompían en la bahía rocosa, muy cerca del arco. Probablemente había estado ahí por miles de años.

Un día soleado, una artista estaba en la playa haciendo un cuadro del arco y de repente éste se cayó frente a sus propios ojos. Todas las cosas pueden atravesar por este tipo de cambio. A veces sucede de repente, pero otras son producto de un imperceptible, pero constante, proceso de desintegración. Algún día nos separaremos de todo aquello a lo que nos aferramos y amamos.

Hasta nuestras invaluables vidas están destinadas a desaparecer. A muchos no les agrada pensar en este tipo de cosas. Durante mi capellanía en hospitales, encontré personas que no sólo estaban enfermas físicamente, sino que también estaban deprimidas. Este estado mental hace que la recuperación física, emocional y espiritual sea más dolorosa. Pero recordar que todo es transitorio y perece, no sólo nos ayuda a comprender que nuestro tiempo es limitado, también nos ayuda a entender que contamos con el poder de dirigir nuestras vidas para aprovecharlas al máximo.

Podemos desarrollar lazos de cariño y trabajar en beneficio de otros. El presente, el aquí y ahora, nos da la mejor oportunidad de aprovechar la vida. Tenemos la capacidad de cambiar hasta los hábitos negativos más arraigados porque también son transitorios. No debemos permanecer en la misma situación.

Es muy chistoso pensar que deseamos tener vidas largas, pero no queremos envejecer. ¡Qué contradicción! Yo le digo a la gente que, cuando tenemos el privilegio de llegar a viejos, *somos afortunados*. Una vida longeva y la vejez, son grandes regalos cuando hemos dado nuestras vidas para lograr objetivos que nos ayudan a nosotros y a los demás. Cuando aceptamos el hecho de que envejecer es parte de la existencia, podemos hacerlo con tranquilidad y alegría; desarrollar mejores relaciones con otros y tener propósitos superiores; encontrar un significado en la vida en vez de pasar el tiempo negando y luchando contra el proceso natural del envejecimiento.

Dicho de manera sencilla, nacemos y tenemos que morir. Es un proceso natural que todos enfrentamos. A veces, cuando la muerte es inminente, la gente piensa que es un tipo de castigo para ella y para sus seres amados. Pero todos la enfrentamos, no importa si vivimos plena o pobremente. La muerte es parte de la vida.

Pensar en la transitoriedad nos puede ayudar mucho cuando nos sentimos abrumados y creemos que las cosas nunca cambiarán. Si alguna vez has estado en un trabajo miserable, en una relación que no va hacia ningún lado o si la persona que amas se encuentra mal, es natural que te sientas estancado. ¿Te has dado cuenta de que cuando amamos algo o a alguien, deseamos que nunca cambie? Pero cuando nos sentimos estancados es como si el tiempo se detuviera. En esas situaciones daríamos *cualquier* cosa a cambio de un poco de movimiento, pronto.

La transitoriedad significa que todo está en cambio constante.

Y lo mejor de todo es que el cambio nos da la oportunidad de lograr nuestros sueños y obtener grandes cosas en la vida. Así que, en lugar de apegarte a la percepción que tienes de ti mismo en el pasado (como una mala imagen de quien eras antes o algún maltrato que hayas recibido), mira tu potencial y haz algo para cambiar tu futuro. Si podemos purificar por lo menos una de nuestras faltas, como la envidia o, en mi caso, la evasión del conflicto, entonces podemos actuar con seguridad y poder.

La gente sufre por las situaciones en su vida, por cosas que pierde o por lo que pudo ser. Pero si entendemos que todo es transitorio, es posible enfocarnos en lo que *sí podemos* cambiar en lugar de llorar por lo que ya pasó. El poder de modificar nuestro futuro nos aleja de la reticencia y nos debe guiar hacia un significado superior en nuestra vida.

Compasión

Ésta es una enorme fuerza dinámica en la vida. Las primeras enseñanzas budistas se enfocaban en renunciar a los placeres pasajeros y
en alcanzar el nirvana: la liberación del sufrimiento. Más adelante se
incorporaron prácticas y enseñanzas superiores que añadieron una
poderosa dimensión al budismo. Cuando el amor y preocupación por
otros crece tanto que los anteponemos a nosotros mismos, la experiencia interior se altera. Así, nuestra relación con los demás y con
el mundo se modifica.

Mamá deseaba que amáramos y cuidáramos a otros sin importar
quiénes fueran. Ella misma nos mostró el ejemplo a seguir. Nuestros
años de formación, cuando vivíamos en aquella isla marginada, era
un tiempo más seguro que el que vivimos ahora. Mamá ayudaba a
quien podía: le daba un aventón a algún indigente o a extraños,
auxiliaba a visitantes de la isla y los traía a comer a casa.

Siempre auxiliaba a otros. Era voluntaria o formaba parte de co-
mités. También asistía a eventos. En una ocasión me mencionó que
ser enfermera de origen japonés era una labor difícil. Trabajó en hospitales después del ataque a Pearl Harbor durante la Segunda Guerra
Mundial. Los hombres a quienes cuidaba eran soldados heridos, pero
la veían a ella y a todos los japoneses como gente a la que debían odiar.
Los japoneses eran el enemigo sospechoso. Este ambiente de trabajo
debió ser polarizado y desafiante. Pero su interés por otros, su amabilidad y gentileza eran inherentes a su vida profesional.

Sin embargo, mamá tenía un terrible defecto: a pesar de que
amaba a todos los demás, no se amaba mucho a sí misma. Cuando
cerraba la puerta se convertía en una persona muy distinta. Era una
mujer muy dura consigo misma y con nosotros. Hay muchas prácticas budistas en las que debes empezar imaginando que amas a todos los seres como si fueran tu padre y tu madre. Me he esforzado
mucho en usar a mi madre como el punto central de mi práctica,
pero ha sido un arduo trabajo.

Ahora que soy mayor, puedo comprenderla y sentir compasión por lo que experimentó durante su lucha personal. Creo que en general esperamos mucho de nuestros padres, pero todos necesitamos y merecemos ser amados. Cuando veo la relación con mi madre bajo la perspectiva de "hizo lo más que pudo, dadas las circunstancias", mi corazón la recibe y me conmuevo hasta las lágrimas.

A todos nos gusta sentirnos amados y con frecuencia creemos que no nos quieren lo suficiente. Sin embargo, rara vez pensamos en ser más cariñosos con los demás. Nuestro nivel de aislamiento y egoísmo puede disminuir si desarrollamos una mayor receptividad y apertura hacia los otros. Además, cuanto más interés y amor ofrezcamos, más sensibles nos haremos a la generosidad y a los dulces gestos de otras personas.

A donde quiera que va, el Dalai Lama siempre dice: "Es como encontrarme con viejos amigos". ¡Y es tan cierto! Ésa es la sensación que él transmite y, con ella, nos invita a acercarnos a su cálida amistad. Con frecuencia, mis maestros dicen que debemos desarrollar un amor igual para todos los seres: amigos, enemigos y extraños. Piénsalo: si pudiéramos dar ese tipo de amor estaríamos contentos con cualquier persona que conociéramos. No habría favoritismos, impaciencia, planes ocultos, ni daño.

La compasión es distinta al amor. Compasión es desear que los otros se liberen de sus sufrimientos. Amor es desear que sean felices. Si cultivas ambos, tu vida nunca volverá a ser igual. El Doctor Fuller lo entendía de la misma forma. Solía decir: "Si puedo servir a más gente, me haré más eficiente".

DEPENDENCIA O INTERCONEXIÓN

Ésta enseñanza nos dice que nada ocurre sólo porque sí, que todo depende de algo más. Todos estamos interconectados.

Si entendemos profundamente lo anterior, nuestras experiencias en la vida nos brindarán más información. La similitud de esta enseñanza con el "principio de precesión" del Doctor Fuller es apabullante. De hecho, varios de sus principios se relacionan con esta enseñanza budista en particular. Por supuesto, debemos entender que dicha noción no está relacionada con el concepto psicológico de dependencia o codependencia.

El viejo adagio: "Nada ocurre sólo porque sí", en verdad define nuestro universo. Se aplica a las relaciones personales y a las fuerzas de la naturaleza. El clásico ejemplo budista es el que describe al pequeño brote que surge de la semilla. La semilla solamente madura si se le da la cantidad adecuada de tierra, agua y luz. Si le quitas un elemento o se lo das en demasía, la semilla nunca germinará.

La dependencia ofrece una explicación incluso de por qué tengo tan poco dinero en el banco. Me convertí en una persona pobre debido a muchas de las creencias que adopté cuando era niña, a las decisiones que tomé en la vida y a la opinión que tenía sobre la riqueza y el valor personal. No me estoy justificando, pero puedo decir que fueron muchos los factores que contribuyeron a colocarme en esa situación.

Cuando me dio cáncer desperté a la realidad de que el dinero es útil. No solamente para adquirir cosas bonitas, sino también para cubrir las necesidades básicas de salud y bienestar. Descubrí que mi estado físico repercutía incesantemente en mi vida emocional, mental y espiritual. Si no le presto atención a algo, tarde o temprano se va a manifestar.

El cáncer debió ser una llamada de atención suficiente para no necesitar una segunda. De cualquier forma, me llegó. En 2007 me enfermé del corazón. Había estado trabajando arduamente en la planeación de una visita del Dalai Lama a Los Ángeles. Lo había disfrutado mucho porque mis tareas y las enseñanzas me llenaban de energía. Como sucede en todos los trabajos de este tipo, la parte difícil era lidiar con todo tipo de gente y hacer malabarismos con los contratos y las fechas límite. Además, las situaciones de conflicto son mi reto y mi desventaja, siempre las evado guardando mucha frustración. Pensé que, después de todo, una monja no debería estar pensando en esas cosas.

El estrés acumulado durante años, y tal vez una propensión genética a la enfermedad, me llevaron al hospital. Necesitaba una angioplastia y no tenía ahorros, sólo contaba con un seguro ínfimo. Los gastos hospitalarios sumaron más de 50 000 dólares. Después de meses de pelearme con la compañía de seguros para que pagara 30 000, yo seguía debiendo 20 000. La realidad, la dependencia y la necesidad económica, me golpearon de nuevo.

Siendo hermana de Robert, he podido ver la vida desde un punto de vista completamente diferente al mío. Trabajar con él en este libro y participar en sus presentaciones y reuniones corporativas, me ha permitido cambiar mi opinión sobre el dinero. Los religiosos tienen sus propios patrones y creencias sobre la riqueza, y pasa lo mismo con la gente en el mundo de Robert. En mi percepción, estos dos mundos eran opuestos y chocaban, pero ahora puedo ver cómo hacerlos coexistir y así ayudar a otras personas.

Seguramente alguna vez te has preguntado: "¿Cómo es que nací en esta familia?" Cuando la gente se entera de que Robert es mi hermano, a veces me pregunta: "¿Y por qué no te pareces a él? ¿No eres rica también?" Todos sabemos que los miembros de una misma familia pueden ser muy diferentes entre sí. Es increíble pensar que, a pesar de tener los mismos padres, raíces y educación, hayamos sido lanzados en direcciones tan distintas. Robert se fue hacia la riqueza financiera, la libertad y la felicidad, y yo hacia la libertad interior y la felicidad.

Para modificar mi actitud mental sobre el dinero y reconocer la importancia de resolver conflictos, fue necesario que me enfermara y que me reconectara con mi hermano. Es un hermoso ejemplo de interconexión. A pesar de que llevo una vida simple, necesito encontrar la manera de ayudarme a mí misma, porque de otra forma, ¿cómo podré ayudar a otros?

Robert y Kim me ayudaron a pagar mis gastos médicos, pero no me van a regalar dinero. Van a compartir conmigo su conocimiento para que me ayude y así sirva a otros.

Karma

Muchos occidentales utilizan la palabra karma a diario. Tal vez has escuchado comentarios como: "Ah, es que él tenía mal karma", o "Esa acción te va a traer muy buen karma". Lo dicen como si el karma fuera un premio por una buena acción o un castigo por haber hecho algo malo.

En realidad, karma significa acción. Curiosamente, no sólo se trata de lo que haces, de tus acciones físicas. Más bien tiene que ver con las *motivaciones* y *actitudes* detrás de tus actos. La ética y la intención determinan si un karma es virtuoso o no. Es muy distinto a la noción de premio y castigo.

Lo que quiero decir es que las acciones del pasado determinaron y contribuyeron a nuestras experiencias en el presente. Asimismo, nuestras motivaciones y acciones del presente determinarán los resultados en el futuro. Eso incluye nuestra tendencia a repetir ciertas acciones una y otra vez.

A pesar de que estaba trabajando para otros, a veces me inundaban los conflictos. Como no los resolví, éstos afectaron mis relaciones personales y mi salud. Era vegetariana y meditar era parte de mi estilo de vida. No obstante, me enfermé del corazón, lo cual se espera que le suceda más a quienes viven llenos de estrés y comen carne roja, como mi hermano. ¿Qué te parece?

Algunas cosas tendrían que cambiar.

Ahora entiendo que, como ésta ha sido mi forma de funcionar durante toda la vida, corro el riesgo de volver a caer en los viejos hábitos. Es algo de lo que me debo cuidar. Mis enfermedades han sido un reto, pero también he contado con el apoyo de grandes maestros que me han ayudado a corregir mis errores.

Así como el Doctor Fuller habla del rezago, las enseñanzas budistas dicen que el karma no es instantáneo. Esta situación es muy difícil de entender para los occidentales porque la mayoría quiere obtener las respuestas y resultados, ¡ahora mismo! (excepto cuando los resultados sean negativos, por supuesto). En un curso dirigido por el Dalai Lama, una mujer norteamericana preguntó: "¿Cuál es la forma más rápida, sencilla y conveniente de llegar a la iluminación de inmediato?"

El Dalai Lama lloró. Se dio cuenta de que hay demasiada gente que quiere obtener todo en un instante. Pero, de hecho, lo que necesitamos para alcanzar la iluminación es experiencia, compasión y sabiduría. El proceso es la transformación que ocurre gracias a la práctica repetitiva y la introspección. Esto es lo que necesitamos para alcanzar nuestra meta. Y sencillamente no hay forma de acelerarlo.

Si quiero llevar mi vida en cierta dirección u obtener algún resultado específico, tengo que dirigir mis intenciones y acciones hacia allí. Sin embargo, eso no es suficiente. También debo informarme y entrenarme para alcanzar metas. Los tibetanos dicen: "Si quieres saber de dónde vienes, mira cómo son tu vida y tu experiencia ahora. Si quieres saber hacia dónde te diriges, busca en tu mente".

Siempre que cito esta frase, Robert me reprende. Dice que me meto demasiado en la teoría. Desde una perspectiva no-budista, tiene razón. Estas enseñanzas son sólo teoría para la gente que no acepta el karma. Pero, aunque el karma es teoría en algunos sentidos, para el practicante budista es la forma en que se conecta el comportamiento con lo incidental. El karma son los ladrillos con los que se construye nuestra experiencia y nuestro ser. En el mundo hay mucha gente rica y famosa, pero yo veo que Robert y Kim han amasado su riqueza con trabajo arduo y estudio. Se han desarrollado como personas, sin darse por vencidos. Han hecho grandes amistades y conexiones, han aprendido de la experiencia y, además, ayudan a otros. Son generosos y siempre brindan ayuda a organizaciones y a su comunidad. Todas estas acciones fortalecen y condicionan el éxito en el futuro.

Algunos maestros budistas dicen que un acto kármico es más difícil de comprender que algunos de los conceptos más profundos. Esto sucede porque el karma involucra otras acciones sumamente sutiles y complejas. Dicho de manera simple, no dañar a otros o a nosotros mismos y tener buen karma, produce dicha. El karma negativo produce sufrimiento.

Nirvana

Al igual que karma, la palabra nirvana ha llegado al vocabulario occidental. Se usa como sinónimo de cielo, paraíso, e incluso como concepto de la utopía. El hecho de vivir en India y pasar el tiempo estudiando y meditando en el monasterio, me hacía tan feliz que no podía desear nada más. Algunas personas van a estudiar a ese país, pero en cuanto llegan huyen aterrorizados por los bichos, la enfermedad y la suciedad. No he experimentado el nirvana, pero sí he tenido alegría y satisfacción profundas en mi vida.

El concepto budista de nirvana tiene un significado más profundo de lo que se cree. Significa "ser libres del sufrimiento y las ideas falsas". El nirvana es un estado mental, no un sitio físico. Se trata de ver las cosas como son sin usar los filtros del apego, la aversión o la ignorancia. El nirvana es una experiencia completa de la naturaleza de la realidad.

Su Santidad, el Dalai Lama, dice que, si es posible librarse del sufrimiento, deberíamos hacer todo lo posible por lograrlo, agotar todos los recursos. Pero si descubriéramos que la liberación es totalmente imposible entonces, ¿por qué no nos olvidamos del esfuerzo y nos dedicamos a vivir en plenitud? No obstante, siempre que exista una posibilidad, aunque sea ínfima de libertad, tenemos que trabajar para alcanzarla.

Iluminación

La iluminación es aún más grande que el nirvana. Es un estado al que se llega a través de la purificación absoluta de todas las ideas falsas como el odio, la ira, la envida y la ignorancia. Para alcanzarla se deben cultivar cualidades como amor, gentileza, generosidad, ética y compasión. También es necesario tener la firme intención de que se quiere alcanzar para el beneficio de todos.

Todos los seres pueden alcanzar el nirvana y la iluminación. La liberación, la libertad y la iluminación no están reservadas para los monjes o monjas. Dado que todos tenemos este potencial, deberíamos tener el valor para enfrentar las circunstancias de la vida y alejar nuestros sentimientos de desaliento y baja autoestima, que son el tipo de estado mental que impide alcanzar la iluminación.

En 1997 nos acabábamos de mudar al nuevo centro y todavía estaba en construcción. Por eso fue muy emocionante cuando el Dalai Lama aceptó la invitación para venir a conocer el lugar.

Saber que todos los seres tienen la esencia de la iluminación, puede ser una poderosa fuente interna para desarrollar una mayor tolerancia y determinación al trabajar con otros.

El camino del budismo le ha dado a mi vida propósito, dirección y tranquilidad mental. Es como la familia espiritual de la que habla Robert. Es el hogar en que nos sentimos plenos, comprendidos, aceptados y llenos de ánimo. Tengo que ser cuidadosa y avanzar lo más posible. La meditación nos ofrece perspectiva y profundidad respecto a la naturaleza de cada situación y condición de la vida. En lugar de acorazarnos y dejar afuera los problemas, nos permitimos una mayor aceptación y apertura hacia los demás y sus opiniones.

He dedicado mi vida a practicar estos principios. Son lo que le dan guía y estabilidad a mi existencia.

11

Paraíso, infierno y felicidad

En la escuela dominical nos enseñaron que el paraíso era un lugar en el cielo en donde la gente tocaba el arpa sentada en las nubes. El infierno era el candente centro de la Tierra, a donde llegaban los pecadores. Ahí, el diablo los esperaba con sus cuernos, cola larga y trinche.

Los adultos no sabemos si después de la muerte hay un paraíso o infierno. Lo que sí sabemos es que podemos encontrar el infierno y el paraíso aquí, en la Tierra. Para papá, tener un empleo seguro con el gobierno era el paraíso, pero eso sería el infierno para Robert. Ser un empresario es el paraíso de Robert, pero para papá fue un infierno convertirse en empresario a los 55 años.

El matrimonio también puede ser un paraíso o un infierno. Podemos amar a alguien profundamente, pero vivir con esa persona puede ser un infierno.

El dinero también puede definir el paraíso o el infierno en la Tierra. La mayoría de los asesores financieros recomiendan: "Vive por debajo de tus posibilidades". Lo dicen porque hay muchas personas que apenas sobreviven y están en un infierno. Usan dinero prestado para llevar un estilo de vida que no se pueden costear. Otros están en el paraíso porque tienen los medios para sostener su estilo de vida.

Debido a que el paraíso de una persona puede ser el infierno de otra, la pregunta es: ¿cómo se crea el paraíso o el infierno personal? Hay muchas respuestas posibles, pero la más común es: con la felicidad... o sin ella.

Robert: Metas egoístas y metas generosas

Como sucede con todo en la vida, para cada acción hay una reacción. Si una persona se siente triste, puede hacer algo para alegrarse. Por ejemplo, puede beber alcohol. Triste y abatido, puede ir a un bar, beber mucho y sentirse feliz. Pero al siguiente día pagará la felicidad con una resaca. Si hace esto con regularidad, esa persona triste se convertirá en alcohólica, y de todas formas seguirá buscando la felicidad.

Hay otros que consumen drogas para escapar del dolor y la infelicidad. De acuerdo con datos del *Washington Post*, en Norteamérica actualmente más de una persona de cada cien, está en la cárcel. Y de esa gente, veinte por ciento llegó por problemas de drogas. Estar en la cárcel no es precisamente mi idea del paraíso.

Hay quienes van de compras para mitigar su dolor. Su droga es el dinero. Cuanto más dinero tienen, más adquieren. En vez de encontrar el paraíso, se enfrentan al infierno. Viven sepultadas por una montaña de deudas con sus tarjetas de crédito.

Mi droga preferida es la comida. Cuando me siento triste, como. Me siento feliz mientras lo hago, pero el problema es que, si como más, engordaré y entonces me sentiré más triste. Si intento alcanzar el paraíso a través de la comida, termino en el infierno. Muchos tratan de acabar con su infelicidad a través de la religión. Algunos creen que sus problemas no tienen solución y buscan la salvación esperando que Dios los rescate del infierno que viven aquí en la Tierra.

Entonces, ¿qué es la felicidad?

Estoy seguro de que seguiremos haciéndonos esta pregunta por siempre. Dudo mucho que haya una sola respuesta para todos. Al igual que el paraíso y el infierno, la felicidad de una persona puede ser la infelicidad de otra. Por ello no voy a tratar de decirte cómo alcanzarla. Yo ya tengo suficientes problemas buscando y aferrándome a mi propia felicidad.

Una de las valiosas lecciones que aprendí del Doctor Fuller es que podemos tener "metas generosas". Es decir, que siguen el principio de "si puedo servir a más gente, seré más eficiente". Esta idea compaginaba con los valores de servicio a la comunidad que tenían mis padres.

En 1984, cuando Kim y yo dimos nuestro salto de fe, teníamos en mente metas generosas. Como ya había dicho, el siguiente año fue el peor de nuestras vidas.

No fueron tiempos felices.

Hoy en día, Kim y yo hemos encontrado la dicha a través de metas generosas y metas egoístas. Nuestra felicidad procede del servicio que damos a otros, de la sensación de que nuestro trabajo hace una diferencia en la vida de la gente y de que estamos contribuyendo a resolver algunos de los problemas actuales del mundo. También tenemos metas egoístas como hacer más dinero para generar el nivel de vida que nos complace. Si fuéramos pobres y tuviéramos que desempeñar un trabajo que no amamos, rodeados de gente que no nos agrada, vivir por debajo de nuestras posibilidades en un vecindario peligroso y sin medios para cubrir nuestro cuidado médico y otras cosas buenas de la vida, no seríamos felices.

El trabajo es un aspecto muy importante de la felicidad y la infelicidad. A pesar de que en nuestro empleo a veces se presentan problemas y de que es muy desafiante, finalmente es lo que nos hace felices. Nos hemos dado cuenta de que el empleo es lo que hace feliz a millones de personas. Para otros tantos millones, el trabajo sólo significa dinero.

Tengo una compañera de la preparatoria que es *muy* infeliz. Conoció a un hombre rico inmediatamente al salir de la escuela, se casó con él y se mudó a su enorme casa en Aspen, Colorado. Su esposo heredó la riqueza de la familia y nunca ha tenido que trabajar. Tienen unos hijos maravillosos y lindos nietos. Ella se pasa los días atendiendo a sus caballos de raza e involucrándose en acciones de caridad. Su esposo pasa todo el tiempo en su club, organizando eventos para mantener felices a los socios.

Cuando le pregunté por qué no era feliz, su respuesta fue muy sencilla: "La vida se siente vacía".

Le pregunté si sus nietos no llenaban ese vacío y me dijo: "No. Amo a mis hijos y a mis nietos, pero ya pasó mi tiempo de ser madre". Cuando la cuestioné sobre su trabajo en la caridad, me contestó con franqueza: "Realizo el trabajo de caridad para pertenecer a círculos sociales adecuados. Me da acceso a buenos eventos sociales y me permite ser vista con la gente adecuada. Sé que las caridad es importante pero las causas no me apasionan".

Después le pregunté qué era lo que su alma quería hacer y me contestó con brusquedad: "Ya hago suficiente. Soy buena con mis nietos, soy una buena madre y esposa, dono mi tiempo y mi dinero a la caridad. ¿Qué más quieres que haga?"

La conversación se terminó. No era el momento de hablar sobre las metas generosas y las metas egoístas.

La respuesta a mi pregunta: "¿Qué es la felicidad?", me llegó en una de las más importantes lecciones que me dieron mis padres. Sus días más felices fueron aquellos en los que trabajaban para los Cuerpos de Paz del presidente Kennedy. Papá se había tomado un descanso de su trabajo en el Departamento de Educación, y él y mamá pasaban días, noches y fines de semana enteros laborando juntos en el centro de entrenamiento de los Cuerpos de Paz, en

Hilo. Ahí preparaban a gente joven para servir al mundo. Yo era un muchacho que se alistaba para ir a la guerra, y pude ver la dicha que mis padres obtenían al desempeñar juntos un trabajo espiritual. Nunca lo olvidaré.

Cuando Kim y yo dimos nuestro salto de fe en diciembre de 1984, estábamos en busca del mismo tipo de felicidad. Nos casamos en 1986 y no teníamos mucho dinero. El día de la ceremonia no pudimos contratar músicos, así que les dimos a los invitados la letra de la canción *The Wedding Song* (también conocida como *There Is Love*), de Noel Paul Stookey, cantada por Peter, Paul y Mary. Pedimos a todos que se tomaran de los brazos y que cantaran con la música. La canción transmitió a todos los que estaban en el círculo la razón espiritual de nuestro matrimonio, y esta realidad se diseminó en sus corazones. Ésta es parte de la letra de esa hermosa canción.

Bien, pues un hombre dejará a su madre
y una mujer dejará su hogar
y viajarán hacia el lugar
en donde se convertirán en uno solo.

Así como al principio,
igual ahora y al final,
la mujer toma vida del hombre
y la debe retornar
y hay amor, y hay amor.

Entonces, ¿cuál es la razón
para convertirse en marido y mujer?
¿Te trajo aquí el amor?
¿O el amor te trajo vida?

Y si el amor es la respuesta,
¿entonces para quién es?
¿Puedes creer en algo
que no has visto antes?
Y hay amor, y hay amor.

Kim es la mayor bendición en la vida. Desde diciembre de 1984 hemos estado juntos prácticamente 24 horas al día, los siete días de la semana. Solamente nos hemos separado algunos días en todos esos años. Nuestro trabajo nutre nuestras almas, nos da vida. Nuestro trabajo *es* nuestra vida.

Como todas las parejas, tenemos momentos difíciles. No siempre es miel sobre hojuelas. El matrimonio no siempre ha sido dicha absoluta o el final de un cuento de hadas que dice "… y vivieron felices para siempre."

A través de nuestro trabajo compartimos el amor y la razón de estar juntos. Es verdad que recibimos muchas bendiciones por lo que hacemos, pero creemos que el regalo de la verdadera dicha es el más grande. Es una bendición que le da magia a la vida.

Numerosas personas creen que los ricos son avariciosos. Efectivamente, muchos lo son. Pero también he conocido a mucha gente avariciosa de clase media y pobre. Solamente son avariciosos con menos dinero. La avaricia no es para uso exclusivo de los ricos.

Kim y yo creamos metas generosas y metas egoístas cuando nos casamos. Las diseñamos juntos. Establecimos nuestros objetivos financieros y éstos se convirtieron en las piedras sobre las que pisamos para atravesar la corriente de la vida:

- La primera piedra fue construir un negocio que pudiera servir a la mayor cantidad de gente posible. Queríamos servir sin tomar en cuenta la riqueza, pobreza, raza o religión.

- La segunda piedra fue invertir nuestro dinero para ofrecer servicios. La mayoría del dinero que hemos invertido está en complejos habitacionales. Así podemos ofrecer un hogar seguro, bien administrado y accesible a miles de personas.
- La tercera piedra de nuestras finanzas consistía en donar dinero o devolverlo a alguna causa. Incluso cuando teníamos muy poco, donábamos dinero a causas de caridad que habían tocado nuestros corazones. Nunca dimos dinero directamente a la gente que lo necesitaba, sino a organizaciones responsables con antecedentes que comprobaran una administración financiera sólida.
- La cuarta piedra fue nuestro nivel personal de vida. A pesar de que cuando nos casamos no teníamos nada, queríamos ser libres financieramente, con un nivel de vida alto y riqueza.

Las cuatro metas requirieron arduo trabajo, kilómetros de viaje, mucho estudio y, a veces, un poco de desilusión. El regalo de la verdadera felicidad en nuestras vidas llegó gracias a las ondas del principio generalizado de precesión.

Hoy en día tenemos mucho más dinero del que podríamos gastar jamás. Contamos con más de lo que necesitamos. Por eso que ahora nos enfocamos en devolver dinero, así como lo hacen Bill Gates y Warren Buffet. Es un trabajo de tiempo completo. Así como invertir ofrece grandes desafíos, devolver dinero también tiene sus complicaciones. Hacerlo a través de la caridad es en realidad un arte, una ciencia. Repito que, en lugar de sólo regalar dinero a los necesitados y a los pobres, somos diligentes y buscamos organizaciones bien administradas que puedan proteger nuestra riqueza y utilizar el dinero con sabiduría por muchos años, incluso cuando ya no estemos aquí.

Kim y yo queremos crear un paraíso en la Tierra. Queremos disfrutarlo mientras estemos vivos y que continúe cuando nos hayamos ido. Trabajar en el empleo que hemos escogido nos da mucha alegría, así como les sucedió a mis padres cuando trabajaron juntos para los Cuerpos de Paz. El mejor regalo que papá y mamá pudieron dar a sus hijos fue enseñarles a ser felices al realizar su trabajo espiritual.

Esto no significa que nuestro trabajo sea único, especial o más importante que el de los demás. Todos los empleos que ofrecen un servicio y añaden un valor extra a la vida, son importantes y especiales. Por ejemplo, quien conduce un transporte escolar tiene una tarea muy importante. Me alegra que haya quienes quieran realizar este trabajo, y espero que les encante hacerlo.

Los comediantes también me agradan porque creo que la risa es vital para este mundo, que con frecuencia se toma demasiado en serio. El don de hacer reír es fundamental.

Entonces, ¿cuál es tu don? Cuando una persona me pregunta cómo puede encontrar su don, simplemente le contesto: "Si tuvieras todo el dinero del mundo, ¿a qué te dedicarías el resto de tu vida? ¿Qué es lo que hace cantar a tu corazón?", también le digo: "Una de las razones por las que la gente no comparte su don o no lo usa, es porque nos han entrenado para ir a la escuela y luego conseguir un trabajo y ganar dinero. Entonces, la pregunta es: ¿qué harías si no tuvieras que preocuparte por el dinero?"

Kim y yo nos dimos el lujo de retirarnos en 1994. Ella tenía 37 años y yo 47. Pensé que retirarme sería el paraíso.

Pero me equivoqué, fue un infierno. Me la pasaba jugando golf y, si me has visto jugar golf, entonces sabes porqué me parece que es el juego del infierno. En 1996, Kim y yo desarrollamos nuestro juego de mesa CASHFLOW®, escribí *Padre Rico, Padre Pobre*, y volvimos al trabajo. Nuestros objetivos siguen siendo los mismos. Hay muchos esclavos del dinero, y creemos que el único camino para que obtengan su libertad financiera es por medio de la educación. Deseamos que te liberes financieramente. Así podrás compartir más de los dones que Dios te dio y realizar el trabajo para el que verdaderamente viniste aquí.

Una de las grandes alegrías de nuestro trabajo es que gente como tú lea nuestros libros. No importa si no estás de acuerdo con todo lo que escribimos. Yo sé que el mundo está lleno de gente con grandes ideas, historias que contar y dones que compartir.

TENZIN: EL EXAMEN

Creo que es importante que nuestra vida tenga significado. Pero encontrarlo es un proceso distinto para cada uno.

Durante el tiempo que pasé con Kim y Robert, y al leer sus libros, conocí la frase "vivir por debajo de tus posibilidades". Sin embargo, siempre consideré que mi estilo de vida monástica me colocaba fuera de esta categoría. Como soy una monja, "vivir por debajo de tus posibilidades" me parecía adecuado. Pero hay una diferencia entre "vivir por debajo de tus posibilidades" y "vivir adecuadamente". Vivir "por debajo" me hizo correr riesgos físicos y financieros.

Trabajé para resolver el aparente conflicto entre la práctica budista, mis necesidades de salud y mis deudas médicas. Me apoyé en creencias antiguas y en mi comprensión del budismo para analizar mi situación. Finalmente, llegué a las siguientes conclusiones.

NO LO NECESITO / NO ME ESTRESA

La existencia de una monja budista debe ser sencilla y sublime. La sencillez se logra con una reducción de las actividades y adquisiciones destinadas a la autocomplacencia y a la comodidad. Por ejemplo, no necesito cosas extravagantes o artículos electrónicos de moda. No obstante, estar al tanto de la tecnología es muy importante en el mundo moderno. Debe haber un balance.

Por otra parte, si ayudamos a otros a encontrar la verdadera felicidad y a liberarse del sufrimiento, nuestras mentes, y por lo tanto nuestras vidas, se subliman. Una mente plena es algo invaluable, especialmente si su plenitud proviene de enfocarse en la felicidad propia y la *ajena*.

Las necesidades básicas incluyen una infraestructura sólida de alimentos sanos, buenos amigos y mentores, refugio y una reserva económica para cuidado médico y otras necesidades que pudieran surgir. Esta infraestructura es de particular importancia para quienes viven solos. Además, nos ofrece la tranquilidad mental que necesitamos para ser dichosos y cuidar (directa e indirectamente) nuestra salud.

Pero, de acuerdo con mi experiencia, lo más importante es no cultivar conflictos internos entre nuestras ideas y nuestra realidad. Esto me lleva al siguiente punto...

A veces necesitamos ayuda

En las culturas budistas tradicionales, la comunidad laica apoyaba a los monjes, lo que les permitía estudiar, practicar y, llegada su madurez espiritual, transmitir el dharma a otros. Gracias a este sistema, el dharma se mantuvo vivo durante varios siglos en los distintos países asiáticos en donde se extendió el budismo. Aun cuando se encuentran exiliados en la India, mis maestros tibetanos y muchos de mis amigos monjes todavía viven dentro de este sistema tradicional. Supongo que por eso, cuando regresé a Estados Unidos en 1985, tras mi ordenación, creí que podía aspirar a esta forma de vida.

Pero vivimos en un tiempo muy diferente y no estamos en un país budista. Aquí, la mayoría de los practicantes y estudiantes del dharma no son monjes. Se mantienen a sí mismos y, en algunos casos, a sus familias. Por lo tanto, no les queda mucho para ayudar a los monjes que desean pasar sus días meditando y estudiando. Los monjes hemos tenido que ajustarnos a esta situación. Por ejemplo, después de ordenarme viví en Los Ángeles, donde tuve un empleo durante muchos años.

Pero cuando me diagnosticaron cáncer, no tenía trabajo ni seguro médico. Como ya mencioné, gracias a mis amigos dharma de Seattle pude ser operada y recuperarme bien. Asimismo, el procedimiento de emergencia para destapar mis arterias se llevó a cabo cuando terminé mi trabajo para la visita de Su Santidad, el Dalai Lama, a Los Ángeles. Me encontraba en retiro y no tenía muchos ingresos. En esa ocasión, Robert y Kim gentilmente me ayudaron a pagar las altísimas cuentas médicas.

De ninguna forma quiero decir que debemos esperar que los demás se hagan cargo de nuestras necesidades médicas y financieras. De hecho, eso va totalmente en contra de mi aspiración a *cuidar* de otros. Sea uno budista o no, depender de la gentileza de los demás no es un plan válido en la vida. Sin embargo, hay ocasiones en que las circunstancias nos sobrepasan y entonces no tenemos otra opción más que pedir ayuda y dejar que otros se involucren.

Pedir ayuda en situaciones así no significa que seamos fracasados, sino que hay otras personas a nuestro alrededor, nuestras familias espiritual y biológica, que están ahí para apoyarnos de la misma manera que nosotros lo haríamos por ellos. Pero si hay un patrón de dependencia permanente, es otra cosa. En ese caso debemos reconocer el problema y trabajar para solucionarlo. En mi caso, a pesar de que mis problemas de salud han sido intermitentes, debo estar preparada para circunstancias imprevistas.

EL CAMBIO SURGE DEL INTERIOR

Después de la última intervención quirúrgica, comprendí que debía enfrentar mi necesidad y mi deseo de mantenerme saludable. Descubrí cuánto me había arriesgado al vivir siempre en el límite y no ajustarme a mis nuevas necesidades. Aunque estaba realizando un buen trabajo, mi capacidad y mis reservas se redujeron. Buscaba la felicidad y al mismo tiempo me estaba rodeando de varias limitaciones insalvables.

Debido a mi edad y mi historial médico, era impensable volver a enseñar dharma en un centro que no podía ofrecerme prestaciones médicas. Me hice a la idea de que tendría que ir a otro lugar. En retrospectiva, pudo haber sido una decisión difícil, pero no tuve que meditarlo demasiado. Era muy claro: hay muchas formas de servir en el mundo. Tengo entrenamiento en capellanía y experiencia como maestra y organizadora de eventos dharma. Seguramente podía mantenerme a un mejor nivel y seguir fiel a mis ideales budistas.

De hecho, el ideal budista de convertirme en un amoroso *bodhisattva* (es decir, una persona destinada a la iluminación y a servir a otros), me estaba dirigiendo a la solución de mi problema médico-financiero. Mi querido maestro y algunos de mis alumnos también detectaron esta necesidad y ¡me ofrecieron un seguro médico! Esto me llenó de dicha y tranquilizó mi mente.

He descubierto que los monjes no pueden vivir en Estados Unidos igual que lo hacían en los países budistas asiáticos. De cualquier forma, he podido resguardar la mejor parte de mi práctica budista. He dedicado mi vida a cultivar la paz interior y exterior para beneficiar a otros y ser un buen ser humano. Al desarrollar mi paz interior, puedo fabricar un mundo más feliz para mí y los que me rodean. Vigilo mi existencia y observo lo que me ayuda a crecer y a tener libertad, sabiduría compasión y tolerancia.

Además, nada de lo anterior está en conflicto con la vida en Estados Unidos en el siglo XX. Aunque tengo que admitir que vivir como monjes y monjas en este tiempo y lugar, es un poco extraño.

El principio de: *el cambio surge del interior,* es aplicable tanto a un nivel social como individual. Los estadounidenses somos parte de una cultura que vive al límite, y en este momento posiblemente vivimos *sobre* el límite. A pesar de ello, parece que no somos capaces de ajustarnos a los cambios en el tiempo y las circunstancias. No lo hacemos ni bien ni suficientemente rápido. No nos hemos enfrentado al hecho de que somos un país que gasta demasiado tiempo en actividades inútiles y, en algunos casos, violentas y peligrosas para la vida.

Creo que ahora más que nunca debemos usar nuestra creatividad. Se requiere la aplicación de métodos pacíficos para la resolución de problemas. También necesitamos cooperación para convivir. Debemos reducir la contaminación, la pobreza y la opresión a un nivel global. A un nivel individual, debemos reducir el odio, el prejuicio y el egoísmo. Depende de nosotros resolver y remediar estos problemas que nosotros mismos hemos creado. Existe una gran fuerza en los armoniosos y éticos principios religiosos de tolerancia y gentileza. Podemos usarlos pensando en la interdependencia que existe entre todos los seres. Así, tal vez podamos comenzar a trabajar en estos cambios que necesitamos tan desesperadamente.

También debemos desarrollar la habilidad de mirar hacia nuestro interior para identificar nuestros errores y puntos débiles, y así reunir el valor y el compromiso para cambiar.

12

Vida y muerte

Todos llegamos a la frontera final de la vejez y la muerte. La vida y la muerte están entrelazadas, así que la muerte nunca está demasiado lejos de nuestra cotidianeidad. Lo comprobamos cuando explotó aquella bomba tantos años atrás (aunque siempre tratamos de bromear y fingir que no). Todos tenemos una pequeña ventana en el tiempo. Mientras ésta dure, debemos aprovechar la increíble y preciada existencia y vivir nuestros sueños.

Pero la gente no necesariamente maneja la vida —o la muerte— con gracia. No es raro descubrirnos buscando un conflicto que no tiene ninguna finalidad positiva.

Cuando nos enfrentamos a la muerte manifestamos todo tipo de comportamientos, es generalmente entonces cuando las personas lo empeoran todo.

En Vietnam lidiábamos con la vida y con la muerte. La guerra en realidad consistía en pasar largos periodos de aburrimiento. Estar sentado en un portaviones en el mar no es exactamente lo mismo que ir de vacaciones en un crucero. No hay montones de actividades para mantener entretenidos a los pasajeros, grandes bufets, shows de cabaret ni bares repletos de alegres borrachos.

Debajo de la pista de despegue están los estrechos camarotes; ahí se engendran los comportamientos disfuncionales. Siempre había peleas entre marinos y marineros, o entre infantes y marinos aéreos. Los pilotos y la tripulación de vuelo tenían una ventaja: volaban hacia la costa una o dos veces por semana. Pero para los miles de hombres que estaban atrapados en los barcos, la vida era estrecha, apretujada y restrictiva.

Trágicamente, hubo incidentes que iban más allá de una simple riña. Algunos individuos cometían traición. Saboteaban intencionalmente los esfuerzos de otros, poniendo vidas en riesgo. En una ocasión, alguien inyectó agua de mar al tanque de combustible de una nave, destruyéndola por completo. Cortaban las jarcias de las naves, desconectaban las mangueras de los motores o metían trapos y herramientas en lugares donde no deberían estar.

Después de repetidos incidentes de sabotaje, algunos miembros de la tripulación se turnaron para resguardar sus artilleros, 24 horas al día, siete días a la semana. Éramos norteamericanos y estábamos luchando del mismo lado.

Sin embargo, el comportamiento disfuncional no se limita a los tiempos de guerra. Cualquier persona que enfrenta la muerte está lidiando con uno de los sucesos más traumáticos que existen. Algunos se han preparado para este instante y lo manejan con gracia y aceptación. Pero otros enloquecen, y al hacerlo se lastiman a sí mismos y a quienes tratan de ayudarlos.

Lo anterior no es exactamente igual a la traición de sabotear una aeronave, pero también tiene el potencial para causar un dolor enorme y destruir vidas.

Ése no debería ser el caso.

Robert: Vivir con miedo a morir

En la escuela dominical aprendí que Judas había traicionado a Jesús. Parece que esta práctica de la traición es parte de la naturaleza humana.

Los esposos se traicionan, los socios de negocios se roban entre sí, la gente miente para protegerse, las calumnias destruyen reputaciones y el internet está lleno de *blogs* para dañar a otros. La habilidad de traicionar es una fuerza oscura y potente disponible para todos.

En la Guerra de Vietnam no había mujeres en la Marina como ahora. Los barcos estaban llenos con miles de jóvenes en espera de que algo sucediera. La mayoría de las veces la flotilla de Estados Unidos navegaba de ida y vuelta, subiendo y bajando a lo largo de la costa de Vietnam. Un día la costa estaba a estribor (a la derecha) y al siguiente a babor.

Los infantes de marina pasaban gran parte del tiempo dando vueltas alrededor de la cubierta de vuelo, limpiando sus armas o durmiendo. Las tripulaciones de pilotos aéreos y el personal naval hacían ejercicio por la tarde, cuando no hacía tanto calor (nosotros no éramos tan obsesivos como los infantes). Este horario auto impuesto permitía que los grupos se mantuvieran separados y que los enfrentamientos fueran mínimos.

Aunque todos estábamos del mismo lado, siempre había algunos que encontraban un pretexto para encenderse y enfrentar un grupo contra el otro.

Durante la Guerra de Vietnam estrellé tres veces mi helicóptero. Ninguno de los incidentes se debió a la acción enemiga. Dos de los accidentes se produjeron por sobre uso de la aeronave. Una vez falló un rotor de la cola y la otra fue una línea hidráulica. Afortunadamente siempre logramos regresar al barco. En dos ocasiones se pudieron reparar los daños y salvar la aeronave.

El más serio de los accidentes fue provocado por un sabotaje. No pudo haber sido el enemigo. Estábamos a más de 30 kilómetros de la costa, y hubiera sido muy difícil para un soldado del Vietcong remar hasta el portaviones, subir a la cubierta e insertar una llave inglesa en la toma del motor a reacción.

Todo nuestro escuadrón participaba en una ofensiva de fuerzas combinadas al norte de Da Nang. Muy temprano, antes de que saliera el sol, subían mi artillero a la cubierta y nos preparábamos para despegar. Dos soldados de artillería, un jefe de tripulación, el copiloto, el teniente Ted Green, y yo pasábamos por la inspección antes del vuelo.

Green y yo habíamos estudiado juntos en la escuela de vuelo en Florida. Después de que nos dieron nuestras alas, nos emocionó mucho ser seleccionados para el programa de artilleros en Camp Pendleton, California. Ahí estuvimos en un entrenamiento avanzado. En cuanto concluyó el entrenamiento de armas y misiles, nos enviaron juntos a Vietnam.

El teniente Ted Green y Robert en Okinawa,
se preparan para unirse a su portaviones en Vietnam.

Cuando vi la toma del motor a reacción noté que algo sobresalía de entre las cuchillas de la turbina. Como todavía estaba oscuro, encendí mi lámpara y miré en lo profundo del motor. Alcancé el objeto con mis dedos y comencé a arrastrarlo hasta que saqué un pequeño trapo aceitoso.

Una descarga atravesó mi cuerpo, se tensó mi estómago y la piel me hormigueaba. Alguien había atravesado nuestras defensas. Ordené de inmediato que se abriera toda la nave para una inspección más meticulosa. La tripulación descubrió una llave inglesa y delgados alambres en otros lugares menos visibles.

"¿Ya encontramos todo?", pregunté.

"Eso espero", contestó nuestro jefe de tripulación.

"Esperar no es suficiente", dijo el soldado de artillería.

En ese momento los altavoces retumbaron.

"Diez minutos para despegue. Artillero en lugar tres, ¿va a despegar o está averiado?"

Los cinco nos miramos unos a otros en espera de alguna vacilación. Pero todos asentimos y dijimos: "Vamos", y comenzamos a cerrar la nave. El motor encendió sin problema y en poco tiempo sobrevolábamos el portaviones en círculo. Estábamos en espera de que los helicópteros que transportaban a las tropas despegaran y se unieran al ataque. A pesar de que la aeronave parecía funcionar perfectamente, todavía nos sentíamos nerviosos. Verificábamos los instrumentos y los controles de vuelo constantemente.

De repente, por el rabillo del ojo vi que uno de los instrumentos del motor parpadeaba. En la escuela de vuelo nos habían enseñado que si este instrumento en particular parpadeaba era porque había problemas.

Antes de que pudiera advertir a mi tripulación, el helicóptero se estremeció, el motor tuvo un despunte de energía y se apagó, volvió a despuntar y después se apagó totalmente. Las alarmas de advertencia sonaron y las luces que indicaban falla del motor comenzaron a encenderse. Sin corriente eléctrica, la aeronave comenzó a caer inmediatamente.

"Mayday, mayday, mayday", transmitió el teniente Green al tiempo que la punta de la nave caía en picada. La tripulación se aferró a la nave y comenzó a aventar por la puerta las armas, municiones y todo lo que estaba suelto.

Cuando vi el océano acercarse a nosotros, recordé una frase de la escuela de vuelo: "Puedes ver a la muerte a los ojos". Ese día supe cómo se veían los ojos de la muerte. Me preguntaba, en silencio, si ése sería mi último momento en la Tierra.

Había mucho ruido alrededor: ruido de la torre de control que informaba a los otros que nos buscaran, transmisiones de radio de la zona de batalla y el ruido de nuestra tripulación que se preparaba para el choque. Sin embargo, dentro de la cabina se escuchaba un silencio espeluznante. ¿Acaso el océano y los rostros de mi tripulación serían mis últimos recuerdos?

En medio del caos, hice las paces conmigo mismo. Me pregunté si estaría satisfecho con mi existencia si moría. En cuestión de cinco segundos me sentí tranquilo porque recordé que yo había escogido esta vida.

Nadie me había obligado a unirme a la Marina. Cuando fui voluntario para volar sabía que podría no regresar vivo.

Así que me sentía tranquilo. Si el panorama desde la cabina de mando era la última imagen en la película de mi vida, estaba satisfecho con ella.

Mientras caíamos, la aeronave estaba en un movimiento de auto rotación estable. El teniente Green piloteaba la nave agonizante y yo gritaba la lista de acciones antes del choque.

Green era un gran piloto y nos guió hacia el agua casi con magia. Hizo lo posible para que cayéramos cerca del portaviones. Yo me aseguraba de que se siguiera la lista de acciones: eyectamos las puertas, vaciamos la nave, apagamos la corriente eléctrica y nos amarramos a la nave. Ted y yo habíamos hecho este ejercicio por años. Realizábamos el procedimiento de emergencia en caso de falla del motor casi todos los días, una y otra vez. Llegó el momento en que yo podía volar con o *sin* motor.

Pero los simulacros se habían terminado y muy pronto sabríamos si tanto entrenamiento había valido la pena. La pequeña tripulación de cinco personas trabajó en equipo. Estábamos aterrados, pero no entramos en pánico.

Justo antes de golpear con el agua, Ted giró la punta de la nave y, en vez de chocar, planeamos en silencio unos cuantos metros sobre las olas. Fue una auto rotación inmaculada, volamos sobre el impulso.

Todo iba bien cuando terminé de gritar la lista y dije a todos que se aferraran a algo antes del impacto. Luego, una enorme marejada oceánica golpeó la burbuja de vidrio y el agua color jade se arremolinó a mis pies. Comenzamos a hundirnos de inmediato. La nave luchaba contra las fuerzas del mar, finalmente se inclinó a estribor cuando las cuchillas del rotor golpearon el agua a gran velocidad, el motor fue arrancado y la cabina se partió en dos.

Luego estuve bajo el agua, luchando por respirar. Traté de salir de la nave aterrado de ahogarme. Me preocupaba que alguna parte de mi ropa se atorara y que el helicóptero me arrastrara hacia abajo. Todavía puedo ver el remolino de agua verde, la cabina de mando bajo el agua y escuchar el sonido de las burbujas y de las pequeñas explosiones que se oían mientras pataleaba y arañaba con desesperación para llegar a la superficie.

Al salir del agua, respiré profundamente y grité de alegría. Cuando comencé a flotar, lo primero que descubrí fue que el agua alrededor de la aeronave estaba hirviendo por el contacto con el motor a reacción. Después vi a mis dos soldados de artillería flotando sobre la espuma y el vapor del agua. Volví a gritar de alegría y les pregunté: "¿Están bien?"

El momento en que la cuchilla del rotor golpeó el agua fue registrado en video. Fue cuando Robert, la tripulación y el artillero cayeron al océano. La causa del accidente fue una falla en el motor, a 40 kilómetros de Da Nang. Todos sobrevivieron.

Ambos estaban estupefactos, pero pudieron sonreír y levantar sus pulgares.

"¿Dónde está Jackson?", grité. "¿Dónde está Green?"

Los soldados movieron la cabeza, no lo sabían.

Pasaron unos 30 segundos y aún no había señales de nuestro copiloto ni del jefe de tripulación. La cola del rotor era la última pieza visible de la nave y comenzó a deslizarse entre las olas. De pronto, el sargento Jackson llegó a la superficie y los tres celebramos como nunca antes.

"Green todavía está abajo", exclamó Jackson. "No puede salir de su asiento. No arrojó la puerta. No pude ayudarle, él estaba tan ocupado volando, salvándonos, que olvidó salvarse a sí mismo".

No puedo describir lo que sentí en ese momento. Si hubiera podido bajar a sacar a Green, lo habría hecho. Pero la fuerza del mar estaba más allá de mi capacidad humana. La nave se hundía rápidamente y yo traía mis botas con punta de acero. También tenía el traje de vuelo con el chaleco inflable salvavidas que me mantenía a flote. Era bueno buceando, pero traía el traje de piloto, no de buzo.

Para cuando acabara de quitarme las botas, el traje de vuelo y el chaleco de flotación, todo habría terminado.

Al mismo tiempo, la idea de que uno de mis mejores amigos estaba a unos metros bajo el agua, tratando de liberarse y luchando por su vida, era horrible. Sentí el espantoso dolor de la impotencia. *¿Cuán impotentes somos ante la vida?,* era la pregunta en mi cabeza. Si hubiera podido cambiar mi lugar con Ted, lo habría hecho.

Mientras flotaba y rezaba pidiendo un milagro, vinieron a mí los recuerdos de los tres años que estuvimos juntos. Lo único que pudimos hacer fue mirar el océano hirviente en donde se había hundido nuestra nave. Esperamos un milagro durante un tiempo que nos pareció una eternidad.

El vacío de silencio era ensordecedor.

De repente, Ted irrumpió en la superficie, dando arcadas y jadeando, tratando de tomar grandes bocanadas de aire. Era el milagro que había pedido. La tripulación lo rodeo de inmediato. Lo ayudamos a expulsar el agua de los pulmones y a mantenerse a flote. Necesitaba tiempo para recuperarse.

"Pensé que estaba muerto", dijo. Éramos cinco hombres adultos llorando, vitoreando y celebrando la vida.

Aunque nos habíamos estrellado muy cerca del barco, toda la misión de combate era más importante que una nave en el mar. Pasaron cuatro horas antes de que nos sacaran del agua y nos subieran de nuevo al portaviones.

Estaba cansado de la muerte… y de matar. Mi carrera como marino había terminado. Ya no quería matar o dedicar mi vida a la matanza.

Algo dentro de mí estaba cambiando.

Muchas veces no apreciamos algo por completo hasta que lo perdemos o estamos a punto de hacerlo. Matar y estar tan cerca de morir fueron grandes experiencias porque pude apreciar con más profundidad ese invaluable regalo llamado vida. En lugar de vivir con *miedo* a morir, ahora me esfuerzo por tener una vida sin miedos. Creo que una de las razones por las que no sucumbo ante el miedo a no tener un empleo seguro, a caer, a ser criticado y a no tener suficiente dinero es porque para mí esos temores no son dignos de indicarme cómo vivir mi vida. En vez de vivir con miedo, escogí vivir con emoción, gratitud y dando algo a cambio por haber recibido este maravilloso regalo llamado vida.

Cuando iba a la escuela dominical me enseñaron sobre la crucifixión y la resurrección. En Vietnam aprendí que no tenemos que morir para resucitar. Lo mejor de la guerra fue enfrentar la muerte. Aunque es normal temerle a la muerte, también es importante saber que es una transición y que hay una resurrección. Es una transformación, evolución o reforma, como prefieras verlo.

Uno de los problemas que tuve con varias iglesias a las que asistí, era su interpretación literal del mensaje de la resurrección. Me molestaba la creencia de que solamente había una forma de resucitar, la que sucedía después de la muerte y que incluye la ascensión al cielo. Comprendí que la vida misma es un proceso cotidiano de nacimiento, muerte, resurrección y evolución o reforma.

En la guerra encontré la muerte en la vida. Después de Vietnam también comprendí que no tenía que sentarme en una iglesia para recibir el mensaje. El mensaje nos rodea todos los días, sin importar quién seas.

Conozco a mucha gente que vive con miedo a morir, en vez de tener alegría de vivir. Se aferran a la seguridad de un trabajo, a una paga inadecuada, a relaciones abusivas, viven por debajo de sus posibilidades, a veces con salud pobre y enfrentando otras cargas que parecen infranqueables. En mi opinión, muchos de ellos viven temiendo alguna forma de crucifixión sin notar que sus temores ya los están crucificando.

Vivir con miedo y por debajo de nuestro potencial absoluto, es una forma de crucifixión. Para ir más allá de la crucifixión se necesita fe en que habrá una resurrección, una evolución y una reforma, siempre y cuando estemos abiertos a ella.

Cuando perdí mi primer negocio me crucificaron. La prensa de negocios de Hawai no fue nada amable. Se echaron tras de mí como tiburones. Mis acreedores me perseguían. Algunos de mis amigos dejaron de serlo. Mi primera esposa pidió el divorcio. Embargaron mi Harley Davidson. Me quitaron las tarjetas de crédito, ya no tenía bienes raíces. Vendí mi Porsche porque ya no podía hacer los pagos. Tomaba un autobús, me iba en bicicleta o caminaba.

No sabía cómo o cuándo iba a recuperar la vida de nuevo, pero sabía que lo lograría. En Vietnam comprendí el significado de la vida después de la muerte. En la iglesia aprendí sobre la crucifixión y la resurrección. También comprendí la evolución (no en un sentido bíblico ni Darwiniano, sino en el sentido de la historia financiera). Sabía que los empresarios más exitosos habían fallado antes de tener éxito, que tenía que ser crucificado antes de levantarme de nuevo.

Lo que nunca he comprendido son esos mensajes basados en la fe que dicen que no debes hacer nada para tu salvación. Los que profesan que lo único necesario es ser buena persona, ir a la iglesia, rezar y poner dinero en la charola de limosnas. Solamente haz eso y Dios resolverá tus problemas. Yo sé, de buena fuente por cierto, que los milagros ocurren. Sé que sentarse y rezar funciona a algunos. Pero en lo personal prefiero tener un rol activo en la creación de mi futuro.

Me identifico más con la lección que dice: "Ayúdate que yo te ayudaré". He descubierto que cuanto más ayudo a otros (y a mí mismo), más milagros suceden en mi vida. La Marina me inculcó el valor de estar dispuesto a dar mi vida a un propósito superior. Fue por eso que Ted Green casi muere. Pensó en su tripulación antes que en sí mismo. Conozco a mucha gente que habla de entregar su vida a un propósito superior, pero hablar es muy distinto a hacer.

Como lo dije anteriormente, en diversas ocasiones no apreciamos lo que tenemos sino hasta que casi lo perdemos, o lo perdemos. Yo no apreciaba el regalo de la vida hasta que casi muero. No apreciaba mi libertad hasta que casi termino en la cárcel. No apreciaba realmente los consejos de mi padre rico hasta que casi lo perdí todo. No aprecié el amor de mi primera esposa hasta que la perdí.

El accidente me puso cara a cara con la muerte y con alguien que estaba dispuesto a dar su vida para que otros pudieran vivir. Ese choque cambió mi existencia profundamente. Me ayudó a apreciar más el regalo de la vida. Estoy en contra de matar. La herencia Samurai todavía corre por mis venas, pero prefiero usarla para pelear por la vida y no para tomarla.

"¿Por qué le pasan cosas malas a la gente buena?"

He escuchado esa pregunta después de que algo se pierde o algo malo sucede. Apoyo la idea del Doctor Fuller de que "bueno y malo" son conceptos inútiles. Ahora sé que todas las cosas que Dios nos dio (positivas y negativas) son valiosas. Por ejemplo, chocar en el océano me dio vida. Estar en bancarrota me hizo rico. Perder a mi primera esposa me hizo un mejor esposo para Kim. Estar gordo me convirtió en la persona sana que ahora soy.

Nuestras vidas son crucifixión, resurrección, evolución y reforma continuas. Cada una de éstas es tan vital como la comida, el agua, el sol y ejercicio. Si falta alguno de ellos, la existencia es incompleta. Por ejemplo, no poder respirar y creer que tal vez era un ataque al corazón, fue mi crucifixión y mi bendición. Cambiar mi dieta, hacer ejercicio, el conocimiento y la disciplina, fueron parte de mi resurrección. Pero hacer dieta y ejercicio no era suficiente. Tenía que evolucionar en mi interior, evolucionar de una persona gorda a una sana. Si no evolucionaba muy pronto sería obeso otra vez.

Mi evolución de la persona gorda que había sido la mayor parte de mi vida, a una persona sana, requirió varias cosas. Entre ellas, información y un cambio en mis reglas. Dicho de otra forma, estaba gordo porque rompía las reglas de mi cuerpo. Estaba siendo inmoral y poco ético conmigo mismo.

Cuando la gente dice: "Encontré una religión", significa que ha encontrado la disciplina para seguir las reglas. Yo bajé y volví a subir de peso porque no había encontrado las reglas de la salud. Había hecho trampa y había fingido que las reglas de mi cuerpo no importaban. Mi connato de ataque al corazón fue mi crucifixión, mi llamada de atención, lo que me llevó a la resurrección.

Podía aplicar la misma idea de encontrar una religión para convertirme en una persona rica. Sólo tenía que seguir las reglas. En mi matrimonio con Kim definitivamente quiero seguirlas. Ella es lo mejor que me ha sucedido.

La evolución y la reforma son esenciales para el proceso de lograr el paraíso en la Tierra. Las personas de mi generación seguramente recuerdan a "Los Beverly Ricos" (*The Beverly Hillbillies*). "Los Beverly" era un programa de televisión sobre un granjero pobre que vivía en las montañas. Un día encontró petróleo y se mudo con toda su familia a Beverly Hills. A pesar de ser rico y vivir en un vecindario de gente adinerada, Jed, el protagonista, seguía siendo un pobre granjero. Éste era el punto clave para las situaciones cómicas del programa. Jed resucitó de la crucifixión de su pobreza, pero nunca evolucionó ni se reformó para convertirse en un hombre rico. Siguió siendo un hombre pobre con mucho dinero.

Para reformarse en la vida se requiere atravesar una transformación mental, física, emocional y espiritual.

Mucha gente sale de la pobreza pero la lleva consigo a donde quiera que va. Por ejemplo, hay miles de inmigrantes que abandonan su país natal y van a otros lugares donde se unen a los refugiados de su país de origen. Ésta es la razón por la que en la mayoría de las grandes ciudades hay ghettos y pandillas étnicas. Cuando estaba a punto de entrar a la preparatoria y a la universidad, mucha gente me recomendó que estudiara en California, Washington u Oregon. Cuando preguntaba por qué, la respuesta era: "En esos estados las escuelas tienen grandes clubs de gente hawaiana".

Aunque amo Hawai, su gente y su cultura, me estaba yendo para evolucionar y reformarme. Así que escogí una escuela en Nueva York y me aseguré de que no tuviera un club hawaiano. Si hubiera permanecido apegado a mi cultura, dudo mucho que hubiera hecho amigos como Donald Trump y Steve Forbes en Nueva York. No hubiera llegado a entender su mundo. Si quería tener amigos de Nueva York, así como ya tenía amigos hawaianos, debía evolucionar y reformarme.

Actualmente tengo un excelente matrimonio gracias a que fui un terrible esposo en el primero. Si no hubiera atravesado una evolución y reforma personal, sé que Kim no se hubiera casado conmigo. Cuando comenzamos a salir, sabía que la amaba, pero todavía quería andar con otras (ya lo había hecho una vez.) Cuando comprendí que le estaba haciendo a Kim exactamente lo mismo que a mi primera esposa, le confesé la verdad de inmediato. Se sintió herida y desilusionada, pero me dijo: "Sabes bien que no voy a soportar este tipo de comportamiento. No me pienso casar con un hombre que me engaña".

Nunca he traicionado su confianza porque no quiero perder su respeto o su amor. Sé bien que no tendría una pareja tan maravillosa si aún tuviera un alma corrupta.

El matrimonio y los negocios son muy similares. Ambos tienen reglas éticas, legales, morales y espirituales. Como sabes, hay muchos pillos, mentirosos, tontos y ladrones en los negocios. También en los matrimonios. Una de las mejores cosas de los negocios es que yo mismo puedo escoger con quién hacerlos. Eso no significa que sólo trabajo con mis amigos. Soy un empresario y a todos mis socios les explico que si no tienen buen desempeño, si no apoyan la misión, si no trabajan en equipo y si no continúan mejorando, pueden buscar trabajo en otro lugar.

Pero la mayoría de mis amigos son como yo, empresarios ricos que adoran su trabajo porque éste representa un reto. Trabajan porque, a pesar de que la misión a veces es difícil, les encanta lo que hacen. Me he ganado el respeto de muchos de ellos. Si yo fuera poco ético, inmoral o hiciera cosas ilegales, no serían mis amigos. Probablemente seguirían queriéndome, pero no me tendrían respeto.

En este tiempo he sido bendecido y he hecho negocios con algunos pillos, mentirosos, tontos y ladrones muy listos. Digo que ha sido una bendición porque me enseñaron lecciones de negocios que nunca hubiera podido aprender de un libro. Cada uno de ellos me mostró que, dentro de mí, también hay un pillo, un mentiroso, un tonto y un ladrón. Si no, no me habría juntado con ellos. Ahora soy un empresario más honesto y fuerte porque sé bien lo doloroso que es ser pillo, mentiroso, tonto y ladrón.

En capítulos anteriores escribí sobre el carácter y los defectos. Cuando descubro que no soy tan exitoso, rico o feliz como quisiera, me enfoco en mis cualidades y en mis defectos, que son el otro lado de la moneda. Por ejemplo, cuando tengo éxito, generalmente me torno arrogante.

Los siete pecados capitales que tanto se mencionan en la iglesia, describen los defectos. Éstos son: orgullo, avaricia, envidia, lujuria, gula, ira y pereza. Los humanos hemos batallado con estos defectos por siglos. Si no evolucionamos y nos reformamos, minimizan nuestro poder.

Cuando conozco a alguien que no aprovecha al máximo el potencial que Dios le dio, busco el pecado o pecados que no ha podido resolver. Sé que yo mismo lucho con estos pecados capitales; te invito a que leas la lista y veas si reconoces alguno de ellos en ti. Si no puedes, tal vez puedas solicitar que te hagan santo o conseguir una membresía para el club Orden Sagrada de los Súper santos. Es

Para salvar a la clase media

Durante las elecciones primarias presidenciales de 2008, muchos de los candidatos prometieron cambiar las cosas y salvar a la clase media. Cuando se estaba escribiendo este libro, Barack Obama acababa de ser electo como nuestro próximo presidente. Estoy seguro de que no va a poder salvar a la clase media. Como ya te habrás dado cuenta, si tu bienestar futuro está en manos del gobierno, entonces estás en graves problemas.

El gobierno podía protegerte en 1900. Pero desde el año 2000 eso es cada vez menos posible. Ni los gobiernos ni las religiones pueden proteger a la gente de la aceleración global del cambio.

En 1974, cuando veía a mi padre sentado frente a su televisor, me sentía agradecido porque el gobierno tuviera redes de seguridad para cubrir sus gastos médicos y familiares. Lo más probable es que para 2020 esas redes no sean suficientes para ayudar a los millones de personas que esperan la salvación médica y financiera.

En la canción *Imagine*, de John Lennon, hay un verso que dice: "Imagina que no hay país, no es difícil".

De hecho, es muy difícil para muchas personas, incluyéndome, *efectivamente* imaginar el mundo sin países. Muy pocos se pueden imaginar al mundo sin Estados Unidos, Inglaterra, Japón, México, Brasil, Canadá, Australia o Sudáfrica. Como todos nacimos en la era de las naciones, es difícil pensar en un mundo sin países y gobiernos que protejan a la gente. No obstante, lo que muchos visionarios están prediciendo es que habrá un mundo sin estados-nación.

La canción de Lennon podría volverse realidad porque la idea de nación proviene de la Era Industrial. Antes de la Era Industrial había reinos con monarcas. Actualmente quedan sólo unos pocos. ¿Lo siguiente podría ser un mundo sin países? Eso es lo que cuestiona la canción de Lennon.

Si la idea de las naciones y los gobiernos se vuelve obsoleta, ¿qué le pasará a los millones de personas que asumen que el gobierno se hará cargo de ellas a través de sus programas sociales? Creo que la respuesta está a unos años de distancia. ¿A quién le van a pedir alimentos, refugio y atención médica? ¿A Dios? ¿A su iglesia, templo, mezquita o sinagoga?

Para ser más explícito, ¿qué pasaría si el gobierno se va a la bancarrota y no puede cumplir sus promesas? ¿Qué harás si eres una de esas personas que piensa que el gobierno se hará cargo de ellas?

un club muy popular que tiene muchos miembros. Seguramente ya conoces a varios.

El Doctor Fuller dijo en una de sus pláticas: "La humanidad está empezando a comprender que matar a todo mundo no sirve de nada". Sus palabras me recordaron la explosión atómica que había presenciado, mis vivencias en Vietnam y mi actitud de "mata o déjate matar" en los negocios. Comprendí que cuanto más me esforzaba en aniquilar a mis enemigos, más se empeñaban en vivir.

Después de enfrentar la muerte en Vietnam, comencé a buscar otra forma de vivir. Esto me llevó de vuelta a los valores de mis padres, mi familia y la iglesia. Finalmente estaba escuchando lo que trataban de decirme. Para 1981 había evolucionado lo suficiente para escuchar al Doctor Fuller preguntar: "¿Qué pasaría si comenzáramos a trabajar para que todos puedan vivir?"

Mi evolución y reforma comenzaron con esa pregunta. En vez de enfocarme exclusivamente en hacerme rico, me enfoqué en construir un negocio que hiciera a ricos a *todos*. Eso es lo que hago ahora. Por eso tengo suerte y éxito financiero.

Tenzin: Vivir y morir con gracia

Debido a mi trabajo como capellán en hospitales y residencias para desahuciados, me enfrento a la muerte con más frecuencia que la mayoría de las personas. Tal vez nací para eso. Cuando mi padre murió yo estuve ahí. También cuando murió mamá. Era solamente una joven y sus muertes me dejaron una fuerte impresión. También me alentaron a buscar senderos espirituales para vivir y morir en paz.

Todos llegamos a la frontera final de la vejez y la muerte. Siendo budista he tenido que estudiar y reflexionar sobre estos temas durante mucho tiempo. Sin embargo, ahora que soy mayor, y especialmente por haber atravesado enfermedades tan serias, me he dado cuenta de cómo se entrelazan la vida y la muerte. He descubierto que la muerte nunca está lejos de nuestras vidas, aunque nos guste hacer bromas al respecto.

Sé perfectamente que tengo una pequeña ventana en el tiempo para vivir. Debo aprovecharla y vivir el sueño de aumentar mi capacidad de amar y ser compasiva con otros. Es lo único que nos queda al final. Aunque son importantes la riqueza, la familia, nuestros amigos y hasta nuestros doctores, lo único que en verdad puede ayudarte en los últimos momentos es estar tranquilo. Por lo que he visto, morir con gracia sólo se logra si viviste de la misma forma.

Vivir con gracia es tener una vida ética y espiritual. Resolver nuestros conflictos internos y los conflictos externos que tenemos con otros. Vivir bien es el secreto para morir bien.

Robert asegura que mi trabajo con los desahuciados no es precisamente un gran tema de conversación para la cena. La mayoría de la gente prefiere evitarlo. Robert enfrentó la muerte en Vietnam y vio morir a sus amigos en situaciones terribles lejos de casa. Él dice que no le teme a la muerte. Tal vez eso le da esa maravillosa efervescencia que muestra todos los días. Pero, en mi caso, enfrentar la realidad de mi propia muerte es también parte de mi práctica budista.

Los budistas nos entrenamos para contemplar cómo cambian nuestros cuerpos con el tiempo. Cómo envejecemos. También practicamos considerando que ninguno de los que está vivo ahora, lo estará dentro de cien años. Sin embargo, para mí no es necesario pensar en la muerte de una forma tan abstracta porque he perdido demasiados amigos y familiares. Mi experiencia con la muerte ha sido de primera fila.

La transición final hacia la conclusión de la existencia representa un intenso momento en la vida. Conlleva una fuerte carga emocional. La muerte tiene el potencial de hacer más sabios a quienes se acerca. Al construir una vida basada en los principios budistas, ya me estoy preparando para la muerte. Tal vez te preguntas cómo podría ayudarme eso al momento de morir, especialmente si te apegas a las creencias científicas de que los humanos no tenemos una conciencia o espíritu y que todas nuestras ideas son producto de reacciones químicas y respuestas eléctricas del cerebro. De acuerdo con esta visión, todo termina cuando el cerebro de una persona muere. La persona muerte por completo.

Pero mis años de práctica y estudio me han convencido de que la vida no termina con la muerte.

Una tarde di una clase y leí un poema del poeta japonés de haikú, Jakura. Jakura murió en 1906 y fue parte de la tradición japonesa de monjes zen, poetas y Samuráis que escribieron pequeños poemas antes de morir para capturar sus pensamientos en ese momento crucial. Justo antes de su muerte, Jakura recitó: "Este año quiero ver las flores de loto del otro lado".

Tras un momento de reflexión, un estudiante nuevo preguntó: "¿Eso quiere decir desde abajo del lodo?"

Puede ser que nuestros cuerpos estén hundidos "en el lodo", pero nuestra conciencia, ahora incorpórea, se separa y continúa, llevándose las sutiles huellas y tendencias de la vida.

Algunos estudios científicos comienzan a respaldar las enseñanzas budistas de que la conciencia es algo distinto al órgano físico que llamamos cerebro. La conciencia muestra las cualidades de la claridad y el conocimiento. No es un objeto material y, por tanto, no está sujeto al deterioro del cuerpo cuando éste muere. Tras la muerte, la conciencia continúa viva y, de hecho (según las creencias budistas), se convierte en el cimiento de un nuevo cuerpo y una nueva vida.

Ésta es una de las razones por las que no acepto la idea de que la vida no tiene sentido. La vida está *llena* de sentido y propósito. Estamos en un prolongado viaje hacia la dicha mayor. El camino que sigamos se debe basar en la ética. Y una vida ética es, en general, aquélla que se enfoca en la felicidad para otros así como para uno mismo.

Llevar un estilo de vida ético nos trae tranquilidad, que es muy útil al momento de morir. Tener una vida ética y disciplinada es muy importante, incluso para quienes no aceptan los conceptos de la conciencia que se separa o del renacimiento. Todos queremos ser felices y lo intentamos de muchas formas. Algunos creen que la felicidad se encuentra en el dinero, la fama, el poder y las otras trampas de nuestro mundo del sigo XX. Y, bueno, he aprendido durante mi viaje que se necesita un nivel básico de riqueza para mantener la salud y el bienestar. Pero el dinero por sí mismo no nos trae la dicha, sin importar cuánto tengamos.

Si buscamos la dicha pero no contamos con una base ética, sólo encontraremos la *infelicidad*. El estado mental esencial que trae la felicidad está compuesto por ética y buena voluntad hacia otros. Y el tesoro, la verdadera riqueza, es justamente dicho estado mental.

La preparación para la muerte comienza en la contemplación del cuidado que pusimos al vivir.

Por supuesto, para desarrollar el estado mental esencial, primero debemos cubrir las necesidades básicas que nos colocan en condiciones saludables de vida. Cuando esto se logra, podemos alcanzar cualquier cosa que nos propongamos. Sólo así podemos dejar la pobreza atrás.

Morir con gracia es resultado de estar preparado y haber aceptado la muerte. A todos nos gustaría estar preparados y aceptar la muerte propia y la ajena. Para mí, morir con gracia o con sufrimiento emocional depende de nuestro nivel de aceptación y preparación para ese momento. Aunque no podemos escoger *la forma* en que morimos, sí podemos escoger *cómo* morir. Éstas son las opciones:

Preparado pero sin aceptación	Preparado y con aceptación
Sin preparación y sin aceptación	Sin preparación pero con aceptación

SIN PREPARACIÓN Y SIN ACEPTACIÓN

Cuando enseñaba en el centro dharma hace algunos años, comenzó a tomar mis clases un hombre de aproximadamente 40 años. Su hígado estaba irreversiblemente dañado por el abuso del alcohol y las drogas. De hecho, estaba desahuciado pero lo suficientemente estable para salir un par de horas y asistir a clase. Disfrutaba la meditación y la compañía de los otros estudiantes. Todos nos dispusimos a ser sus amigos. Lo visitábamos en la residencia para enfermos terminales, lo llevábamos a nuestras clases y lo ayudábamos si necesitaba algo.

Un día, los doctores de la residencia le dieron una noticia sorprendente: su salud estaba mejorando. Después le dieron la mala noticia: tendría que dejar el lugar.

Al principio se quedó con su hermano y su cuñada, pero cuando las cosas se pusieron difíciles se mudó solo a un departamento. Poco después dejó de ir a las clases y no supimos de él por varios meses. Más tarde descubrimos que había vuelto al alcohol y la juerga, y que su forma de vida estaba recrudeciendo su enfermedad. En poco tiempo lo venció la cirrosis hepática y lo encontraron muerto en su departamento. Había sido un paciente modelo y un genuino buscador en la residencia, pero cuando estuvo solo volvió a las andadas. No aprovechó su segunda oportunidad.

Aparentemente, nuestro amigo no tenía fe en sí mismo y no comprendía su potencial humano. Como no contaba con una visión positiva de él y del mundo, se sintió perdido y confundido. Perdió la esperanza. Algunos usan las drogas, el alcohol y otras sustancias tóxicas para librarse de la depresión. Tal vez no tienen quién los ayude o son incapaces de buscar ayuda cuando la necesitan. Este tipo de aislamiento social es un problema muy serio para mucha gente. Al igual que mi amigo, muchos viven aletargados y en un descuido supino. Pero como dice el refrán budista: "No trates de alcanzar la felicidad a través de la miseria". Aunque a nuestro amigo le interesaban las enseñanzas espirituales, no pudo incorporarlas a su vida. Tal vez su hábito de "vivir en la miseria" estaba demasiado arraigado. De cualquier forma, parece que sacrificó su vida para escapar de sus problemas, en lugar de vivir y transformar su sufrimiento en una vida sana.

Preparado pero sin aceptación

Mamá y papá estaban preparados intelectualmente, pero no aceptaban su muerte. Ambos se habían enfrentado a ella más que la mayoría de las personas. Mamá lo hacía porque era enfermera; también vivió la muerte tras el ataque de Pearl Harbor. Ambos la vivieron por los maremotos, incendios y fallecimientos de varios miembros de la familia. Mamá aplicó los primeros auxilios de resucitación a su propio hermano cuando murió inesperadamente. Papá entró a la fuerza a un edificio en llamas para salvar a alguien que quería sacar sus pertenencias.

En una ocasión, papá tuvo que identificar el cuerpo del hijo de un amigo muy cercano. Había tenido un accidente automovilístico con un camión. Papá se negó a que los abuelos vieran al muchacho porque había quedado totalmente desfigurado.

Mis padres tuvieron muchos encuentros de este tipo. Vieron la muerte de cerca cuando trataban de ayudar a otros. Pero enfrentar su propia muerte fue un poco más difícil.

Mamá era una mujer creyente. Iba a la iglesia y se involucraba. Pero incluso nosotros, siendo niños, podíamos ver que su fe le daba poco alivio a su profundo dolor personal. Específicamente, se negaba a aceptar su enfermedad del corazón. Iba de doctor en doctor buscando un diagnóstico diferente. Sencillamente no podía lidiar con la realidad de que su corazón resultó dañado años antes cuando tuvo fiebre reumática.

El negar la realidad médica no es poco común. Esto se refleja en los escritos del famoso santo budista de la India, Shantideva, quien escribió: "Me arrullo a mí mismo pensando que, por lo menos por hoy, no moriré. Pero el momento de mi muerte llegará inevitablemente".

Estábamos en Hawai y yo era la única en casa cuando el corazón de mamá finalmente dejó de funcionar. Murió tan rápido que ninguno de nosotros tuvo oportunidad de decir adiós. Era joven, así que fue un golpe muy duro. Creo que no debió haber sucedido.

Como mamá era enfermera, entendía su enfermedad muy bien. Su fe cristiana la había preparado para ir al paraíso. Pero simplemente se negaba a aceptar que, debido a su condición, su momento estaba cerca. En casa realmente no hablábamos sobre lo inevitable de la enfermedad y la muerte. A su manera, mamá nos mostró por lo que atravesaba. Desgraciadamente su manera implicaba una falta de aceptación, por lo que fue hiriente con nosotros y sólo logró alejarnos.

La verdad era que no sabíamos cómo ayudarla. Cuando murió, esa verdad nos afectó a todos. La amábamos y deseábamos haber podido hacer algo más.

Cuando nos enfrentamos una enfermedad grave debemos considerar algunos aspectos. ¿Cómo lo enfrentamos? Tanto el enfermo, como su pareja, parientes o amigos cercanos, podemos fingir que no escuchamos ni al doctor ni a los síntomas. Fingir que la enfermedad no existe y esperar que la situación cambie. Podemos imbuirnos en el sufrimiento y hacer sentir miserables a todos los que nos rodean.

O podemos encontrar maneras de enfrentarlo y a gente que nos ayude. Tal vez a través de asesoría. A mamá le aquejaba el sufrimiento de una enfermedad grave. Nosotros no teníamos las herramientas adecuadas para ayudarla. Pero como pertenecíamos a una estoica familia japonesa, *no buscamos* ayuda. Hoy en día podemos investigar mucho sobre las enfermedades. Hay Internet y bibliotecas, así que sabemos mucho más que entonces.

Pero a pesar de la continua investigación médica y los avances que surgen a diario para vivir saludablemente por más tiempo, todos nos dirigimos al mismo final.

Papá se preparó para su inminente muerte limpiando su casa. Después sentí pena al saber que había tirado todos sus papeles: discursos y documentos que había escrito, proyectos en los que había participado; en fin, todo se había perdido.

Las últimas veces que lo visitamos, nos pidió que tomáramos lo que quisiéramos conservar: cuadros, platos, menaje y otros artículos. Era claro que intelectualmente estaba preparado. A pesar de eso, los últimos años fueron caóticos.

Cuando papá enfermó de cáncer de pulmón en 1990, yo estaba estudiando en la India y mi hija Erika iba con frecuencia a ayudarlo. Papá lidió con su propia decadencia. Se enfadaba mucho, no podía aceptar su situación. Erika me llamaba para decirme que estaba empeorando y que, si quería verlo por última vez, tenía que volver a Hawai.

Pasé dos semanas con papá. Fueron las últimas de su vida.

Es muy difícil presenciar el sufrimiento, especialmente si no podemos hacer nada al respecto. Ése fue el caso de papá. El cáncer de se amaban. Shasta volvió a California para criar a su hija entre sus cariñosos amigos en un lugar conocido.

Preparado y con aceptación

Gracias a la gran variedad en el tejido de la vida, no es de sorprenderse que haya algunas personas que viven tranquilas, con gentileza y bondad. En consecuencia, tienen muertes llenas de paz. Tal vez no son famosas ni han tenido grandes logros, pero son como nuestros abuelos o vecinos y podemos confiar en ellos. Pueden guardar un secreto, escucharnos o ayudarnos. Viven una vida sencilla y ordinaria entre los demás. No necesitan fuegos artificiales ni fanfarrias. Viven amistosamente con todos.

La mamá de mi amiga Mamie fue un ejemplo de este tipo de persona. Durante sus últimos meses fue muy reconfortante estar con ella. Pasaba a visitarla porque me agradaba. Toda su vida tuvo una actitud cariñosa respecto a la gente. Un día me contó que, ya siendo un poco mayor, un ladrón entró a su casa. Quería dinero, así que ella fue por su bolsa y le dio todo lo que tenía en la cartera. Después le pidió que esperara un minuto mientras sacaba su otra bolsa para darle más.

Después el ladrón le dijo: "¿Quiere que le haga el amor?", pero ella respondió con toda calma: "Ay, no, a usted no le gustaría. Estoy enferma y no creo que le agrade contagiarse. Ya le di todo mi dinero, así que váyase y no regrese". Y el ladrón se fue.

Todo esto sucedió cuando estaba enferma y se recuperaba de las quimioterapias. A pesar de eso, se mantuvo tranquila y alejó al depredador. No es que no tuviera problemas. De hecho, pertenecía a una rica familia china de refugiados. Habían dejado su país sin llevar más de lo que pudieron transportar cuando escaparon durante la ocupación japonesa. Ella formó a su familia en Estados Unidos, tuvo que aprender inglés y en algún momento trabajó en una fábrica de juguetes para ganar un poco más de dinero.

Emi con su papá en la boda de Kim y Robert: "Robert y Kim se casaron en 1986. Yo acababa de regresar de la India después de ser ordenada en 1985. Fui a la boda con vestimentas laicas porque apenas me estaba ajustando a la vida de monja en Occidente. Observa que papá tiene un cigarro entre los dedos".

pulmón produce falta de oxígeno. Él tenía miedo. Los doctores ya le habían quitado un pulmón y al que le quedaba le daban radiaciones. Le resultaba muy difícil respirar. Nos dijeron que debíamos volver al hospital porque el oxígeno de sus tanques en casa ya no era suficiente.

Así lo hicimos. Al principio, el oxígeno del hospital lo hizo sentir mejor, así que se relajó un poco. Me pidió que le llevara el libro de poemas de Robert Frost y que leyera, una y otra vez, "El camino menos transitado". Parece que gracias a eso lograba un poco de aceptación y paz.

Finalmente, su pulmón comenzó a fallar; le estaban administrando la mayor cantidad posible de oxígeno. Le era más difícil respirar cada vez, se agitaba demasiado y las enfermeras tenían que amarrar sus manos y piernas para que no se lastimara a sí mismo o a otros. Estaba entubado y no podía hablar. En momentos de mayor calma, quería escribir para decirnos algo, pero estaba sedado y tenía los brazos amarrados. Sólo podía hacer garabatos.

Fue terrible para todos no poder escuchar o leer sus últimas palabras. ¿Qué quería decirnos? ¿Cuáles habrían sido sus palabras? Quería comunicarse desesperadamente, lo quería tanto que, estando rodeado de la familia, luchó contra la muerte, sacudiéndose en la cama hasta que ésta llegó. No quería morir. Quería comunicarse y, al final, se fue frustrado.

Papá no creía en la religión sino en la filosofía. Había experimentado trágicas pérdidas en su vida. Veinte años antes, en 1970, tuvo la racha de pérdida después de la elección. Fue terrible que todo esto le hubiera sucedido a los 55 años. Aunque leía, estudiaba y se había hecho cargo de mucha gente durante su vida, creo que no estaba preparado para la pérdida personal, la enfermedad y la muerte.

Las dificultades llegan a nuestra vida y nos afectan, independientemente de que tengamos un camino espiritual o no. La pregunta es: ¿después de que nuestro mundo colapsó, podemos levantarnos y comenzar de nuevo? ¿Podemos transformar nuestros problemas para levantarnos de entre la devastación? ¿Podemos transformar el sufrimiento en sabiduría y compasión? Éstas son las preguntas esenciales y los retos personales que explora el budismo.

En resumen, la respuesta es sí, sí podemos transformarnos. Podemos hacerlo si nos esforzamos y usamos nuestra inteligencia y fuerza emocional para analizar nuestras vidas, las situaciones y el comportamiento. Debemos determinar cuáles son los problemas que podemos resolver y los que no, y seguir adelante. Ésta es una cita de Shantideva: "Si hay un remedio para el problema, ¿entonces para qué abatirnos? Y si no lo hay, ¿para qué estar tristes?"

Podemos parafrasear la cita y decir: si puedes hacer algo al respecto, ¿para qué te preocupas?, y si no puedes hacer nada, ¿para qué te preocupas?

En el caso de mi padre, los sucesos que enfrentó en su fueron parte de una lección masiva que lo cambió para s brillo y dinamismo que lo caracterizaban se apagaron. l forma nunca superó los golpes de entonces. Tal vez el he haberse reconciliado con aquellas dificultades, también l aceptar su muerte veinte años después.

La muerte es definitiva y, si entendemos eso, podemo llar cierta determinación para aprovechar la vida mientra tiempo y energía. La práctica espiritual o la observación namientos, nos pueden ayudar a aceptar lo inevitable.

SIN PREPARACIÓN PERO CON ACEPTACIÓN

Ashley y Shasta construían la casa de sus sueños en Haw muy enamorados y su pequeña hija era el centro de sus v rían establecerse ahí para criarla en una hermosa isla tro

Una mañana, Ashley estaba terminando de hacer algo antes de bajar a reunirse con Shasta y su hija para una e otro lado de la isla. De repente, Shasta lo escuchó grit hacia fuera y vio que se había caído del techo. Un gra madera de un poste eléctrico temporal le había cortad carótida. Shasta colocó la cabeza de Ashley en su regazo y "Ay, Shasta, te amo. Creo que lo arruiné todo".

Estuvo consciente por un rato, tratando de escuchar lo le decía: "Sólo respira, recuerda a tus maestros, tenlos en

Poco después, exhalo su último aliento.

Ashley y Shasta habían estudiado budismo con maest lifornia. Juntos formaron una hermosa familia con gran para el futuro. Todo cambió. La casa no había sido term familia sería diferente de ahora en adelante. Ninguno est rado para la repentina muerte de Ashley.

Pero Ashley y Shasta aceptaron que ése era el final. Y e mento, pudieron reconocer lo más importante de su rela

Al final, Celia pasó sus últimos días tranquilamente en su departamento, rezando y recibiendo a sus amigos y familiares. Estaba muy cómoda y transmitía tranquilidad a los otros. No se quejaba y falleció con mucha calma.

Este tipo de personas son maestros discretos que nos enseñan que la gente puede ser buena y gentil en esencia. Son quienes forman la verdadera fibra de la humanidad, nos ayudan a bajar la guardia del miedo, la paranoia, la competencia. Nos dejan sentir confianza y honestidad en nosotros mismos y en otros. Nos permiten ver que podemos ser amigos con sencillez y sin condiciones.

La gente como Celia nos da paz, tranquilidad y calidez.

Estas cuatro historias son la verdad sobre nuestras cuatro opciones. Son cuatro opciones, pero no de muerte sino de vida. Hay una historia más, la de una existencia iluminada y, por lo tanto, de una muerte iluminada.

Es la muerte del maestro dharma, Kirti Tsenshab Rinpoche, en diciembre de 2006. Rinpoche fue monje toda su vida. A los 45 años comenzó un retiro de quince años. Se encerró en una pequeña ermita en las montañas arriba de Dharamsala, en la India.

Rinpoche terminó su retiro porque Su Santidad, el Dalai Lama, le pidió que saliera y comenzara a enseñar. Y eso fue lo que hizo. Viajó por el mundo los siguientes veinte años compartiendo las enseñanzas budistas. El mismo Dalai Lama fue uno de sus estudiantes.

En el verano de 2006 le diagnosticaron cáncer en el hígado. Como tenía 80 años y el tumor era demasiado grande, no pudieron tratarlo. Después del diagnóstico inicial, Rinpoche dio una plática a un pequeño grupo de estudiantes, en la que comentó:

Estoy muy consciente de que mi enfermedad es incurable. Pero no estoy triste ni desilusionado. Cuando (el doctor) me informó de la presencia del tumor, de inmediato pensé que era muy, muy gentil. En verdad fue muy gentil. (Por muchos años, mi práctica había consistido en tomar el dolor de otros y transmitirles mi felicidad.) Pero respecto a mí mismo todo era teoría. Cuando me dijeron que tenía cáncer, no me sentí triste o enfadado. Al contrario, mi mente se regocijó, se sentía ligera y abierta. Pensé: "¡Por fin tengo la oportunidad de poner en práctica la teoría! Mis oraciones han sido respondidas. ¡Qué maravilla!", tengo el propósito de pasar todo el tiempo que me queda profundizando en mi práctica de dar y recibir.

"No quiero que estén tristes. Quiero que sean dichosos y se sientan inspirados porque ahora tengo esta gran oportunidad de practicar como lo hacen los bodhisattvas*. Mi doctor ha sido muy gentil. ¿Por qué habría de querer ocultar el hecho de que ahora practico sobre las huellas de los* bodhisattvas*?"*

Rinpoche quería registrar sus experiencias conforme se desarrollaba la enfermedad. Creía que serían de utilidad para otros enfermos de cáncer y para sus familias, también para los desahuciados.

En septiembre, uno de sus doctores le comentó que nunca había conocido a nadie que siguiera vivo con un tumor tan grande. También le dijo que seguramente el tumor le causaba un inmenso dolor. Pero Rinpoche no sufría. Podía meditar y caminar por largo rato en las tardes. El doctor también mencionó que su rostro, especialmente los ojos, se mostraban muy alerta, y eso indicaba que estaba lidiando bien con el cáncer.

El 3 de diciembre un estudiante y traductor de Rinpoche escribió el siguiente correo electrónico:

Rinpoche no ha podido consumir nada por varios días. Continúa perdiendo peso y fuerza. Aun así, su presión arterial, temperatura, consumo de oxígeno, pulso y otros parámetros, continúan dentro de lo aceptable. Tal vez ésta es la demostración más grande de "estabilidad" a pesar de un cáncer tan avanzado. Rinpoche continúa con su práctica

cotidiana y sus oraciones. Todos sus ayudantes seguimos ofreciéndole
nuestros servicios sin cesar.

Rinpoche entró en su último estado meditativo el 16 de diciembre. Terminó cuatro días después, el 20. Después, dejó esta vida.

Éste es el breve recuento de la vida y muerte de un sincero e importante maestro budista de la tradición tibetana. Es tan raro escuchar algo como así, que el recuento se escribió en un correo electrónico y se ingresó a un sitio en Internet. Permanece ahí como una fuente de profunda inspiración.

Puede ser que la muerte no sea el mejor tema de conversación durante la cena, pero se debe hablar de ella. No con morbo o tristeza, sino con alegría, así como nos enseñó Rinpoche. Creo que es una conversación que se debe llevar a cabo pronto. Después de todo, es más fácil asumir toda la humanidad, amor y compasión que hay en nosotros, si comprendemos las proporciones de nuestra mortalidad. Pero también debemos hacer el trabajo necesario para resolver nuestros conflictos externos e internos.

La práctica dura toda una vida.

¿Dónde estoy ahora? A través de todo mi estudio y meditación, siento que estoy preparada intelectualmente para mi muerte. Contemplarla nos ayuda a transformar nuestra frágil vida y la percepción negativa que tenemos de ella. Esto lo puedo decir ahora, pero sé que cuando mi momento llegue se pondrá a prueba toda mi preparación. Espero no acobardarme.

Las enseñanzas que he escuchado dicen que lo mejor es estar en un lugar tranquilo y calmado cuando se acerca la muerte. Así podemos prepararnos y nuestras mentes pueden descansar. Creo en esto porque lo he vivido de cerca. Una vez estaba en un largo vuelo a India. El avión repentinamente se fue en caída libre. La gente cayó en el techo del avión y, cuando el éste cambió el rumbo para evitar la caída, regresamos al piso. Todos gritaban y las alas del avión se estremecían. Pensé que se iban a romper.

Después volvió a suceder. La gente salió disparada en el aire, golpeó los asientos y el piso. Pensé que era el fin. Cuando por fin aterrizamos, tuvieron que sacar a muchos en silla de ruedas. Una mujer se había roto una pierna y otros tenían heridas graves. Habría sido difícil mantenerse calmado en un accidente así.

La muerte será una medida de cómo viví y qué tan bien resolví mis conflictos. Me llena de confianza saber que podemos dar forma a nuestros momentos finales y a los presentes. Esto no significa que debamos pasar la vida pensando en cómo tener muertes tranquilas. Quiere decir que, si queremos una muerte plena, debemos vivir así.

Fue muy difícil para mí explorar la muerte de mis padres como lo hice. Fue especialmente duro admitir lo mucho que sufrieron. Siempre he admirado y respetado a mi padre. Era un hombre inteligente, con personalidad y grandes logros. Con mamá no siempre tuve una buena relación, pero recordar quién era me hace comprender que varios la apreciaban por la gran amiga y miembro de la comunidad que fue.

No cambiaría por nada mi viaje de vida desde la niñez a las montañas de Isla Grande en Hawai, a la maternidad, a la India y más allá. No cambiaría el aprendizaje, la comprensión ni las creencias que formé, quebré y volví a formar. Ha sido un viaje espiritual y, aunque no lo sepamos, todos estamos en uno. Al igual que los demás, mientras tanto vivo estoy aprendiendo. Y cada día aprendo más, comprendo más y tengo más preguntas.

Estoy muy feliz por el proceso y agradecida con mis maestros y mis experiencias.

13

Encuentro con tu familia espiritual

Como hemos dicho desde el inicio de este viaje, nuestra familia espiritual es el verdadero hogar. Es el entorno en donde podemos vivir el tipo de vida para la que nacimos. En ella obtenemos la perspectiva y la habilidad de aceptar y apreciar otros pensamientos y puntos de vista. Hay muchos senderos para encontrar a tu familia espiritual: el matrimonio, la educación, la religión, la carrera, los amigos, maestros e, incluso, la crisis y la desesperación. Nuestros caminos nos llevaron a un templo abandonado en Hawai, a la zona de conflicto en Vietnam, a las montañas de Colorado, a la India, al estrés de Nueva York y Calcuta.

Mucha gente busca a su familia espiritual, pero poca la encuentra. En varios puntos del camino, sentimos que no hallaríamos a nuestra familia. Entre las barreras que enfrentamos hubo matrimonios fallidos, tragedias familiares y situaciones catastróficas de salud. Pero si hubiéramos permitido que estas barreras crecieran, se habrían convertido en murallas infranqueables.

Aceptar que cada barrera y retraso ofrecía una enseñanza, nos permitió resurgir con más experiencia de cada situación. Cada prueba nos ayudó a explorar la falla interna que nos pudo haber llevado al fracaso y nos acercó a los aspectos mental, físico, emocional y espiritual de la transformación.

El principio generalizado de unidad define lo anterior con el enunciado: para cada caída hay una subida. En las enseñanzas del budismo cada "muerte" se convierte en los cimientos para un nuevo cuerpo y una nueva vida. Con cada relación personal descubrimos más indicios de cuál sería nuestra familia espiritual. También encontramos a personas como el Doctor R. Buckminster Fuller y Su Santidad, el Dalai Lama, quienes nos inspiraron, transformaron y nos mostraron el camino hacia la familia.

ROBERT: ENCUENTRO CON NUEVOS HERMANOS

Tuve la ventaja de ir a Vietnam en dos ocasiones.

La primera vez fue en 1966, como estudiante. Fui a bordo de un barco de la Marina Mercante que transportaba bombas entre California y Vietnam. La tripulación estaba formada por civiles. La mayoría se había enlistado porque pagaban un bono de cien por ciento. Por ejemplo, un tercer oficial que normalmente ganaba 5 000 dólares al mes, podía registrarse para abordar un viejo bombardero sin aire acondicionado, navegar a la zona de conflicto y ganar 10 000 dólares mensuales. Eso era mucho dinero en 1966.

La segunda vez que fui a Vietnam fue en 1972, en un portaviones con tripulación militar. En vez de ganar los 10 000 dólares que me hubieran pagado como tercer oficial en un barco de civiles en la zona de conflicto, recibí 600 dólares mensuales como piloto de la Marina.

La experiencia de estar en una zona de guerra con civiles es muy diferente a la de estar con marinos. El nivel de intensidad es muy distinto y la razón para ir a la guerra también. Como dice aquella adivinanza: "¿Cuál es la diferencia entre los huevos y el tocino?", la respuesta es: "Que la gallina está involucrada en los huevos, pero el cerdo está totalmente comprometido en el tocino". Los hombres del banco mercante estaban involucrados en la guerra, pero los del portaviones estaban totalmente comprometidos.

Navidad de 1972. Una última ofensiva antes de ir a casa.
Aquí aparece Robert con su compañero,
el teniente "gentleman Joe" Ezell.

Cuando estás en busca de tu familia espiritual es importante reconocer la diferencia entre el dinero y la misión. En la zona de guerra aprendí que hay tres tipos de personas:

ZOMBIES

A los muertos vivientes les llamábamos zombies. Estos hombres habían perdido su alma por alguna razón, su espíritu los había abandonado. Para ellos probablemente era más fácil morir que vivir. Mientras estuve en el área de conflicto, conocí a dos hombres que se habían ganado la etiqueta de zombies. Eran pilotos que entraban en pánico, y su pánico costaba vidas. Cuando estaban bajo presión podían salvarse a sí mismos, pero no a los demás.

En una ocasión, uno de ellos volaba un área de aterrizaje repleta de naves enemigas. Cuando los disparos comenzaron a pasar muy cerca de su cabina enloqueció y, en vez de dirigir su nave hacia abajo, se elevó. El piloto voló directamente hacia el fuego enemigo. Flotaba en el cielo sin dirección y fue blanco seguro para una nueva arma. Los vietnamitas tenían un lanza cohete portátil que detectaba calor y que aún ahora se utiliza en combate. Un soldado enemigo apuntó, jaló el gatillo y el lanza cohete hizo el resto.

Yo no estaba en esa misión, pero mis amigos que sí habían ido, comentaron que fue horrible. Dieciséis jóvenes perdieron la vida. Había tropas norteamericanas y vietnamitas en la parte trasera de la nave. Casi todos murieron quemados porque el combustible se derramó en el área de carga y estalló. Otro piloto que estaba en el área dijo haber escuchado los gritos de los hombres por la radio, mientras el piloto responsable, quien sobrevivió, pedía ayuda.

Ese piloto se convirtió en un zombie. Era un muerto que caminaba. A veces lo veíamos hablando consigo mismo, justificando lo que había hecho. Lo hacía aunque nadie estuviera escuchando su defensa. Su oficial superior se apiadó de él y lo envió de vuelta a Okinawa en donde le dieron un trabajo administrativo. Aunque no lo culparon directamente por las muertes, todos sabíamos lo que hizo. Sabíamos que entró en pánico en cuanto sintió la presión. Su verdadera personalidad emergió por la intensa situación. Él lo sabía, y nosotros también. En un grupo militar, salvarte a costa de otros no está incluido en el código de honor.

Nadie quiso volver a volar con él.

A principios de los noventa me invitaron a dar una conferencia a un grupo internacional de entrenadores corporativos en Hong Kong. El tema asignado fue: "Devolviendo el espíritu a los negocios". Después de que me presentaron y subí al escenario, caminé en silencio hacia el rotafolios y escribí la palabra "Cuerporación".

Volteé hacia el grupo, señalé la palabra y pregunté: "Entrenadores: ¿cómo pueden levantar a los muertos?", sólo unas cuantas de las quinientas personas que estaban en el lugar se rieron.

De ahí en adelante, la plática fue cuesta abajo. Hablé sobre mi experiencia en Vietnam y de los zombies. También les comenté sobre mi trabajo en la Corporación Xerox a mediados de los setenta. En ambos casos relacioné las anécdotas con la noción de que los zombies —los cuerpos que caminan— trabajan para compañías sin espíritu.

"Los entrenadores corporativos nos visitaban y trataban de levantar a los muertos. Nos tratan de convencer de que hay una misión y espíritu de equipo. En Xerox todos sabíamos que, si alguien llegaba y ofrecía un mejor puesto, mayor salario y mejores prestaciones, hasta los más leales empleados de Xerox se irían. Eso es lo que sucede cuando contratas gente dispuesta a vender su alma a cambio de dinero." Después de unos minutos, me dijeron amablemente que se había acabado mi tiempo. Por alguna razón nunca me volvieron a invitar a hablar en las conferencias de su *cuerporación*.

También hay matrimonios de zombies. Tengo varios amigos que llevan años casados, pero hace mucho que se les terminó el espíritu del matrimonio. Tienen secretos que se han mantenido así, y cosas que debieron haber dicho pero que ya nunca revelarán. Las parejas permanecen juntas en su soledad. Es como si fueran dos cuerpos viviendo juntos, esperando "que la muerte los separe".

LIFERS

En el ámbito militar, un *lifer*[1] es una persona que está ahí porque quiere un trabajo y un retiro seguros. A los *lifers* les gusta la jerarquía y la estructura militar, no la misión. A muchos les agrada tratar a

---

[1] *"Lifer"* es un término de uso común en los grupos militares. Es un acrónimo del término *Lazy inefficient fellow expecting retirement* (Fulano flojo e ineficiente en espera de su jubilación). N. del T.

los rangos inferiores con condescendencia. Por ejemplo, a un mayor *lifer* le gusta menospreciar a los nuevos tenientes. Los sargentos *lifer*, por su parte, sienten gran placer cuando mangonean a los nuevos reclutas.

Tengo la sospecha de que muchos de los *lifers* que conocí, dudaban poder enfrentarse al mundo real, así que su trabajo era mantener un perfil bajo, pasar desapercibidos y retirarse protegidos.

Las burocracias gubernamentales y corporativas también estimulan la proliferación de *lifers*. Los *lifers* son gente que va a trabajar, se desempeña bien, regresa a casa, cena y ve la televisión. El banco mercante en el que viajé estaba lleno de *lifers*. La única diferencia era que ellos no podían ir a casa en la noche. En vez de eso, se escondían en sus camarotes. La ética laboral de un *lifer* consiste en trabajar sólo lo suficiente para que no lo despidan. Si quieres que realicen un mejor trabajo, tendrás que pagarles más. Hay muchos *lifers* que son buenas personas, sólidas. Van a la iglesia, izan la bandera el cuatro de julio, votan el día de las elecciones y evitan los riesgos a todo costo.

También hay *lifers* en el sistema penitenciario. Están condenados a cadena perpetua. Las barras de acero son lo que les impide liberarse. A los *lifers* que viven *fuera* de la cárcel su mente es lo que los aprisiona.

En la zona de guerra era muy sencillo distinguir a los *lifers* de los verdaderos oficiales de carrera y de los subordinados. Los oficiales de carrera estaban ahí porque eso era lo que deseaban. Los motivaba la misión. Pero la mayoría de los *lifers* estaban en la zona de conflicto sólo para ser vistos, para que les pudieran sellar la tarjeta y tener el prospecto de ascender de rango.

Muchos de los *lifers* que estaban en nuestro escuadrón eran pilotos mediocres. No se esforzaban por ser mejores, incluso eran peligrosos en situaciones límite. Una noche, mi amigo, el teniente

Joe Ezell, tuvo que relevar del mando a su copiloto, un mayor. El mayor se había puesto nervioso durante el aterrizaje de un carguero nocturno. Estuvieron a punto de levantar cargos a mi amigo por insubordinación. Afortunadamente, la tripulación respaldó al teniente Ezell y dijeron que estaban agradecidos porque le hubiera quitado de las manos la aeronave a un mayor incompetente.

HERMANOS

En la zona de guerra, la palabra "hermano" adquirió un significado muy especial para mí. La razón por la que los afroamericanos utilizan esta palabra es porque muchos crecieron en una zona de guerra. De hecho, varios *siguen* ahí. Cuando te encuentras en una situación de vida o muerte, es indispensable saber quiénes son tus hermanos y hermanas. La vida se trata de relacionarlos espiritualmente, de conectarnos. La vida depende de saber quién moriría por ti y por quién morirías.

En la zona de combate había todo tipo de marinos, pero no todos eran mis hermanos.

En algunas religiones, hay una intensidad similar cuando le llamas a alguien "hermano" o "hermana". No llamarías así a cualquier persona. Una de mis personas preferidas en el mundo era el hermano Duane, un católico. Aunque yo no era católico, él sigue siendo uno de mis maestros espirituales favoritos porque enseñaba con el ejemplo más que con palabras. Era un modelo de integridad espiritual y le había entregado su vida a Dios.

Tal vez te intriga que use mis lecciones de la guerra y los enfrentamientos para describir el proceso con el que se encuentra a la familia espiritual. En realidad, la guerra y los enfrentamientos no son agradables. Pero yo los uso para contextualizar porque creo que muchos libramos una batalla con nosotros mismos. Por ejemplo, yo he pasado la mayor parte de mi vida luchando contra mi sobrepeso. Lo más difícil ha sido bajar veinte kilos y mantenerme en mi peso ideal. También he pasado mucho tiempo en una larga batalla para obtener riqueza. Porque convertirme en una persona rica no fue fácil. Dudo mucho que hubiera logrado riqueza o salud de no haber sido por mi espíritu. Sin mi fuerza espiritual, actualmente sería un hombre gordo, enfermo, desdichado y pobre.

Hay gente que se queja de ser pobre. Cuando dicen "no lo puedo pagar" comprendo que en realidad su espíritu es débil. Lo compruebo cuando otras personas dicen que el gobierno debería ayudarlos económicamente para mandar a sus hijos a la universidad, condonar sus deudas, pagar sus gastos médicos y su retiro.

Cuando escucho que alguien se queja de que la vida es injusta, me queda claro que no se ha esforzado demasiado. Su propia existencia lo ha golpeado. Él mismo perdió sus batallas.

Uso la metáfora de las batallas porque sé que hay muchas cosas en el mundo por las que vale luchar. Por alguna razón Dios creó los conflictos como parte de nuestra existencia.

Todo lo que hay en el universo de Dios, libra algún tipo de batalla para sobrevivir. Por ejemplo, mientras escribo este libro, veo que hay tres gorriones afuera de mi ventana. Hay bastante comida en el jardín; sin embargo, estos pequeños espíritus se empeñan en pelear.

Por supuesto, lo ideal es soñar que hay paz y rezar por ella. Pero la verdad es que pelear es parte de la vida, y la paz es algo por lo que vale la pena pelear. Mi espíritu se fortaleció cuando fui a la guerra y luché por la paz. También lo hizo con mi lucha por la salud y la riqueza.

Es natural evadir algunas batallas, pero hay otras que vale la pena pelear.

Mi hermana aprende mucho en su entrenamiento privado. En la Marina yo también era un piloto en entrenamiento. Algunos de mis mejores amigos de negocios fueron entrenadores anteriormente. Varios de mis socios fueron misioneros mormones, y algunos otros vendían libros religiosos de puerta en puerta. Cuando les pregunté sobre el tiempo en que fueron misioneros, todos me dijeron que había sido una experiencia espiritual invaluable. El trabajo de misiones había probado su fe y fortalecido su carácter. Gracias a eso ahora pueden enfrentar mejor los retos de la vida.

Haber estado dos veces en la zona de guerra, una con civiles y otra con marinos, me ayudó a descubrir que la misión es más importante que el dinero.

A continuación se muestran varios pasos que te pueden ayudar a encontrar a tu familia espiritual, si es que todavía no lo has hecho. El primer paso es preguntarte: "¿A qué estaría dispuesto a entregar mi vida?" Para responder esta pregunta tal vez tengas que buscar en las profundidades de tu alma, pero en cuanto comiences a encontrar respuestas también encontrarás a tu familia espiritual.

El segundo paso es preguntarte:

- Si el dinero no fuera un problema, ¿continuaría en el mismo empleo?
- Si el dinero no fuera un problema, ¿haría mi trabajo sin que me pagaran?
- Si las respuestas a las dos primeras preguntas son "no", entonces, ¿en qué trabajarías por siempre y sin cobrar?
- Si no estás dispuesto a trabajar por siempre y sin recibir un salario, entonces es muy probable que todavía no hayas encontrado el propósito de tu vida. Si hay algo más que te gustaría hacer, tal vez deberías intentarlo.

A pesar de que ya no necesito trabajar, continúo haciéndolo. Me retiré dos veces pero el trabajo me sigue llamando. Ahora comprendo que es porque se trata del trabajo de mi vida. Aunque a veces es muy difícil, extenuante y desafiante, sigo haciéndolo.

El mío es un empleo muy gratificante en lo financiero y lo espiritual. Creo que llegará un día en que deje de trabajar pero, por el momento, esto es mi vida. Nutre mi cuerpo, mi mente, mis emociones, mi espíritu y mi cartera. Sé que lo haría sin que me pagaran porque así es como comencé a hacerlo.

El tercer paso es preguntarte lo siguiente:

- ¿Amo a la gente con la que trabajo como si fuera mi familia biológica?
- ¿Respeto a la gente con la que trabajo?
- ¿Confío en ella?
- ¿Estoy orgulloso del producto o servicio de la compañía para la que trabajo?

Por ejemplo, como mi padre murió de cáncer en los pulmones, yo no podría trabajar para una compañía de tabaco. Ganar dinero a través de la venta de un producto que mató a mi padre, sería la perdición de mi alma. Esto no significa que esté en contra del tabaco. Si quieres fumar, es tu decisión. Yo lo hice por algunos años, después lo deje. Actualmente todavía disfruto de un buen puro ocasionalmente.

La vida se sustenta en los vínculos personales. La calidad de nuestra vida tiene una conexión con la calidad de nuestras relaciones. Ten mucho cuidado si trabajas en una *cuerporación* y vendes productos en los que no crees. En las películas hay vampiros y hombres lobos, pero en la vida real también hay gente que te quiere chupar la sangre. Si gastas tu vida en una *cuerporación*, también podrías perder tu alma.

El cuarto punto es el más importante, es el que fortalece tu espíritu.

Fortalecer el espíritu es fundamental porque de eso depende la diferencia entre tener éxito y fracasar. Por ejemplo, sabes que el mundo está lleno de gente con talento. Pero los ganadores son gente con talento *y* con el espíritu más fuerte. En el mundo del deporte existen atletas, pero en realidad son los atletas con el espíritu más fuerte quienes ganan. También hay un sinfín de personas inteligentes en el mundo pero, como ya lo sabemos, muchas no tienen éxito. Dicho de otra forma, si quieres tener éxito con los dones que Dios te dio, debes enfocarte en fortalecer tu espíritu.

El cuarto paso es trabajar sin recibir un salario.

Probablemente la mejor forma de fortalecer tu espíritu es compartiendo los dones que Dios te dio. Puedes compartirlos con gente u organizaciones que apoyan el trabajo que haces. Será mejor si lo haces sin esperar remuneración. Por ejemplo, si para ti es muy importante tu religión, entonces trabaja gratuitamente para la iglesia. Si eres bueno en el mundo de la mercadotecnia, ofrece a tu pastor ayudarle a incrementar la asistencia a la iglesia. Cuando trabajas sin cobrar, sin esperar nada a cambio, tu espíritu se fortalece. Funciona así porque estás ofreciendo tu don a un propósito superior.

Cuanto más des, más bendiciones recibirás. Estoy seguro de que la mayoría de los pastores recibirán con agrado a los verdaderos hermanos y hermanas que tengan un corazón generoso y dones para compartir. La mayoría de las iglesias están llenas de zombies y *lifers* que sólo van para recibir más de lo que dan.

Si hay alguna causa de caridad cerca de tu corazón, entonces dale algo más que dinero. Comparte el don que Dios te ha dado. Si es la contabilidad, entonces ofrece ayudar con ella. Si cortar el césped, entonces hazlo gratis, sin esperar algo a cambio. Si te interesa la política, entonces trabaja con el corazón y el alma con el candidato que consideras que será mejor líder. Las bendiciones te llegarán de muchas formas.

Otra forma de construir tu espíritu es jugar con un equipo deportivo. A mí me encantaban los deportes porque aprendí a confiar en mi equipo y a que ellos confiaran en mí. Jugué béisbol, futbol americano y rugby durante años. El deporte más rudo que practiqué fue el remo. Lo practiqué durante cuatro años en la academia.

También he mencionado que una forma de construir tu espíritu a través de los negocios, es involucrarse con compañías de mercadeo en redes. Éstas son un buen lugar para comenzar un entrenamiento como empresario. Además, sabemos que los empresarios exitosos funcionan con puro espíritu. Es por ello que Donald Trump y yo las apoyamos. Si quieres ser empresario, busca una compañía de mercadeo que tenga un excelente programa de desarrollo personal. Después invierte al menos cinco años en ese desarrollo y ayudando a otros.

Rich Dad Company tiene un programa de franquicias para quienes quieren aprender a hacer negocios con nuestro sistema. Uno de los empleos de las franquicias consiste en organizar clubes de CASHFLOW. Asimismo, la tarea de cada club es lograr que la educación financiera esté disponible para la mayor cantidad posible de gente. Este tipo de franquicia es excelente para quienes les gusta enseñar y aprender sobre inversiones y técnicas empresariales. En muchos sentidos, la franquicia Rich Dad está diseñada considerando los programas de misiones de varias religiones. Sin embargo, el nuestro no es un mensaje religioso, sino un mensaje de libertad financiera a través de la educación financiera.

Nuestro mensaje es para enseñar a la gente a pescar.

Como ya sabes, hay quienes comparten con el alma y todo su corazón, y sin embargo siguen siendo financieramente pobres. Una de las razones por las que tienen un espíritu rico pero mentes pobres, es porque nuestras escuelas no ofrecen educación financiera. Entre los propósitos de los juegos y clubes de CASHFLOW se encuentra formar mentes y espíritus ricos. Si una persona con un espíritu rico incrementa su IQ financiero, puede compartir sus dones con el mundo y hacerlo un mejor lugar para vivir.

Cuando compartes desde el corazón, obtienes mucho más que sólo dinero. Lo sé porque he trabajado sin esperar que me paguen.

He ido a algunas compañías para trabajar con sus equipos de ventas. Les enseño a vender mejor. No pido nada a cambio pero, de alguna forma, mi habilidad para vender se incrementa. Cuando la compañía de bienes raíces de un amigo estaba teniendo problemas con sus socios, colaboré gratuitamente en la disolución del contrato. Unos meses después, llegó a mi escritorio uno de los mejores negocios de bienes raíces de mi vida, el cual sigue dándome dinero hasta ahora.

Uno de los mejores dichos que aprendí en la iglesia decía: "Dios no necesita recibir, pero los humanos necesitan dar". Yo descubrí que, cuanto más doy sin esperar nada a cambio, más recibo. Cuando conozco gente que no tiene suficiente amor, dinero o felicidad, sé que es porque no dan lo suficiente.

Hoy en día tengo el placer y el honor de trabajar con gente con que se asemeja mucho a mis hermanos en la zona de guerra. He llegado a estimar mucho a estas personas. Son parte de mi familia espiritual. Compartimos una misión y confío en ellos mi vida.

En resumen, en la zona de guerra aprendí:

- Los zombies están vivos pero temen morir. Viven para no morir.
- Los *lifers* están vivos pero temen vivir. Para ellos es más fácil morir que estar vivos.
- Los hermanos y hermanas, madres y padres han encontrado algo por lo que vale la pena morir y que les transmite vida.

Cuando conocí al Doctor Fuller en 1981, tuve un gran cambio interior que alteró mi vida. En lugar de aprovechar mis conocimientos para enriquecerme, comencé a usarlos para enriquecer a otros. En cuanto realicé ese cambio comencé a encontrar a mi familia espiritual.

En 1984 apareció en mi vida un hermosísimo ángel: Kim, mi esposa. Cuando dimos juntos nuestro salto de fe, inició un viaje a través del ojo de una aguja. En mis libros anteriores he comentado que hacerlo no fue fácil. Tuvimos demasiados altibajos, pérdidas y recompensas. Conocimos a gente enriquecedora, pero también a falsos profetas. Curiosamente, aprendimos tanto de los falsos profetas como de los maestros genuinos.

Los falsos profetas también pueden ser ángeles. Kim y yo tuvimos el mayor crecimiento durante los momentos más oscuros, porque en ellos encontramos nuestro verdadero espíritu y el amor para seguir adelante. No ha sido un viaje fácil, pero ha valido la pena.

En el año 2000, otro ángel me invitó a su programa de televisión. Desde entonces mi vida nunca ha sido igual. Oprah compartió conmigo su don, el don de su voz y de la confianza que tanta gente alrededor del mundo le ha brindado. Gracias a él, Kim y yo pudimos transmitir al mundo nuestro mensaje sobre la educación financiera.

En 2004 conocí a Donald Trump y descubrí que compartíamos la misma preocupación por la gente y por la educación financiera. Conocerlo fue como encontrar a un hermano espiritual con el que comparto una misión. Nuestro libro *Queremos que seas rico* (*Why We Want You to Be Rich*), fue editado en 2004. Steve Forbes, otra persona preocupada por la necesidad de educación financiera, lo patrocinó.

Y ahora, gracias a *Hermano Rico, Hermana Rica*, mi vida ha completado un círculo con mi hermana biológica, Emi. Ella es ahora también mi hermana espiritual, Tenzin.

Sé bien que nunca habría conocido a gente tan maravillosa, incluyendo a mi hermana, si no hubiera cambiado el rumbo de mi vida en 1981.

Cuando encuentras aquellas cosas por las que estás dispuesto a morir, también encuentras a tu familia espiritual.

En mi caso ha sido un gran reto. Creo que en general es difícil pertenecer a *cualquier* familia. En muchos sentidos, las relaciones familiares pueden ser más dolorosas que las sociales o las comerciales.

Uniendo nuestros esfuerzos como maestros.

Así que, antes de que te apresures a buscar a parientes espirituales extraviados, permíteme transmitirte algunas lecciones que he aprendido en el camino.

No hay mal que por bien no venga.

Ésta es mi primera lección porque la mayoría se aferra durante mucho tiempo a malas relaciones. Si tienes una relación mala, es difícil que haya espacio para una buena. Para moverte a veces tienes que soltar un poco y dejar ir a la persona, aunque la ames. En el trabajo, algunos se aferran por mucho tiempo a empleos inadecuados. Si ya dejaste de aprender y de crecer, tal vez ha llegado el momento de buscar nuevas oportunidades.

Es difícil ganar más dinero si ya no estás aprendiendo y creciendo.

Recuerda el principio generalizado de que la unidad es plural. No puede haber malestar sin bienestar. Lo más importante es tener solidez moral, ética y legal. Si tienes solidez espiritual, de entre lo malo surgirá lo bueno y vendrá a ti. Si no tienes solidez y no lo aceptas, tu situación empeorará.

Recuerda, nuestras cárceles están repletas de "gente inocente". Estoy seguro de que el sistema ha puesto tras las rejas a uno que otro inocente pero, en su mayoría, las cárceles están llenas de gente que hizo tonterías o cometió delitos. Mientras no sean honestos, su situación seguirá empeorando. Esto también le puede suceder a quienes no están en la cárcel. Recuerda cuando el presidente Clinton no quiso admitir que había tenido relaciones con Monica Lewinsky. En lugar de ser honesto, le mintió al mundo. Su situación empeoró. ¿Y cuál fue el impacto de sus mentiras en el camino de su esposa a la Casa Blanca?

Cuando me cacharon borracho con mujeres en mi helicóptero, mentir empeoró las cosas. No solamente ensucié mi reputación, sino también la de mis compañeros de la Marina. Fue hasta que reuní el valor para ser honesto que pude liberarme física, mental, emocional y espiritualmente. Ahora comprendo que decir la verdad me ayudó a aprender de una mala situación.

Se necesita valor para decir la verdad; mentir es para cobardes. De hecho, la vida es más difícil para los mentirosos y los cobardes porque, con sus mentiras, lo complican todo.

Miedo significa nuevas oportunidades.

Siempre que tengas miedo, significa que te estás acercando a la frontera entre lo que sabes y lo que no sabes. Si retrocedes, tu aprendizaje y crecimiento se verán interrumpidos. El temor nos da la oportunidad de hacernos más fuertes o más débiles. El miedo a morir me convirtió en un mejor piloto en Vietnam. Tenía que ser mejor piloto que el enemigo. En la guerra aprendí a respetar a mis rivales y no a odiarlos. El odio enceguece.

En el ámbito del dinero hay numerosas personas que se aprovechan de tu miedo. Por ejemplo, la industria de los fondos mutualistas ha prosperado porque la mayoría cree que es riesgoso invertir. Efectivamente hay un riesgo en invertir, pero tu inversión no tiene por qué ser riesgosa. Creo que es más arriesgado no buscar educación financiera y entregar tu dinero a un vendedor cuya labor es mantenerte temeroso y hacerte creer que sabe más que tú.

Recientemente, un antiguo socio de negocios me demandó. Pensé que él esperaba que me venciera el temor. Pero simplemente dije: "Adelante, vamos, ésta es una nueva oportunidad de aprender y crecer".

Ahora sé que ésa ha sido una de las mejores experiencias de mi vida. A pesar de que fue dolorosa, me revitalizó espiritualmente. Me he convertido en un mejor empresario porque me gusta pelear. Si me hubiera dado por vencido, no habría ido más allá de mis limitaciones, de mi zona de comodidad. Si hubiera cedido en la zona comercial, mi espíritu y mi alma me habrían abandonado.

No trabajes con zombies.

Si trabajas en una *cueporación* privada o del gobierno, ten cuidado. Hay gente que se alimenta de tu miedo a perder el trabajo y de tu necesidad de obtener dinero. Generalmente, estas personas te ponen la carne de gallina. En realidad es tu espíritu el que te habla diciéndote que tengas cuidado. Si te quedas largo tiempo en el mismo lugar sólo para recibir un cheque de nómina, un ascenso o un buen retiro, perderás tu alma.

Todos hemos visto o conocido a personas que se quedan mucho tiempo en el mismo lugar y que se convierten en zombies. Generalmente están totalmente abatidas, no les gusta lo que hacen y sólo dejan que pase el tiempo. Viven esperando el fin de semana y su jubilación. Llegan al trabajo, cubren su tiempo y se van a casa. Su *cuerpo* llega al trabajo, pero su espíritu no está ahí.

A veces la gente se molesta porque hablo indistintamente de mis días en la zona de guerra y de la vida que he tenido desde entonces. Muchos creen que una pelea y la guerra son negativas y, de hecho, lo son en diversos sentidos. Sin embargo, si te fijas con cuidado, verás que la mayoría tiene que librar sus propias batallas. Por ejemplo, cuando comprendí que era pobre, tuve que luchar con corazón y garras para hacerme rico. Cuando subí de peso y era clínicamente obeso, tuve que lidiar esa batalla para recuperar mi salud. Esas batallas que he peleado en mi vida para alcanzar la salud y la riqueza, han sido invaluables.

Hoy en día veo a muchos jóvenes que esperan que sus padres les brinden todo. Conozco pobres que se quejan de que el gobierno o su jefe no les paga lo suficiente. Conozco obesos que compran pastillas mágicas para adelgazar. A menudo encuentro *baby boomers* de mi edad que no han ahorrado para su retiro y esperan que Dios les conceda un milagro.

Para la mayoría de la gente, la guerra no es algo bueno. Prefiere ser educada y no meterse en problemas, llevarse bien y tener tranquilidad. A mí también me gustaría. Pero la diferencia radica en que a mí me educaron para reconocer una riña. Y si hay una pelea, yo peleo para ganar. No tiene caso rezar por la paz si vives en una zona de guerra. Si alguien se mete a mi casa con un arma, intenta robarme o violarme, preferiría pelear entonces y rezar después.

La guerra endureció mi esencia. Si no fuera por ella no habría tenido el valor para buscar a mi familia espiritual. No habría soportado la crítica que he recibido por mi trabajo. Si no fuera por la guerra, me estaría defendiendo en los *blogs* de Internet en lugar de estar haciendo mi trabajo. Si quieres encontrar a tu familia espiritual debes estar dispuesto a desarrollar un ser interior más fuerte porque tu espíritu será puesto a prueba, te lo puedo asegurar.

En 1981, cuando crucé la frontera de la avaricia a la generosidad, comenzaron a suceder milagros. También desastres. Algunos de los milagros me cambiaron la vida. Por primera vez me convertí en estudiante. Descubrí qué era lo que quería aprender. El dinero no importaba mucho, pero servir a otros sí.

En lugar de darme por vencido porque no tenía dinero, busqué formas de producirlo. Descubrí que los seres humanos necesitamos dinero pero nuestro espíritu no. Me di cuenta de que cuando me enfocaba en servir a otros, me llegaban bendiciones no necesariamente económicas. A veces las bendiciones llegaban en forma de gente mala o desastres. Así fue como aprendí que no hay mal que por bien no venga. De hecho, descubrí que, si mi ego me lo permitía, aprendía más de los desastres que de los milagros. En vez de escapar a mi miedo, *lo asumí*. No lo hice porque fuera un temerario, sino porque quería probar la fortaleza de mi espíritu y expandirla.

Inicié este proceso en 1981 y es interminable. No puedo simplemente saltar en algún momento y decir: "¡Aleluya! Encontré a Dios, ahora mi vida es perfecta". Hay altas y bajas, pérdidas y recompensas, malestar y bienestar. Pero este proceso hace que mi vida sea mejor. No sucede instantáneamente como algunas personas desean, sino a largo plazo. Durante el proceso se pone a prueba mi voluntad y conlleva cantidad de estrés mental y espiritual. Es parecido al estrés físico que sentimos cuando vamos al gimnasio.

Éste ha sido mi camino para averiguar si existe Dios o el Gran Espíritu. En él he aprendido algunas cosas:

- Trabaja sin esperar que te paguen. Cuanto más trabajo sin esperar que me paguen, más dinero genero. Cuanto más necesites algo, menos lo obtendrás. Es el caso del amor y del dinero.
- Cuanto más doy, más recibo, pero no de manera inmediata.
- Es más difícil decir la verdad que mentir, pero cuánto más me acerco a la verdad, menos tengo que mentir.
- Nuestra alma tiene un precio, pero para muchas personas es muy bajo.
- Cuanto más enseño, más aprendo.
- Si quiero una familia y amigos espirituales de calidad superior, tengo que aumentar mi propia espiritualidad. Cuando alguien engaña a algún miembro de su familia espiritual, la vida se altera y se va cuesta abajo.
- Cosecharás lo que siembres. Debes estar dispuesto a aceptar las consecuencias de tus actos.

- Aprende cuándo debes dar la otra mejilla y cuándo pelear. Aprende la diferencia entre justicia y venganza.

- Si no peleas cuando es momento de hacerlo, puedes convertirte en la presa de un depredador. Recuerda que, para que haya un depredador, debe existir una presa. Si eres débil y no estás preparado para pelear, te convertirás en una presa que reza todo el tiempo.

- Vive de acuerdo a tus propios estándares. Muchos dicen que el dinero no es importante, pero el nivel de vida sí lo es. En lo personal, disfruto mucho mi casa, mi casa en la playa, mis autos y de las otras cosas buenas de la vida.

- Aprende a reír por dentro, especialmente cuando hay miseria a tu alrededor. Cuando fracasó mi primer negocio importante, me sentí miserable durante un par de años. Pero fui feliz cuando descubrí que mis pérdidas también eran recompensas porque podía aprender de ellas.

- Escoge a tus amigos con cuidado. Una de las mejores cosas de ser empresario es que puedo elegir con quién trabajar. La mayoría de las personas que incorporo son como yo, empresarios ricos que adoran su trabajo porque representa un reto.

- En el mundo de las familias espirituales, a menudo, el respeto es más importante que el amor.

- Solamente porque alguien es duro contigo, no significa que no te ama. A veces, lo más duro que debe hacer un amigo espiritual es decirte aquello que no deseas escuchar. La retroalimentación es difícil para el receptor, pero también puede serlo para quien la brinda.

- Mis asesores profesionales son parte de mi familia espiritual. Te diré que, gracias a la adversidad, he conocido a los mejores abogados, doctores y contadores.

Hace poco tuve problemas del corazón. Estaba muy desilusionado de las prácticas y los consejos de los cardiólogos tradicionales. Todos me recomendaron someterme a cirugía inmediatamente. Incluso me sugirieron dejar de hacer ejercicio en ese preciso instante y operarme por la noche.

Eso sucedió hace seis años.

En vez de someterme a cirugía, busqué opciones. Durante el proceso conocí, gracias al amigo de un amigo, a un doctor diferente. Él entendía de salud alternativa y no me desalentó cuando le dije que deseaba una cura y medicinas más naturales. A pesar de que todavía necesito cirugía, ahora estoy más sano porque encontré doctores miembros de mi familia espiritual médica. En otras palabras, descubrí que mi familia espiritual se extiende e involucra todos los aspectos de mi vida.

De nuevo surge la pregunta que con tanta frecuencia me hacen: "¿Qué sucede si no encuentro a mi familia espiritual?" Sólo conozco dos respuestas.

La primera es que puedes seguir huérfano. Puedes ser un huérfano solitario o un huérfano con muchos amigos y familiares. No hay nada de malo en ello. Hay numerosas personas que viven bien así. La mayoría ni siquiera sabe que podría tener una familia espiritual en algún lugar del mundo. Buscarla puede ser una tarea profunda y dolorosa que varios deciden no realizar. Algunos prefieren vivir en soledad en lugar de lidiar con el estrés que representa salir de su zona de comodidad.

La segunda respuesta es que tal vez Dios o el Gran Espíritu te forzarán a buscar a tu familia espiritual. Por ejemplo, un amigo perdió a su hija de ocho años que enfermó de cáncer. Cuando cenamos juntos hace algunos meses, me dijo: "Gustoso habría cambiado mi lugar con ella. Habría dado mi vida porque ella viviera". Hoy en día, en lugar de vivir en sufrimiento, colabora incansablemente para la Fundación *Make-A-Wish*, en hospitales y otras obras de caridad que trabajan en la investigación de curas contra el cáncer. Él encontró su propósito en la vida y a su familia espiritual a través de la pérdida de su hija.

¿Cuál es la vida para la que naciste? ¿Cuáles son los regalos especiales que has traído al mundo? ¿Cómo los aprovechas para servir a otros? ¿A qué le entregarías tu vida entera? ¿A cambio de qué morirías?

Sólo tú puedes responder esas preguntas porque las respuestas están en tu corazón.

TENZIN: EXPANSIÓN DEL CAMPO DE JUEGO

Mi búsqueda espiritual comenzó con la típica aventura de "irse de casa". Era una madre soltera con una pequeña hija, pocas habilidades y escaso dinero. Por eso necesité mucho impulso para aventurarme. Salir de Hawai implica mucho más que sólo cruzar la línea estatal. Un vuelo de Hawai a la zona continental más cercana dura cinco horas. Y, por lo general, se llega a un lugar muy distinto a la isla tropical de templadas brisas marinas. Yo tenía que planear cuidadosamente y ahorrar suficiente dinero para llegar a California, inscribir a Erika a la escuela y encontrar trabajo. Durante los dos primeros años viajaba en autobús y a veces hasta caminaba para ahorrarme el boleto. Sucedió igual cuando me mudé a Colorado, a Alaska y después a India. Aunque el cambio es constante, todos tenemos hábitos y formas distintas de vivir y de hacer las cosas. Yo estaba decidida a explorar senderos espirituales, estudiar con maestros destacados y encontrar a mi familia espiritual. Ése fue el inicio, pero el viaje continúa.

El desafío de encontrar a tu familia espiritual y después comprometerte con un sendero para permanecer en él en las buenas y en las malas, es muy similar al que también se vive con la familia biológica. Asimismo, ser parte de una iglesia o centro espiritual es solamente adherirse a otra familia. En todos los ámbitos tenemos que enfrentar gente difícil, jerarquías, burocracia y horarios. También en la vida espiritual hay alegrías, recompensas, obstáculos, pausas y emergencias.

Realmente no debería existir una separación entre la vida, la cotidianeidad y los esfuerzos religiosos de una persona. El mundo es un gigante salón de clases y cada uno puede ser un maestro del cual podemos aprender a practicar nuestra paciencia y a desarrollar tolerancia y compasión. Esto no significa que debamos congraciarnos con todo aquel que nos topamos, sino que tenemos que desarrollar una forma hábil y cariñosa de tratar con cada individuo en cada situación.

Algunas personas son un modelo a seguir, son maestros. Hay otras a quienes debemos ayudar y enseñar hasta donde podamos. Pero hay individuos que pueden ser todo un reto. A menudo nos involucramos demasiado en una situación o con una persona, lo cual nos resta objetividad y nos impide lidiar con ellas. Entonces nos sentimos enojados, irritados, atascados y deprimidos. La situación nos sobrepasa y abruma. En esos casos, a veces permanecemos abatidos en lugar de surgir de entre las cenizas de la pérdida y la desesperación como un ave fénix.

Una vez trabajé con una pareja tan notable que esperaba con ansia ir a trabajar con ellos. El esposo estaba en el programa de la residencia para enfermos terminales; los doctores, enfermeras y trabajadores sociales lo visitaban en casa regularmente. Nuestro primer encuentro fue muy cordial. La pareja compartió conmigo su sensación de que cada día era como una bendición. Al esposo le habían advertido que le quedaban solamente dos meses de vida, pero ya habían pasado seis. Me dijeron: "Si nos ponemos tristes o nos deprimimos por la enfermedad, perdemos un día. No queremos perder el tiempo que nos queda de esa forma. Ahora cada día es una bendición, apreciamos mucho pasarlos juntos. Siempre estamos felices de tener un día más".

Pasaron los meses y a la esposa también le diagnosticaron cáncer. Tuvo que someterse a quimioterapia y tratamientos con radiación. Aun así tomaban cada cambio en su situación como un paso más. Contrataron a una cuidadora para que les ayudara porque la esposa tenía que estar todo el día en sus tratamientos y el esposo se estaba debilitando. El primer o segundo día que fue la cuidadora, salió a tirar la basura y se quedó afuera de la casa sin llaves. Se asomó por la puerta del dormitorio, tocó y pidió al paciente que le abriera la puerta de nuevo. Él tuvo que salir trabajosamente de la cama, subirse a la silla de ruedas e ir a abrir la puerta. La asistente estaba sumamente mortificada porque el paciente había tenido que ayudarla. "¡Se supone que estoy aquí para asistirlo! Soy la cuidadora", dijo avergonzada.

Para la pareja fue algo muy gracioso. Después me dijeron: "Estas cosas pasan", y se rieron. Debido a que cada vez se cansaban con más facilidad, comenzaron a reducir el número de visitas que recibían de sus amigos y vecinos. Trataron de hacerlo con sutileza para no lastimar a nadie. Su actitud y su forma de ser con los demás eran extraordinarias. Cada vez que los visitaba, pensaba: "Son un modelo de cómo lidiar con la inevitabilidad de la muerte, debo recordar siempre las cosas que dicen". Eran inspiradores. Yo deseaba compartir su historia con otros. De cierta manera, fueron como maestros para mí.

A veces nos quedamos atrapados en relaciones poco sanas de codependencia. Nuestra necesidad de amistad y amor nos hace tratar de contactar a más gente. A veces comenzamos con maravillosos contactos, buenas situaciones laborales, organizaciones de servicio y relaciones espirituales. Pero al final descubrimos que nos hemos involucrado con la gente equivocada o que nuestro trabajo no es el adecuado. Hay personas que atraen hacia su red de neurosis y necesidad a alguna pareja con un interés romántico o a sus socios de negocio. ¡Podemos caer en un campo minado! Todos los individuos enfrentan el reto de cultivar relaciones agradables y sanas que faciliten su crecimiento personal. No importa si se trata de compañeros de cuarto, amantes, miembros de la familia, del trabajo o la iglesia. Tomamos nuestras decisiones cuando interactuamos cotidianamente con los demás. Todo lo que necesitamos y queremos es amor.

En lo personal, tuve que perdonarme a mí misma, a mi familia y a la cultura de nuestros tiempos por el estigma que me impusieron al embarazarme sin estar casada. El tipo de estigma depende de la familia, la iglesia y la cultura. A pesar de que lo rechacé, y de que amaba a Erika, dentro de mí seguía la vergüenza que me había acompañado toda la vida. Ésta disminuía mi poder personal y mi confianza. Dichos "pecados" son una culpa cultural impuesta a la mujer que atraviesa esta experiencia, y la culpa es impuesta como si los demás solamente *lo hicieran* después de ser unidos en sagrado matrimonio.

Este tipo de opiniones sobre la sexualidad, el matrimonio, el dinero, la cultura y la religión, generalmente no son conciliadas. No hay asesoría, aliento ni discusión al respecto. Las opiniones simplemente se van imprimiendo de generación en generación y dañan y minimizan a la gente. Son una carga extra sobre una situación que ya de por sí es difícil.

La discusión activa y preventiva, así como la educación, ayudan a que situaciones como éstas no ocurran. Resulta increíblemente difícil y desventajoso ser joven y no saber cómo protegerse de situaciones difíciles, como enfrentar la responsabilidad de cuidar a un niño durante dieciocho años. Lo anterior apunta hacia la razón por la que se favorece el matrimonio: éste implica un mayor apoyo de los padres de ambas familias. En el mundo liberal de hoy existe más apertura y tolerancia. Sin embargo, muchos todavía cargan sobre sí mismos el peso de la culpa y la condenación por haber "cometido un error".

A menudo iniciamos un arreglo o un contrato comenzando desde el final. De alguna forma queremos disminuir nuestra culpa y convertirla en algo correcto, legal o puro. El matrimonio, la familia, la iglesia y los templos son lugares de dicha y pertenencia; a veces conservan a sus integrantes gracias al miedo. En otras ocasiones, aunque el ambiente sea neutral, la misma persona crea el miedo. Yo tenía que dejar que el mío saliera.

Robert ha hablado de los *lifers* del ámbito militar. También los hay en las iglesias, templos y centros espirituales. La gente se bautiza o se refugia (el refugio es el equivalente budista del bautismo), y cree que con eso se podrá mantener fuera del purgatorio, el infierno y otros submundos. Por la forma en que una persona habla de su afiliación religiosa, es posible saber cómo se conecta a la fe. Hay personas que reciben el dogma y después lo quieren imponer sobre los demás. Sus mentes están adaptadas a una serie específica de creencias, mismas que se convierten en su perspectiva de vida. Su mundo se hace blanco y negro, y conducen sus vidas a partir de esa óptica. También puedes saber en qué clasificación te tienen con sólo escuchar sus discursos: se han encerrado y ahora ven la vida a través del prisma de su dogma. Además, sus vidas se vuelven inflexibles porque temen equivocarse y terminar en el infierno.

Los monjes también se pueden esconder de los retos de la vida. También entre los monjes hay zombies y *lifers*. La vida monástica se creó para profundizar en la vida espiritual. Sin importar dónde vivimos o en qué estamos involucrados, las lecciones llegan por sí solas. Si un monje o monja no aprovecha estas lecciones cuando llegan, también se estarán escondiendo y haciendo a un lado su oportunidad de crecer. Siempre hay un patrón para los *lifers* que buscan la seguridad de un empleo y que nunca se atreven a saltar los muros que ellos mismos han creado. Se puede ser *lifer* en una oficina, en la familia, la iglesia, el monasterio; si se tiene un trabajo o si cambiamos constantemente, si vivimos en una casa, un pueblo o en muchos.

Hace poco, en un evento en que participé, pregunté a algunos participantes y estudiantes lo que pensaban sobre la salud y los seguros médicos. Después de mi problema del corazón y de la batalla con la aseguradora, quería saber cómo lidiaban otros con este tipo de problemas. Aquí están algunas de las respuestas: una persona dijo que estaba sana y que no pensaba en cubrirse (igual que yo). Un hombre dijo que esperaba calificar para la Seguridad Social. Mientras hablábamos noté que él necesitaba un trabajo dental profundo. Una tercera persona dijo que no tenía seguro y que "si practicabas bien la meditación, puedes curar hasta el cáncer". Me estremecí al recordar mi propia experiencia y pensé que si me hubiera tratado de sanar a mí misma, sentada en un cojín, estaría muerta. Aunque creo que es posible que el cáncer desaparezca con la ayuda de la oración sincera, no me gustaría intentarlo. Además, creo que no tendría la paz mental necesaria si supiera que la enfermedad es progresiva y que no he buscado ayuda.

En otro evento interreligioso conocí a un monje católico que compartía mis preocupaciones. Su monasterio se había fundado en 1950 y algunos de los monjes eran bastante ancianos. Me dijo que ninguno tenía seguro médico y que sus fondos habían estado a punto de terminarse por las complicaciones y los gastos médicos de uno de los monjes. Me comentó que no sabía qué harían si sucediera de nuevo. ¡Incluso podrían perder su monasterio! Estas valiosas comunidades deberían tener planes de seguridad médica.

Después de estas conversaciones pensé en las ocasiones que he vivido con gente que cree que no es necesario protegerse. Aunque hay muchos seguidores sinceros y fieles que comparten esa opinión, las enseñanzas del dharma nos dicen otra cosa. Recuerda que la primera enseñanza de Buda es que envejecemos, nos enfermamos y morimos, pero debemos hacernos responsables de nuestras necesidades. A mí me encanta estar con distintos amigos y comunidades espirituales, pero estoy dispuesta a buscar opiniones sobre la salud, más amplias e informadas, en cualquier otro lugar.

Hay gente que aprovecha bien sus retiros. Trabaja con sinceridad en la meditación y consulta a sus maestros y compañeros. Hay otros que apoyan al sistema: cocineros, administradores, organizadores, maestros y académicos. Pero en cualquier sistema es posible encontrar zánganos que encuentran la forma de vivir pasivamente. Aunque parece que el sistema los mantiene, en realidad no trabaja para ellos y se convierten en *Lifers*.

Aprecio mucho el sendero que tanto trabajo me costó encontrar. Pasé muchos años inmersa en las comunidades budistas, contenta de estar en el lugar indicado. Me funcionó muy bien y ha sido muy gratificante. Pero tengo nuevas lecciones por aprender y debo ensanchar mi mundo para no convertirme en una *Lifer*. Necesito inyectarle nueva vida a mi práctica. Robert dice que no podemos cambiar a la gente, pero sí es posible cambiar de ambiente. Mi lección tiene que incluir una comunidad más grande. Por un tiempo estuve atorada en un estilo y una forma de vida que ya no me funcionan.

Todavía tengo mucho por aprender y practicar en las enseñanzas budistas. Éstas tienen un gran significado para mí y le han dado dirección a mi vida. Obtuve gran riqueza de los maestros que conocí en el camino y siempre he tenido un gran respeto por la tradición en que he florecido. En este nuevo periodo de expansión debo llevar conmigo estas enseñanzas. Creo que gran parte de mi trabajo en el futuro será tender mejores puentes entre la vida espiritual y la vida cotidiana.

Buckminster Fuller, el maestro de Robert, escribió lo siguiente sobre su autodisciplina: "Descubrí que, cuanto mayor era el número de personas que me disponía a servir, más eficiente me volvía. Por lo tanto, concluí que si me decidía a servir a todos, mi eficiencia sería totalmente óptima". Y: "Debemos asumir el desarrollo de distintos medios prácticos. Estos medios serán la forma de ofrecer a toda la humanidad un escape espontáneo de la autodestrucción. Debemos realizar esta labor con compromiso y atención a cada detalle".

Robert es mi hermano biológico, pero también es mi hermano espiritual. Se ha convertido en un amigo que me exhorta continuamente

Tenzin Kacho con los actores Richard Gere (a la izquierda) y
Fred Segal. Mi amiga Irenka, Fred y yo, planeamos toda la celebración
del cumpleaños de Su Santidad, el Dalai Lama, en Peace Park,
Malibú. Buscamos un árbol Bodhi para que el Dalai lo plantara en
conmemoración del evento pero, ¡olvidamos la pala! El Dalai Lama
usó un poco de cartón para arrojar algo de tierra sobre el árbol.
Después quiso un poco de agua para hidratar la tierra y,
¡también la habíamos olvidado! Alguien le dio una botella
con agua. Observa que el árbol todavía no está bien plantado.

a encontrarme con una comunidad mayor. Así podré compartir mis
dones con más gente.

Me estoy convirtiendo, con los de mi generación, en un adulto
mayor. No obstante, todavía soy pequeñísima en comparación con
la sombra de algunos de los grandes maestros con los que estudié.

Los tiempos en que crecimos nos ofrecieron lecciones particulares. Ahora tenemos que asumir la tarea de enseñar a otros. Debemos reconciliar nuestras vidas, las experiencias aleccionadoras

y asumir que tenemos un número limitado de años por vivir. Actualmente ya no creo que las personas puedan ser divididas en dos grupos: valiosas y ordinarias. ¿Podremos cultivar nuestro potencial y olvidar las limitaciones?

Aprender a pescar significa establecer un balance viable entre las necesidades materiales y las espirituales, cultivar la vida espiritual al tiempo que se vive en el mundo real.

EPÍLOGO DE TENZIN
Karma, nirvana y vidas pasadas

Robert ha propuesto muchas ideas interesantes para tener una vida más plena, más espiritual y con mayor seguridad financiera. Sugiere que nos enfoquemos en lo que podemos hacer por otros. El objetivo es crear un mundo mejor, un paraíso en la Tierra para nosotros mismos y quienes nos rodean.

Este enfoque se refleja en los conceptos budistas del karma y el nirvana que exploré anteriormente. Ambos son esenciales para entender quiénes hemos sido, somos y seremos. Claramente se justifica seguir estudiándolos.

Cuando Robert discutió los principios generalizados del Doctor Fuller, le preocupaba no poder ilustrarlos con fidelidad. Así como organizó grupos de discusión para analizar los conceptos de Fuller, otras personas y yo hemos pasado largas horas explorando las enseñanzas de Buda. Nuestro aprendizaje nunca terminará. A continuación te ofrezco algunos aspectos adicionales sobre la idea principal de cada concepto. De esta forma podrás comenzar a entender cómo operan.

KARMA

La mente crea el karma; es decir, la acción intencional es algo parecido a planear y construir una casa. Aunque el karma puede implicar acciones involuntarias, como pisar accidentalmente a tu mascota, para crear una acción kármica completa se requieren cuatro partes.

Intención

Objeto

Acción

Concreción

Aquí hay un ejemplo: un sábado por la tarde iba camino al mercado, cuando vi a un hombre parado frente a un mostrador donde se exhibían hermosos arreglos florales. Repentinamente, tomó dos de los buqués y corrió en la oscuridad. Asumí que los robaba para dárselos a su novia. Fue a esa tienda a robarlos porque las flores estaban afuera y eran totalmente accesibles (intención), pudo escoger cuáles quería (objetos), los tomó (acción) y se alegró de haberlos podido robar sin que lo atraparan (concreción).

Las cuatro partes están completas. Con esto se produce un sólido acto kármico del robo. Si faltara alguna de las partes, entonces no sería un acto kármico completo; por ejemplo, si más tarde el hombre se hubiera arrepentido sinceramente de haberlos robado, o si al llegar a la tienda hubiera decidido no hacerlo.

Para el karma virtuoso aplica misma fórmula: se establece la intención, se percibe el objeto, se lleva a cabo la acción y se siente satisfacción cuando ésta se ha concretado. El factor más importante en la creación del karma es la *intención*. Es posible que el hombre no tuviera dinero pero quisiera llevarle flores a un amigo en el hospital. Aquí la intención es benevolente, pero tomar algo que no le pertenece es no virtuoso.

Si las intenciones buenas y las acciones virtuosas se conjugan, entonces se producen ambientes y relaciones armónicos. Cuando la gente roba, se crea un ambiente negativo. Los demás se preocupan, sospechan y hacen lo necesario para proteger sus bienes.

A veces, nuestras acciones pueden parecer virtuosas, pero en realidad están llenas de la mala intención de dañar a otros: los motivos detrás son egoístas. Pero también pueden *parecer* dañinas cuando en realidad sólo deseamos ayudar. Es como cuando un padre o mentor disciplina a sus hijos. También puede suceder que las intenciones sean buenas pero no logremos con ellas el efecto deseado.

Estando en el monasterio en la India, un día invité a la sobrina de un maestro —una joven tibetana— a ir conmigo a una clase en la Biblioteca de Obras y Archivos Tibetanos. Pensé que le gustaría presenciar una clase budista para occidentales. Nuestro monasterio está situado en una cadena montañosa, y para llegar a la biblioteca teníamos que recorrer un camino erosionado flanqueado por un precipicio. Tomamos un atajo que pasaba por debajo de una construcción en progreso. Por desgracia, en ese momento nos sorprendió un lento desprendimiento en la falda inclinada de la montaña. El lodo y la tierra literalmente se derrumbaban sobre nosotras, pero no podíamos dar marcha atrás. Tuvimos que continuar mientras seguían cayendo tierra y lodo. Atravesamos el derrumbe lo más rápido posible para llegar a donde la tierra estuviera más firme.

Lo logramos, pero las cosas podrían haber salido mal. No era lo que tenía planeado, pero a veces nuestras acciones y actividades son azarosas. No podemos predecir lo que va a suceder.

El placer y el dolor en tu vida provienen de acciones intencionales previas. Dicho de manera sencilla: cuando se actúa con bondad y la motivación es buena, los efectos son placenteros. Pero si no es así, sucederá lo contrario. Realizamos acciones virtuosas y no-virtuosas a través de nuestro cuerpo, de la palabra y de la mente. Todo el tiempo estamos creando karma. Las intenciones y acciones virtuosas producen placer y dicha para el futuro. De manera similar, las intenciones y acciones dañinas crean dolor y sufrimiento venideros.

El karma no es una simple ecuación de $x = y$. Tampoco implica que si haces x, experimentarás y. Hay numerosas causas, flagrantes y sutiles, que convergen naturalmente y producen efectos. El karma se manifiesta en todo lo que nos rodea: a través de nuestras vivencias, relaciones y demás fenómenos. La forma en que percibimos las cosas, o en que interpretamos y actuamos respecto a nuestras experiencias, depende del karma. Todo esto tiene un efecto. Además de lo que ocurre en el presente, lo que experimentamos es el resultado de nuestras acciones pasadas. Asimismo, las acciones en que nos involucramos son el resultado de la influencia que tienen sobre nosotros la sociedad, la generación, la familia, el cuerpo, la escuela, los amigos, el vecindario y muchos otros factores.

El budismo considera que no hay una sola causa original, que todo proviene del karma.

Algunas personas creen que el karma es destino con muy poca o ninguna oportunidad de escoger. Toda la felicidad que experimentas en tu vida proviene de acciones positivas en las que estuviste relacionado anteriormente. Además, el karma tiene cualidades definitivas. Por ejemplo, no vas experimentar nada que no hayas causado. Sin embargo, tampoco es definitivo que el karma dé frutos, ya que puede ser purificado. Los cambios en las circunstancias también pueden impedir que el karma florezca.

Tus opciones se encuentran en la forma en que manejas cada situación y en que actúas respecto a todo. Tus acciones del presente son lo que definen qué te sucederá en el futuro y la forma en que pasará. A veces las acciones pueden ser dolorosas e indeseables, pero tenemos que pasar por ellas porque el resultado será benéfico. Por ejemplo, someterse a una cirugía para tener buena salud en el futuro, o limitar nuestros hábitos de consumo para no quedar sepultados en el crédito negativo. Si la gente ve que es necesario o importante, es capaz de atravesar sufrimiento físico y mental.

Los eventos por los que ahora atravesamos son condiciones que fabricamos en el pasado. Si no hubiéramos creado la causa, no estaríamos viviendo el efecto. Los sucesos en nuestras vidas actuales nos dan una visión de lo que éramos y tal vez de aquello en lo que estábamos involucrados en vidas anteriores. Nosotros los budistas no aceptamos que ésta sea nuestra primera vida y que hayamos nacido "en blanco", puros, inmaculados, sin errores o sin karma. De hecho, creemos que hemos tenido numerosas vidas y que permanecemos en *samsara* o en una existencia sin iluminación hasta que, tras varias veces de volver a nacer, comprendemos directamente la naturaleza de los fenómenos y la existencia y, así, nos iluminamos.

Cuando la gente cree que sólo tiene una vida, también asume que no es responsable de los sucesos que se presentan en ella. Cuando nos ocurre algo negativo tratamos de discernir cómo es que estamos conectados al suceso. Nos preguntamos si en verdad tenemos que ver con ello. Al no encontrar un vínculo evidente, pensamos que nada

En 1992, Tenzin estuvo en las Naciones Unidas en Nueva York. Fue con los monjes Gaden Shartse. Ahí conoció a Rigoberta Menchú Tum, ganadora del premio Nobel de la Paz por su trabajo para la justicia social y la reconciliación etno-cultural.

de lo que hemos hecho pudo haberlo provocado. Particularmente si el suceso es negativo, nos sentimos llenos de sorpresa y confusión. Nos ofende que nos pasen cosas malas.

Cuando algo bueno sucede, nos sentimos emocionados, creemos que ha sido buena suerte o gracia divina. Quienes aceptamos el karma pensamos muy diferente.

Dentro del concepto de karma, cuando ocurre algo negativo debemos sentirnos contentos, felices. En realidad no es importante si no recordamos haber hecho algo malo o saber si estar vinculados al suceso.

¿Por qué? Porque eso podría significar que el karma negativo que creamos en una vida previa está dando frutos y, por ende, llegando a su final. Cuando algo maravilloso ocurre, significa que en el pasado estuvimos involucrados en acciones virtuosas.

Aunque en este momento practiquemos una vida ética con el fin de crear buenas condiciones para el presente y para existencias futuras, también experimentaremos los resultados de acciones pasadas. Esto explica por qué la gente buena sufre experiencias negativas y la gente mala puede tener experiencias positivas. En este sentido, ya no tenemos control sobre lo que hicimos en el pasado y sólo podemos ayudarnos en el futuro con lo que hagamos en el presente.

Crear buenas acciones nos recompensa con efectos agradables. Creo que si los resultados kármicos fueran instantáneos, estaríamos más conscientes de nuestras acciones.

El preciado Garland, epístola a un rey (*The Precious Garland, an Epistle to a King*), fue traducido por John Dunne y Sara Mc Clintock. Originalmente es un texto escrito por el maestro indio del siglo I, Acharya Nagarjuna, y su objetivo es brindar consejo a un rey que quería aprender cómo conducir su vida y gobernar bien a su pueblo en la Tierra, sin ceder su reino:

Todo el sufrimiento proviene de la no virtud,
así también, los renacimientos negativos.
Todos los renacimientos positivos vienen de la virtud,
así también, toda la felicidad en ellos.

Anteriormente mencioné que cuando hacemos algo bueno, buscamos que todo el mundo se entere. Pero cuando se trata de acciones que hacen daño a otros, siempre tratamos de esconderlas. Cuando una huella kármica queda impresa en nuestro *continuum* mental, en el futuro experimentaremos sus resultados de una u otra forma. Aunque el karma no tiene forma ni peso físico, su huella queda impresa en ti. Mi maestro dice: "Si el karma tuviera peso, ¡no podríamos soportarlo!", nadie lleva la cuenta, pero tú mismo estás provocando tus propias causas y condiciones.

Cuando actuamos con toda la intención de hacer algo positivo o negativo, y después nos regocijamos con la concreción del acto, estamos creando una fuerza, una proclividad a volver a hacerlo, a disfrutarlo. Eso nos hace sentir que está bien y, por tanto, justificamos nuestras acciones.

En general, atraemos y nos sentimos atraídos a gente que piensa como nosotros. Con esto se refuerza la justificación de por qué nos sentimos bien con lo que hacemos. Nuestro círculo justifica y alienta nuestro comportamiento. Así, estas actitudes mentales se convierten en nuestra visión del mundo. Nuestras acciones, positivas o negativas, continúan influyendo en nosotros.

Cuando descubrimos que hemos hecho daño sin saberlo y nos arrepentimos de ello, es una señal de que estamos en la dirección correcta. Cuando evitamos cometer acciones negativas y nos arrepentimos de las que no pudimos evitar, estamos produciendo energía positiva o buen karma. El arrepentimiento no significa sentir culpa, sino que reconocemos que hicimos mal, que nuestras acciones fueron inútiles para otros, que estuvieron por debajo de nuestro potencial y que fueron negativas.

No insistas en sentirte culpable. Si te obsesionas con el hecho de que eres una persona mala y sin esperanza, perderás tu energía y te deprimirás. En ese estado no podrás purificar la negatividad. Pero separarte de la sensación de culpa no te da permiso de continuar con las acciones negativas. Sentirte culpable sólo puede servir si tu arrepentimiento es sincero y si te alienta a no cometer esa acción equivocada otra vez.

No me porté bien con mamá. Ella no era muy hábil en su papel de madre, y ahora que soy mayor y tengo una hija, lo entiendo mejor. Los padres no tenemos ningún entrenamiento, así que sólo nos comportamos igual que nuestros padres lo hacían con nosotros. Mi ignorancia me hizo comportarme mal con Erika: no la ayudaba con su tarea ni la estimulaba de otra forma. Sin embargo, me sorprendió mucho que haya obtenido su título de maestría antes de lo que lo hicimos mi hermana y yo. Mi relación con mamá no era buena. Como murió tan joven, no tuve la oportunidad de superar o cambiar mi comportamiento.

Repetir las mismas acciones o hacer lo que otros hacen sin pensar ni poner atención, nubla nuestra visión. En ese caso, no estamos completamente presentes. No me puedo culpar por la manera en que actué; no tenía forma de lidiar con las quejas de mi madre. Además, en mi familia casi no discutíamos nuestros problemas. Pero su muerte fue una poderosa lección sobre lo transitorio de la vida. También me enseñó que, si queremos cambiar la forma negativa en que habitualmente interactuamos con otros, debemos hacerlo pronto.

Sé que no fui gentil, pero no me puedo volcar en el remordimiento. El peso de mis acciones negativas se ha aligerado un poco gracias al remordimiento sincero, a la aceptación de mi pérdida y a que he comprendido mi insensibilidad.

364

¿Cómo opera aquí el karma? Mis crueles acciones eran una reacción a sus palabras hirientes. Espero que el hecho de no haber sabido cómo interactuar con ella, pueda pulir un poco mi acción negativa. Las enseñanzas dicen que la ignorancia en nuestras acciones minimiza el poder de un karma completo. Esto no quiere decir que no desee aprender de mi error. Ahora entiendo mejor y sé que debo practicar con este conocimiento. El arrepentimiento sincero también aligera el peso del karma. Si mamá todavía viviera y yo siguiera siendo cruel, estaría creando un karma más pesado. Generaría un karma más fuerte si fuera cruel con toda la intención de dañarla.

Nuestras emociones dirigen nuestras acciones, y las intenciones detrás de éstas componen el poder del karma. La práctica implica observar nuestra mente y trabajar para convertirnos en mejores personas. Recientemente he adoptado a muchas de las madres de mis amigos. Aprovecho la oportunidad de respetarlas y apreciarlas, especialmente porque no tuve la oportunidad de vivir una amistad adulta con mi propia madre.

Ésta es una forma en la que podemos trabajar con nuestras acciones negativas, a través de la meditación.

En lugar de enterrar o ignorar lo que hicimos, debemos sacarlo a la luz. Trata de recordar un suceso específico, recuerda lo que hiciste, a quién, y piensa en tus motivos para hacerlo.

Ahora desarrolla tu arrepentimiento por haber realizado esa acción negativa. Esto es muy diferente a la culpa que gira alrededor de la auto compasión y que sólo te hace sentir peor. La culpa no alivia el problema ni la repetición de las acciones, sino que se enfoca en ti mismo y en lo malo que eres, ¡no en la gente a la que dañaste!

En cambio, el arrepentimiento te hace admitir que heriste a la persona y a ti mismo. Las acciones negativas nos minimizan y causan dolor. Permite que surjan la experiencia y el entendimiento. Luego, promete que no repetirás esa acción. Puede ser difícil si es una acción habitual, así que puedes prometer no cometerla por algún tiempo definido. De esa forma te será más fácil cumplir y comenzar a construir fuerza positiva para no volver a actuar mal.

Después, tras haber hecho la promesa, piensa qué puedes hacer para cumplir tu resolución. Determina alguna acción positiva que puedas realizar en los próximos días o semanas. Por ejemplo, ofrecer disculpas sinceras a la persona que dañaste. Si eso no es posible, haz algo más para que la promesa sea parte de tu entorno. No le tienes que explicar a nadie, pero de esta forma conectarás la promesa con tu vida.

Ofrece flores a un amigo, ayuda a un vecino. Haz algo sencillo. Si la persona contra la que cometiste la acción negativa ya falleció, puedes disculparte sinceramente durante tu meditación. Invoca a esa persona e imagina que realmente está sentada frente a ti. Ofrece disculpas.

"Regocijo" es el nombre de otro aspecto de esta práctica meditativa. Trae energía natural y alegría a tu práctica y a tu existencia. También puedes recordar a la persona que lastimaste u ofendiste y pensar en sus cualidades. Recuerdo que mi madre tenía muchos amigos que la amaban, también tenía una excelente voz y sus amigos siempre le pedían que cantara en las fiestas. Además, me dio la vida y me cuidó cuando era niña y cuando estaba enferma. Aunque era una persona difícil, sé que nos amaba. Tómate un momento para regocijarte en las acciones y los sucesos positivos que te rodean.

Recuerda a tus maestros, mentores y padres, a la gente que realmente te ayudó en la vida. Reconócelos y agradéceles. También recuerda a la gente ordinaria que te rodea. No olvides las cosas que ocurrieron hoy, esta semana o el mes pasado, que fueron benéficas y divertidas, tanto para ti como para otros.

Todos deseamos felicidad. Sabemos cuándo actuamos mal y causamos la desdicha de otros. Una serie de descuidos arraigados, acusaciones, cualquier cosa que hagamos sin amor, significa que no nos importan los demás. A menudo caemos en formas repetitivas de interactuar con los otros, lo que nos hace insensibles a la persistente y abrasiva falta de bondad. Pero los hábitos negativos se pueden cambiar por hábitos de amor y cuidado.

Cuando falleció mi madre aprecié más a papá. Cuando vivía en otra isla, a veces volaba a Oahu para pasar un par de semanas con él en su casa. Trabajábamos en el jardín, reuníamos fruta y flores y los repartíamos entre los amigos. Limpiábamos la casa y pasábamos tiempo juntos. Me encantaba escuchar la música hawaiana que se estaba volviendo tan popular en ese entonces. La escuchábamos juntos. Cuando estaba solo y no trabajaba tanto nos dábamos tiempo para charlar.

A veces, conversar era un triunfo porque él estaba ocupado viendo algún interminable evento de golf por televisión o armando un proyecto. Le encantaba cocinar para Erika y para mí. Platicábamos en la cocina y después en el comedor. Me las arreglaba para acercarlo.

Cuando vivía en California con Erika, cada año pasaba mis vacaciones con él. En muchas ocasiones, escogía una habitación para pintarla durante mi estadía. Papá también se involucraba. Eran tiempos felices. Cuando viajaba a la India le escribía cada una o dos semanas. Vertí mi amor en papá porque era lo único que me quedaba.

Papá murió veinte años después que mamá, cuando ya todos éramos adultos. Todavía siento el punzante dolor de ser huérfana. Lo extrañé muchísimo y sentí que había perdido la protección que nuestros padres nos habían brindado. Nos convertimos en la generación mayor, y nos enfrentamos a la vejez y a la inevitable muerte. Es el curso natural de las cosas.

Siendo monja, mis votos me mantienen protegida de la no-virtud. Soy responsable por mis acciones en cada momento y mi condición de religiosa me obliga a estar más alerta de cómo me comporto durante todo el día. He prometido respetar mis votos, aun si estoy dormida. Por supuesto, todavía me equivoco y hago enfadar a algunos.

Incluso me hago enfadar a mí misma. A veces no tomo en cuenta a las personas y digo cosas distraídamente, o me olvido de algo.

Pero restablezco mi resolución y sigo adelante. Todavía tenemos los maravillosos resultados que nos quedan en esta vida y debemos prepararnos para las circunstancias de la siguiente por medio de la forma en que nos comportamos, en que usamos el cuerpo, el habla y la mente. También a través de nuestra relación con todos: amigos, enemigos y extraños.

Cuando terminaba de escribir este libro, encontré un pasaje de Buda, mencionado en el *Dhammapada* (*Los dichos de Buda*), así como lo registró el venerable Sri Acharya Buddharakkhita:

> *Aquéllos que en su juventud no llevaron una vida santa, o que no han adquirido riqueza, languidecen como grullas viejas en un estanque sin peces.*

Cuando me embarqué en la aventura de escribir y colaborar en este libro con mi hermano, ésta analogía adquirió un significado muy valioso para mí. Sé que este libro me colocará en la vida pública y que mi existencia cambiará para siempre.

Mi vida también cambió cuando regresé al mundo laboral y trabajé con desahuciados. Después de varias décadas de vivir en el límite y de experimentar el impacto de la pobreza debido a mis problemas médicos, fue muy reconfortante generar un ingreso para cubrir mis necesidades y no depender por completo de la generosidad de los demás. También fue grato volver al mundo laboral y descubrir que todavía podía ser contratada a los 60 años. Estoy segura de que siempre habría existido alguien que me ayudara, pero quiero ser útil a mi comunidad y generar un ingreso. Ésa es mi motivación. Se trata de buscar formas para mejorar y balancear la vida de los monjes.

La imagen de la vieja grulla que languidece en el estanque sin peces es muy poderosa. Yo le doy una interpretación personal y global.

Durante muchos años, las comunidades han mantenido a los monjes y mendigos de todas las tradiciones. Las generaciones pasadas contaban con el tiempo y los recursos necesarios para mantener a las comunidades de monjes y fieles. También se ocupan de ellos ahora, pero el tiempo y la capacidad económica de las masas ya no es la misma debido al problema económico actual, al declive en el valor del dólar y hasta a los largos recorridos que se deben hacer en las congestionadas carreteras. Además, las reservas mundiales de aire, agua, petróleo y alimentos están contaminadas y se están agotando. Éste es nuestro estanque.

Un domingo por la mañana fui con Robert y Kim a una conferencia que darían ante 8000 personas. Robert me dijo que la mayoría eran cristianos. Yo me pregunté por qué no estarían en su iglesia. Hoy en día, en las familias, ambos padres trabajan demasiadas horas y no alcanzan la tranquilidad financiera necesaria para disfrutar de la vida (mucho menos para descansar o asistir a la iglesia). La gente busca formas de hacer que sus finanzas funcionen mejor. He visto que hay muchas personas generosas que están interesadas en apoyar causas benéficas, pero primero necesitan la tranquilidad económica que les permita hacerlo. Por supuesto, también hay diversas otras razones por las que no van a la iglesia como solían hacerlo. También los problemas dentro de las organizaciones religiosas han provocado que los fieles sean más cuidadosos. Pero también, ser cuidadosos ayuda a definir nuestros objetivos espirituales y a cuestionar aquello en lo que nos involucramos.

Podemos cambiar el presente. Cuando surgen las dificultades, enfermedades y otros problemas es normal sentirnos desgraciados e irritados. Pero en lugar de permitir que los problemas nos sobrepasen, podemos cambiar nuestra actitud mental y usarlos para crecer. Cuando nos damos cuenta de que quienes nos rodean también enfrentan dificultades, es más sencillo desarrollar fortaleza, paciencia y compasión. Si la vida siempre fuera placentera no tendríamos deseos de cambiar.

Sin embargo, el cambio llega sin considerar nada. Con él también vienen la vejez, la enfermedad y la muerte. Esta idea tiene un efecto muy profundo en la forma en que ahora dirijo mi vida diariamente.

El karma es poderoso, sutil y omnipresente. Debido a su impacto sobre nosotros, en lo individual y lo colectivo, deberíamos sentirnos más obligados a observar nuestra conducta y a cuidar de otros. A pesar de la mejoría en los artefactos para la comunicación y de que tenemos una excelente tecnología global, es necesario trabajar con mayor conciencia en nuestra relación con los vecinos mundiales.

Vivir en un planeta que florece a pesar de la disminución de recursos y del calentamiento global, nos obliga a llevarnos bien con los demás y a practicar la moderación y la conservación. En este mundo en que la dependencia crece y crece, resulta imprescindible que desarrollemos tecnologías internas de tolerancia, cooperación y amistad.

Mente, nirvana y renacimiento

La mente tiene las cualidades de la claridad y el conocimiento. Además, gracias a ella podemos entender los objetos por medio de la conciencia. A pesar de que depende del cerebro, la mente no es física. La intención, por ejemplo, es un acto mental y no podemos ver la mente. Ésta no tiene peso físico y no se limita al tiempo y al espacio. Tú puedes estar sentado aquí leyendo este libro, y al mismo tiempo imaginar el momento en que tenías cinco años y acababas de entrar al kinder, o lo que hacías cuando tenías dieciocho, 30 ó 65 años. Lo anterior demuestra la continuidad de la mente.

Debido a que la mente no es física y tiene continuidad, es la base de las enseñanzas budistas del renacimiento y la reencarnación. Es decir, la continuación de una persona que va de una vida a otra.

Durante nuestra existencia crecemos y nos convertimos de niños en adultos, y después en viejos. Nuestro cuerpo envejece y hay un límite para la longevidad física. Actualmente, el promedio de vida

Tenzin Kacho en enero de 2002, con la reencarnación
de su primer maestro, el Venerable Ling Rinpoche.
Su predecesor fue el tutor superior del Dalai Lama.

de un norteamericano es de cerca de 80 años. Pero con el calentamiento global, la contaminación y otras condiciones, hay incertidumbre sobre cómo podemos mejorar y extender nuestras vidas. No
obstante, la mente puede seguir superándose con las condiciones
adecuadas. La mente no envejece como el cuerpo, y a pesar de que
puede enfrentar problemas como enfermedad en el cerebro, sufrir
por intoxicantes como el alcohol o por un exceso de televisión, bajo
las condiciones adecuadas tiene el potencial de superarse sin límites.

La transitoriedad y el cambio trabajan con nosotros. Si las cosas
no pudieran cambiar no habría espacio para la transformación. Es
posible vencer el abrumador peso de hábitos como la lentitud y la
improductividad.

Tenemos que modificar conscientemente nuestras actitudes mentales y acciones. Así podremos cultivar la compasión y la sabiduría,
el amor y la bondad con otros y con nosotros mismos. Podremos
vencer la avaricia, el prejuicio y el egoísmo.

Es verdad que no podemos cambiar lo que sucedió en el pasado, pero tenemos la posibilidad de determinar y dirigir nuestros motivos ahora, en esta vida, y así provocar mejores causas y condiciones para el futuro.

La vida es transitoria, por eso apenas contamos con una ventanita en el tiempo para alcanzar nuestras metas.

Incluso cuando las situaciones sean incómodas o difíciles, podemos soportar mucho gracias a un estado mental virtuoso. Pero no sucede lo mismo en la situación contraria: cuando la mente está lo suficientemente perturbada por la envidia o el odio, ni siquiera las mejores condiciones físicas como la belleza, amigos, riqueza y buenos alimentos pueden ayudar a una mente enferma.

Lo anterior nos muestra que las condiciones internas, una mente alegre, y nuestras emociones, son parte importante de nuestra interacción cotidiana.

Nuestro cuerpo y mente ordinaria (o conciencia sensorial) cambian todo el tiempo. Son producto de causas y condiciones. Es muy importante saber de dónde venimos, por qué estamos aquí, quiénes somos y a dónde vamos. Generalmente no nos cuestionamos por qué somos quienes somos, aunque ésta es tal vez una interrogante desde pequeños. Recuerdo que me preguntaba: "¿Por qué soy parte de esta familia y no de otra? ¿Por qué tengo este tipo de cuerpo?" La mayoría de nosotros nos cuestionamos, en algún momento de nuestras vidas, a dónde vamos cuando morimos, a dónde vamos después de esta vida. El cuerpo muere y se desintegra, pero es muy difícil decir con exactitud lo que le pasa a la "persona" o conciencia. Esto se debe a que la mente no es física, no hay evidencia tangible.

La estricta visión materialista y radical plantea que cuando morimos ya no queda nada. De acuerdo con ello, nuestra mente es un contingente de reacciones químicas sobre nuestro cuerpo, y se detiene cuando éste muere. Pero incluso desde el punto de vista materialista, es posible ver que es posible cambiar de forma. Así como el agua se convierte en hielo y en vapor, los componentes de nuestro cuerpo se convierten en tierra de nuevo. Hay transformaciones de los fenómenos físicos sutiles y otras más grandes. Los budistas proponen que esas transformaciones también son aplicables a la mente.

El cuerpo envejece, enferma y muere. Los budistas opinan que la mente se separa del cuerpo y la conexión con esta vida termina. Cuando morimos disminuye toda la familiaridad con esta vida, y la mente deja de reconocer las cosas y a las personas de este mundo. Lo que continúa existiendo es una mente sutil con proclividad y predisposición hacia algunas opiniones, tendencias y emociones. Conservamos nuestras tendencias habituales a responder ante ciertas cosas. El nivel más grande de la mente termina cuando se acaban el cuerpo y la vida. Pero el nivel más sutil continúa y se convierte en la base para la siguiente existencia.

El karma acumulado de vidas pasadas determina dónde renacemos, con qué tipo de cuerpo y bajo qué circunstancias iniciales, (como quiénes serán nuestros padres y relaciones). Observa cómo, durante el transcurso de una vida, a veces las acciones de la gente son predecibles. Algunas personas suelen ser muy consideradas, gentiles, generosas y se relacionan con otros. Por otra parte, hay quienes pueden ser sarcásticos, dañar, robar, herir o provocar peleas entre amigos. La gente cambia constantemente pero, en general, tendemos hacia los comportamientos recurrentes que se arraigan y hacia los hábitos que no han sido examinados.

Lo que nos llevamos es la continuidad de las sutiles propensiones a actuar como siempre lo hemos hecho.

En la opinión budista, el mundo es producto de causas y condiciones, intenciones y acciones. Pregúntate a ti mismo: ¿mi vida actual proviene de causas o de no causas? Si viene de causas, ¿de qué tipo? Si existe la vida después de la muerte, ¿entonces esas causas son para eso? Si alguien molesta constantemente a otros, roba y hiere, ¿qué tipo de efectos congruentes se han creado para él en el futuro?

Las acciones creadas no desaparecen simplemente, así como tampoco desaparecen al final de esta vida todos los objetos físicos que creamos. Las buenas acciones traen buenos resultados pero, como con las semillas, eso depende de diversas circunstancias. Estos resultados podrían no florecer sino hasta después, o podrían verse modificados. Hay muchos factores.

La idea de la reencarnación es culturalmente aceptada en la India y en muchos países asiáticos. Dependiendo de la parte del mundo y la cultura en que nacimos, podemos creer en la reencarnación o no. En el mundo occidental se suele creer que ésta es nuestra primera vida, en tanto que, en las tradiciones orientales, se inclinan a pensar que hemos tenido muchas. Cuando nuestras opiniones no coinciden con nuestra cultura del nacimiento, a menudo las cuestionamos y buscamos a quienes opinen de forma similar.

A pesar de que Robert y yo fuimos criados como cristianos, cuando me presentaron en la preparatoria y en la universidad la perspectiva de la reencarnación la idea me atrajo inmediatamente. Parecía algo natural. Era intrigante. ¿Cómo había llegado a la vida que tengo ahora? ¿Qué iba a hacer y a lograr en ella? Estas preguntas pasaron a formar parte de mi búsqueda espiritual.

Su Santidad, el Dalai Lama, nos ha mencionado a dos chicas que tienen recuerdos de sus vidas pasadas. Hablaban del lugar donde habían nacido y cómo había sido su vida en el pasado. También hablaban de lo que había sucedido en sus muertes. El Dalai Lama dijo que los factores similares que habían mencionado sobre sus vidas pasadas, eran que seguían siendo jóvenes cuando murieron repentinamente. Creo que la muerte accidental o inesperada puede dejar una huella más prominente en la mente, lo que permite a esa persona recordar el pasado. Por otra parte, ser viejo desfavorece una fuerte retención.

Mi estudio budista me proveyó una visión más lógica de cómo funciona la reencarnación. Me reveló la naturaleza de la continuidad de la mente, de su viaje de una vida a la otra. También me enseñó cómo es que provocamos las causas y las condiciones a través de la motivación y la acción. En la tradición tibetana a algunas personas se les reconoce como reencarnaciones de maestros anteriores o personas especiales; son una parte integral de la comunidad. Tras imbuirme en la cultura tibetana en la India, el concepto de la reencarnación se volvió parte natural de mi existencia, un proceso de ciclos de vida.

Se considera que Su Santidad, el Dalai Lama, es una reencarnación humana del Bodhisattva Chenresig (tibetano), Avalokitesvara (sánscrito) o Kuan Yin (chino). Sin embargo, el Dalai Lama nunca admitiría eso. Un *bodhisattva* avanzado como Su Santidad es un ser que ha alcanzado altos niveles de comprensión, una visión profunda de la naturaleza de la existencia, y ha desarrollado compasión y sabiduría en un grado muy alto. Este tipo de *bodhisattva* es también un ser que se ha liberado de la existencia con sufrimiento. Pero debido a su fuerte deseo de compasión para beneficiar a otros, continúa regresando al mundo una y otra vez, para guiar y enseñar.

El puesto del Dalai Lama se considera el más alto entre los tibetanos. A los Dalai Lamas se les ha reverenciado durante varios siglos. La persona que tiene el puesto es reconocida como la reencarnación del Dalai Lama anterior. La tarea de reconocer cada reencarnación, corresponde a queridos maestros y meditantes que convivieron con el Dalai Lama anterior. El presente Dalai Lama es la 14ª reencarnación reconocida. El concepto de causas congruentes y de condiciones que crean ciertos efectos, se hace evidente en la forma en que el Dalai Lama logra todo lo necesario en esta vida. Él es un estudioso, meditante, maestro, jefe de estado, Premio Nobel laureado. Muestra una gran energía física, fortaleza mental y lucidez al enseñar y guiar a su gente y a sus discípulos.

Su calendario de enseñanza y viajes es extenuante. Pero va a donde lo invitan y a donde cree que la visita beneficiará a otros. A esto se añade la receptividad de su gente y de los muchos amigos alrededor del mundo.

La persona de Su Santidad, el Dalai Lama, (con quien he estudiado y de quien he aprendido enseñanzas desde el momento en que lo conocí, en 1975), continúa inspirándome con sus compasivas e incisivas enseñanzas. También lo hace con su atractiva personalidad. En los primeros años de mi estudio, mi padre señaló algunas veces que, a pesar de que el Dalai Lama tenía todos estos títulos y de que se le ensalzaba y honraba en todos lados, lo más impresionante era su excelente manejo del idioma inglés.

"¿En dónde tuvo el tiempo y la oportunidad de aprender inglés en medio de todas sus actividades?", se preguntaba papá.

Desde la perspectiva budista, atravesamos incontables vidas. Algunos maestros afirman que ya lo hemos tenido y logrado todo. Nuestra vida nos da la oportunidad de modificar nuestras acciones del cuerpo, el habla y la mente. Así, se pueden crear condiciones propicias para las existencias futuras. Tenemos el potencial de alcanzar la libertad en este interminable ciclo de renacimiento y muerte. Podemos llegar a la iluminación.

Alcanzar el nirvana significa liberarse de la existencia sin iluminación. El nirvana no es un lugar mágico. Significa que te has liberado de una existencia de sufrimiento. Tu mente ya no está contaminada con las visiones y pensamientos negativos. Las causas de una existencia sin felicidad han desaparecido. Una persona que busca el nirvana trabaja constantemente para purificar su mente, cultiva la concentración meditativa y la profundidad en la naturaleza de la existencia.

Hay dos niveles para este nirvana. El primero es cuando la persona se libera de los incontables renacimientos dentro del ciclo de la existencia, y el segundo es cuando alcanza la iluminación total, al liberarse por completo de las sutiles ilusiones de la naturaleza de los fenómenos y de la realidad. El primer nivel incluye al *bodhisattva* avanzado, la persona que elige renacer en una existencia cíclica para trabajar en beneficio de otros. Esta persona está libre de ideas falsas. Todas sus acciones son para servir a los demás. El segundo nivel es el de iluminación total, del ser puro. Buda significa "alguien que está despierto" a la naturaleza de la existencia, libre de todo delirio y mala intención. Ve la realidad tal como es, sin el velo de la ignorancia y la equivocación.

En la visión budista tibetana, todos los seres pueden alcanzar esta libertad a través de la purificación de la negatividad y las ideas falsas cultivando cualidades superiores.

La reencarnación y el nirvana son complejos y sutiles. No es fácil entenderlos. Son conceptos que pueden desafiar nuestras visiones personales. Pero tampoco es algo que debamos forzarnos a creer. Hay otras cualidades indispensables que debemos cultivar en nuestra vida. Aquí hay un comentario de Su Santidad el Dali Lama al respecto. Está tomado de un texto incompleto de *La activación de Bodhicitta: La mente despierta* (*Activating Bodhicitta: The Awakening Mind*). Proviene de una sección que se llama "En un intercambio con otros":

Como en ocasiones lo menciono, (aunque tal vez estoy siendo controversial, voy a ir al centro del problema), aun si alguien no cree en la reencarnación, no es de gran importancia. Aun si no se cree en la ley de las acciones y sus consecuencias, tal vez tampoco importa. Pero mientras se viva se debe mantener una mente virtuosa y noble. Un corazón bueno y una actitud altruista. Porque, a pesar de que se puede aceptar por completo la reencarnación y entender todos los elementos de la ley del karma, ¿de qué sirve tal comprensión si se continúa teniendo una mente venenosa? Alguien que no sabe nada sobre estos temas, pero que tiene una mente noble y virtuosa, que ayuda a otros de acuerdo a sus posibilidades, no debería tener miedo de su renacimiento en el momento que llegue la muerte. Es seguro que será benéfico. No existe nada superior al pensamiento de celebrar y beneficiar a otros, nada superior al pensamiento del bienestar y la felicidad. Esto es lo que generalmente pienso y digo. Así que, aunque uno acepte o no las doctrinas y creencias religiosas, la práctica esencial radica en tener un buen corazón y pensar en los demás antes que en uno mismo. Siempre será bueno permanecer en este estado mental.

Aunque nuestro espíritu nos puede llevar por maravillosos y delicados senderos que alegran nuestra mente o que nos dan la oportunidad de girar en suaves círculos, necesitamos poner los pies en la tierra. El renacimiento tiene que ver con vidas pasadas y futuras, pero debemos fijarnos en cómo trabajamos y vivimos con quienes nos rodean en esta vida. Cultivar el amor y cuidar a otros es lo que en realidad puede ensanchar la profundidad de nuestro entendimiento y ayudarnos a ser personas buenas.

EPÍLOGO DE ROBERT
El fin de la avaricia

Todos tenemos dos estados de cuenta. El primero es nuestro estado personal financiero. En él se muestran los activos y pasivos: cuánto ganamos, gastamos y debemos. El segundo es el estado de cuenta social. En él se muestra el bien que hemos hecho al mundo: a cuánta gente y en cuántos lugares hemos servido.

En 1981 aprendí del Doctor Fuller a usar mi propio don para servir a mí mismo y a la mayor cantidad de gente posible. Si lo hago, podré alcanzar la dicha y la abundancia del Gran Espíritu. Si solamente uso mis dones para mi beneficio, entonces tendré retornos limitados en mi segundo estado de cuenta. Yo creo que mucha gente rica sufre de otras maneras porque ha acumulado su riqueza personal a expensas de otros.

Por otra parte, hay quienes son sumamente generosos en su segundo estado financiero, en su contribución a la vida aquí en la Tierra. Sin embargo, han descuidado su primer estado de cuenta: el financiero. Mi padre biológico, a quien he llamado padre pobre, pertenecía a esta categoría. Dedicó su vida a la educación de los jóvenes, pero lo hizo a expensas de su propia familia.

Uno de mis problemas con la iglesia fue que enseñaba que el dinero era la raíz de todo mal. A pesar de que es uno de los temas más recurrentes en la Biblia, decían que el deseo de tener dinero era maligno. No creo que sea cierto. Lo que quiero decir es que ésa era mi percepción cuando era pequeño y asistía a la escuela dominical.

Una de las Señoras de la Iglesia, amiga de mi mamá, era muy adinerada. No trabajaba porque se había casado con un hombre rico y mucho mayor que ella. Cuando él murió, le heredó su fortuna. A pesar de que era rica, me criticaba por querer serlo también. Hace algunos años, cuando presenté mi juego de mesa educativo CASHFLOW, seguía repitiendo la misma pregunta que me había hecho durante años: "¿Cuándo fue la última vez que fuiste a la iglesia? No deberías enseñar a la gente a desear ser rica. Deberías enseñar sobre la Biblia y las enseñanzas de Jesús".

Yo no entiendo porque algunas personas no creen que se puedan hacer ambas cosas, amar a Dios y al dinero. No creo que el amor al dinero sea malo. El dinero es sólo dinero. No es distinto al amor que siento por mi gato o mi casa. Lo que sí puede ser negativo es la forma en que se obtiene y en que lo empleamos.

Por ejemplo, si robara bancos o vendiera drogas, sería maligno e ilegal. Si trabajara en un empleo que no me gusta, con gente que me desagrada, también sería maligno. O tal vez, si gastara mi dinero en tonterías mientras mi familia sufre, sería maligno.

Para mí, el dinero es sólo dinero. Lo terrible es que nuestro sistema escolar no enseñe a los jóvenes sobre el dinero. Permite que sean los banqueros y los asesores financieros quienes lo hagan. Es como dejar que entre el zorro al gallinero. En los últimos años, han sido precisamente estas instituciones, y la gente que trabaja para ellas (bancos, banqueros inversionistas, compañías mutualistas, asesores financieros, corredores de bolsa y administradores de bienes raíces), quienes causaron gran parte del caos global financiero de 2008. Muchos culpan a quienes otorgaron préstamos *subprime*. Estoy de acuerdo. Los banqueros inversionistas que otorgaron este tipo de préstamos son la verdadera causa del problema. Me viene a la mente la palabra "avaricia". Estos representantes financieros, junto con otras organizaciones, acecharon a la gente y se aprovecharon de su falta de conocimiento financiero. Lo único que les interesa es conseguir nuevos clientes en el futuro. Las escuelas invitan a estos banqueros para que les hablen a nuestros hijos sobre el dinero, lo cual no sólo es maligno, sino criminal.

En la iglesia me enseñaron que las últimas palabras de Cristo fueron: "Perdónalos Señor, porque no saben lo que hacen". Como ya he dicho en este libro, el Señor te puede perdonar, pero en el mundo real te pueden castigar severamente por no saber qué hacer con el dinero.

Creo que se acerca un Apocalipsis, el final de los tiempos. Pero no es el mismo Apocalipsis sobre el que aprendí en la escuela dominical. El Doctor Fuller lo llama "el examen final". Me fue fácil seguir las enseñanzas del Doctor Fuller porque compartíamos la misma visión del futuro: los humanos en el camino a la autodestrucción.

Cuando vi aquella explosión nuclear de la Isla Navidad, en 1962, me pregunté por qué los humanos invertíamos tanto tiempo y energía en matarnos unos a otros. Me preguntaba por qué no invertirlo en hacer la vida mejor.

Las ideas sobre el Apocalipsis del Doctor Fuller eran muy parecidas a las que me enseñaron en la escuela dominical. Pero, en lugar de predecir la aparición de los jinetes, la ruptura del cielo, el éxtasis y la segunda llegada, el Doctor Fuller hablaba sobre la avaricia. Decía que en el examen final sabríamos si podíamos usar nuestras mentes y los dones que Dios nos había dado. Sabríamos si podíamos usar nuestros recursos para crear una vida sustentable para todos, no solamente para los ricos, los de alguna religión o raza, o para los de algún país específico. Básicamente dijo que, si no transformábamos la avaricia en generosidad, entonces la vida de los humanos en la Tierra desaparecería.

Después de mi encuentro con el Doctor Fuller, comencé a revisar mi propia avaricia y la de otros. Se hizo evidente que mucha era tóxica. La avaricia está envenenando a nuestro planeta y éste, a su vez, se está haciendo tóxico para la existencia. La avaricia nos ha hecho agotar nuestros océanos y mutilar nuestros bosques. La pérdida de los pulmones de la Tierra, más las emisiones de carbón, es lo que está ocasionando que el aire se envenene.

La avaricia también produce políticas y gobiernos tóxicos. Por ejemplo, el gobierno de Estados Unidos paga a los granjeros para que *no produzcan* comida, y así mantener los precios altos. Todo esto mientras buena parte del mundo vive en hambruna. En lugar de alimentar al mundo, estamos negando la abundancia de Dios.

La avaricia también ha provocado que las reservas de dinero se vuelvan tóxicas. Mantiene endeudada a la clase media y a los pobres los ha hecho depender completamente del gobierno. La reserva económica es tóxica porque los gobiernos pueden imprimir todo el dinero que deseen. Este "dinero de juguete" daña los esfuerzos de la clase trabajadora y recompensa a quienes sólo juegan con el dinero.

Hay muchas organizaciones religiosas que también son avariciosas. Nos han dicho que en el paraíso sólo hay espacio para una religión: la suya. No sé si el paraíso exista, pero si así es estoy seguro de que hay suficiente espacio y varias llaves para entrar. Decir que sólo existe una llave es una muestra de avaricia que ha provocado gran parte del dolor, la miseria y la violencia en nuestro planeta Tierra.

Entonces, ¿cuál es la solución a la avaricia? La más obvia es ser más generosos. Cuando el Doctor Fuller hablaba de una "cuenta cósmica", se refería a la generosidad de Dios. Decía que la energía solar no era todavía la única fuente de energía para el planeta, porque la gente avariciosa no había encontrado la forma de cobrar por recibir el calor del sol. No ha encontrado la forma de cobrar por algo que es gratis para todos.

Actualmente, en lugar de ponerle rienda a la abundancia de Dios, gastamos millones de dólares para matar por petróleo. ¿Por qué no usamos ese dinero para mejorar el aprovechamiento de la energía solar? ¿Por qué no convertimos cada casa en una planta de energía? La razón es la avaricia.

Actualmente contamos con la tecnología necesaria para hacer un paraíso en la Tierra. La pregunta es: ¿tenemos la fuerza de voluntad? ¿Podemos trabajar y adaptar nuevas ideas o seguiremos administrando el mundo con las viejas costumbres?

Muy pocos saben que las reglas del dinero cambiaron en 1971. En ese año, el presidente Nixon sacó al dólar estadounidense del patrón oro. El dólar remplazó al oro (que en realidad es el dinero que Dios había fabricado). El oro fue sustituido por dinero manufacturado por el hombre, también conocido como dinero *oficial*, o que no está respaldado por un bien real. En 1971, el dólar se convirtió en una divisa corriente y dejó de ser dinero. El término divisa corriente viene de la palabra *"current"* (corriente). Es como la corriente de un río o la corriente eléctrica: necesita mantenerse en movimiento. Es por ello que, si dejas tu dinero estacionado en un banco o en un fondo mutualista, su valor se reduce. Tu riqueza decae porque el dinero no se está moviendo. Al estar en una inversión, tu dinero se mueve para todos: el banquero, el asesor financiero los banqueros inversionistas y las compañías de fondos mutualistas, excepto para ti.

Yo no ahorro dinero ni tengo una cuenta para el retiro. No estaciono mi dinero. Mi trabajo es mantenerlo en movimiento. Debido a que la gente sale de la escuela sin educación financiera, pierde todo su dinero.

Diseñé el juego educativo CASHFLOW porque cualquier persona con inteligencia financiera sabe que debe controlar el flujo de su dinero, de su divisa corriente. La gente con un IQ financiero alto sabe cómo mantener al dinero en movimiento. Mi juego enseña a la gente a controlar su flujo de efectivo. Para eso se requiere un IQ financiero.

Puedes escoger entregar ciegamente el dinero que tanto te costó ganar a un pseudo "experto", o hacer lo necesario para educarte financieramente. Hay dos razones por las que estoy en contra de entregar el dinero a un experto. La primera es que tú no aprendes nada: si ganaste dinero, de todas formas no has aprendido todavía mucho. La segunda es que, si el experto resulta un tonto y pierdes todo lo que tenías para tu retiro y para la universidad de tus hijos, tampoco podrás reponerte del error del experto. Warren Buffett, el inversionista más rico de Estados Unidos, dice lo siguiente respecto a los expertos financieros y sus consejos:

> "Los administradores de los fondos para el retiro siguen tomando sus decisiones con la mirada puesta en el pasado."
> "El riesgo viene cuando no sabes lo que estás haciendo."
> "La diversificación es la protección contra la ignorancia. Pero realmente no tiene mucho sentido si en verdad sabes lo que estás haciendo."
> "*Wall Street* es el único lugar en donde la gente va en un *Rolls Royce* a solicitar consejos de la gente que viaja en el metro."

John Bogle, fundador de Vanguard Funds, critica airadamente a los administradores de fondos mutualistas. Señala lo siguiente:

- Los inversionistas ponen el cien por ciento del dinero, toman el cien por ciento del riesgo y ganan el veinte por ciento de la recompensa.
- Los fondos mutualistas ponen el cero por ciento del dinero, toman el cero por ciento del riesgo, y se llevan el 80 por ciento de la recompensa.

Como se mencionó anteriormente, el Señor puede perdonar a los que no saben lo que hacen, pero el mundo los castiga y les roba.

En 1974 las reglas del dinero cambiaron nuevamente. Ese año, el gobierno de Estados Unidos aprobó la Ley de garantía de ingresos para la jubilación del empleado (ERISA, por sus siglas en inglés), a la cual todavía se le conoce como la 401(k). En términos sencillos, la ley ERISA cambia las reglas del empleo. Hasta 1974, la regla era que, si un empleado trabajaba para una compañía, ésta le pagaría durante los años trabajados y seguiría haciéndolo durante su retiro.

Debido a la competencia económica global, las compañías de Estados Unidos descubrieron que pagarle a los empleados de por vida era demasiado costoso. Así que solicitaron al gobierno que cambiara las reglas. Actualmente, los empleados se han quedado solos. Si un empleado no tiene suficiente dinero para toda su vida será su problema, no de su empleador. Hoy en día, en Estados Unidos (uno de los países más ricos del mundo) hay millones de trabajadores que necesitan o necesitarán, cuando ya no puedan trabajar, que el gobierno se haga cargo de ellos en los aspectos médico y financiero. Esto sucede cuando la gente y los líderes creen en la idea de que el dinero es la raíz de todo mal. El dinero no es malo: lo malo es la *ignorancia* sobre el mismo.

Decidí trabajar con mi hermana en este libro y ayudarla a convertirse en multimillonaria, porque sé que ella representa un espíritu muy fuerte. La palabra "integridad" está relacionada directamente con "integral", "completo". Creo que para que una persona sea verdaderamente rica debe serlo en varios sentidos: espiritual, emocional, físico y mental. Además, es más fácil hacerse rico si actuamos con moralidad, ética y legalidad. Puedo ayudarle a Tenzin a convertirse en millonaria, no porque es mi hermana, sino porque sé que ha pasado años fortaleciendo su espíritu. Sé muy bien cómo es capaz de controlar sus emociones y mantener una imagen gozosa. Lo puede hacer a pesar de estar atravesando desafíos personales, financieros y físicos, como el cáncer y la enfermedad del corazón.

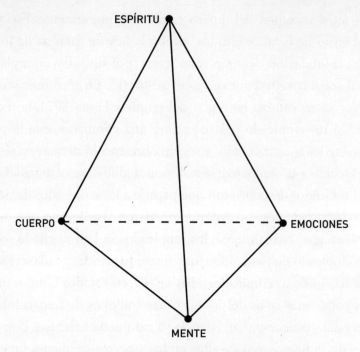

Quienes tienen los cuatro componentes intactos,
son los que alcanzan el éxito financiero.

Con su fuerte espíritu y un poco de conocimiento, nadie podrá detenerla. Todo lo que necesita es entrenar su mente para pensar como una persona rica. Permítame explicarlo en el siguiente diagrama. Es un tetraedro, un objeto que se conoce por su integridad estructural y por su dureza.

Muchas personas batallan en lo financiero porque una o más de las cuatro partes que nos hacen humanos, tiene alguna debilidad. Por ejemplo, he conocido a muchas personas muy inteligentes, pero que no tienen un espíritu fuerte o tal vez se dejan llevar por sus emociones. Tengo una amiga con maestría en Negocios. Es muy buena en su área, pero no tiene fortaleza emocional ni espiritual. Actualmente trabaja como niñera. Con esto no quiero decir que el empleo de niñera no sea importante, sino que sus problemas financieros tienen origen en lo espiritual y lo emocional, no en lo mental. Por supuesto, sus finanzas son un desastre, a pesar de que sabe bien lo que debe hacer.

Algunos de los empresarios más exitosos que conozco se entrenaron en la iglesia. Varios fueron misioneros mormones y otros vendían biblias de puerta en puerta. Todos ellos me comentaron que ésa fue la mejor experiencia de negocios que pudieron tener. Les enseñó a ser disciplinados, a tener determinación y empuje. Además, el proceso los fortaleció mental, emocional, física y espiritualmente. Mi mejor amigo, Lari Clark, se entrenó en Irlanda del Norte, donde convertía católicos al mormonismo durante los momentos más álgidos que se vivieron en ese país. Una bomba destruyó el edificio en que vivía y le llegaron a disparar con balas de hule por estar cerca de algunos enfrentamientos.

Años más tarde, fue seleccionado como uno de los Empresarios del Año (*Entrepreneurs of the Year*), de Inc., por la revista del mismo nombre. Mucho de su éxito como empresario se lo debe al trabajo que desarrolló como misionero.

Yo no fui misionero de ninguna iglesia. Lo fui en la Marina de Estados Unidos. Los marinos se enfocaron en mi desarrollo mental, emocional, físico y espiritual. Me enseñaron que la misión era más importante que la vida. Tal vez por eso los marinos dicen: "Y en el octavo día, Dios creó a los marinos". También quizá a eso se deba que la semana sólo tenga siete días.

En las compañías tradicionales te corren si no tienes un buen desempeño. Una de las razones por las que Donald Trump y yo recomendamos el mercadeo en redes, es porque es un excelente lugar de inicio para quienes quieren convertirse en empresarios. Estas compañías cuentan con magníficos programas de entrenamiento diseñados para desarrollar a las personas en el aspecto mental, emocional, físico y espiritual. Enseñarán siempre que haya alguien dispuesto a aprender.

Por otra parte, hay muchas personas que tienen la mente de un rico, pero las emociones de un pobre. Como lo mencioné anteriormente, todos somos seres y humanos. Si una persona es débil en sus emociones, si reaccionan como humanos, tal vez deseen ser ricos, y quizá incluso sepan qué hacer. Pero la carencia de fortaleza emocional les impide alcanzar la riqueza. Es el tipo de gente que a veces dice: "Necesito seguridad en el empleo".

"¿Y qué pasa si fracaso?"

"Suena arriesgado."

"No lo puedo pagar."

Estas palabras nacen de las emociones pobres. Warren Buffett, dice: "Si no puedes controlar tus emociones, no puedes controlar tu dinero". Mucha gente es humana respecto al dinero porque sus emociones son más poderosas que su ser.

Es fácil entender por qué algunas personas se sienten abrumadas por sus problemas de dinero. De nuevo, considera lo que incluye el tetraedro.

Mentalmente, una persona con educación financiera limitada siempre será pobre, tendrá miedo de enfrentar los riesgos, de cometer un error. Será espiritualmente débil, rezando por su salvación. Y físicamente se aferrará a cualquier cosa que le dé seguridad, como un empleo que no paga mucho.

Alguien pobre en lo financiero será presa de los falsos profetas, gente como los banqueros, corredores de bolsa y demás bandidos.

A pesar de ir a la iglesia y rezar todos los días, muchos son espiritualmente pobres. Dependen más de la esperanza que de la fe. Por eso mi padre rico solía decir: "La esperanza es para los desesperanzados".

Cuando perdí mi primer negocio, el de carteras, lo que me ayudó a atravesar los peores momentos fue mi fe. Estaba en bancarrota, no tenía empleo y debía casi un millón de dólares a mis inversionistas. En lugar de renunciar y declararme en bancarrota, tuve que decidir entre ser un ser, y ser un humano. Un humano se hubiera rendido. La experiencia de enfrentar a mis acreedores y reconstruir mi negocio ha sido una de las peores así como una de las mejores de mi vida. Mi *ser* fue puesto a prueba, mi centro. Con eso fortalecí mi espíritu.

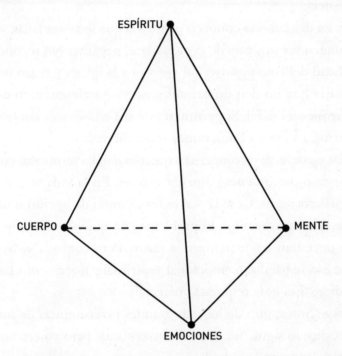

La integridad estructural de estos componentes es muy importante.
Incluí dos veces el diagrama para que puedas ver que,
si alguna parte es débil o carecemos de ella,
nuestras actitudes respecto al dinero se quebrarán.

Esta experiencia me convirtió en un mejor ser humano, en una persona que comete errores, aprende y *crece* gracias a la experiencia.

Todos sabemos que las monedas tienen dos caras. Pero cuando se trata de dinero algunas personas sólo pueden ver el lado negativo de la moneda. Es por ello que no pueden hacerse ricos. Hacen lo mismo con todo lo demás: no pueden ver ambos lados. Aquella mala experiencia de haber fallado en los negocios, no sólo me fortaleció mentalmente sino que también me fortaleció en lo emocional, físico y, especialmente, en lo espiritual. Ahora sé que haber fallado fue algo bueno. Claro que fue doloroso; el dolor duró varios años. Pero lo que me mantuvo arriba fue mi fe en que aprendería de esa experiencia.

Hoy en día, cuando conozco gente a la que le aterra fallar, sé que sólo pueden ver una cara de la moneda: el negativo. No reconoce la posibilidad del lado positivo. Tal vez van a la iglesia y rezan mucho pero, hasta que no den un primer paso y se arriesguen, su espíritu permanecerá débil. Si permiten que sus emociones controlen a su espíritu, a su fe en Dios, nunca serán fuertes.

En las escuelas se recompensa a quienes dan las respuestas correctas y se castiga a quienes cometen errores. En la vida real, no hay respuestas correctas. La vida real es un examen de opción múltiple. A veces nos equivocamos. El problema con quienes son muy listos es que necesitan tener siempre la razón. Pero como la vida no se trata de eso, se paralizan emocional, espiritual y físicamente. La vida no te dice: "Ésa es la respuesta correcta".

George Soros, uno de los más grandes inversionistas de nuestro tiempo, dice lo siguiente sobre las inversiones, pero yo creo que es aplicable a todo en la vida:

Tienes que tomar decisiones, no importa si te equivocas. No puedes evitarlo. Pero, al estar más conciente de tu incertidumbre, podrás corregir mejor tus errores.

En el mundo real, la gente verdaderamente inteligente es aquélla que comete errores y aprende de ellos. En la escuela, la gente lista es la que no comete errores. Mi padre pobre era un hombre inteligente y un gran maestro, pero lo perdió todo cuando abandonó el sistema escolar. A pesar de tener una preparación académica, no estaba preparado para el mundo real, Ése en el que tu promedio no importa. Mi padre no sabía que cometer errores lo podía enriquecer.

Papá cayó presa de bandidos y estafadores que se aprovecharon de su falta de conocimiento financiero. En lugar de disfrutar su retiro, batalló financieramente hasta el día de su muerte. Cuando se quedó sin empleo, se convirtió en el típico pez fuera del agua.

A muchos les preocupa que los puedan demandar. En mi caso, he recibido ese proceso como una oportunidad de aprender y probarme a mí mismo. Gracias a esa experiencia, hoy en día soy más rico, mental, emocional, física y espiritualmente.

Sucede lo mismo con la riqueza. Tengo un defecto de nacimiento: mi corazón tiene un problema que probablemente me heredó mi madre por su fiebre reumática. Esto me molestó durante toda mi vida. Me dijeron que no podía jugar fútbol americano, pero lo hice. Me dijeron que la escuela militar no me aceptaría y, sin embargo, entré. Pasó lo mismo con la escuela de vuelo. En vez de ceder ante el problema físico, uní a mi mente, mi espíritu y mis emociones, para darme fuerza. De esta forma, mi corazón se fortaleció.

Tampoco podemos olvidar que nacemos como seres y como humanos. La vida nos da la oportunidad de fortalecer ambas facetas pero, desgraciadamente, muchas instituciones se aprovechan del lado humano que es el más débil.

En la escuela me sentí abatido emocionalmente porque era un inadaptado. Mi capacidad intelectual era muy pobre, no soy bueno para leer ni para escribir. Nuevamente, apliqué la estrategia de fallar para fortalecerme. Reprobé en inglés, contabilidad y mecanografía. Hoy en día, hago mucho dinero escribiendo y enseñando a través de mis juegos de mesa. Además, paso mucho tiempo escribiendo en la computadora.

A pesar de que enriquecí gracias a mis debilidades, sigo siendo un escritor que no utiliza la gramática con precisión, nunca podré ser contador y nadie me contrataría como mecanógrafo. A pesar

de que como estudiante me catalogaron como un eterno reprobado, ahora hago mucho más dinero que mis estudiantes que fueron
alumnos sobresalientes.

Casi todos sabemos que las tres palabras más peligrosas de los negocios son: "Confía en mí". Cuando las escuches, lo mejor será que
tomes tu bolsa o tu cartera y salgas corriendo. En todos estos años
de empresario e inversionista, he escuchado variaciones de esta frase.
También salgo corriendo cuando escucho: "Soy un buen cristiano".

Sospecho inmediatamente cuando una persona trata de guiar un
negocio con su religión. Cuando escucho palabras como ésas, sé bien
que puedo perder mucho dinero o terminar metido en una mala relación. Sólo porque alguien es un buen cristiano, judío, musulmán,
budista o cualquier fe que profese, no significa que sea honesto y digno de confianza. Tampoco es seguro que sea un buen empresario.

Tengo integridad.

Si tienes que aclarar que eres íntegro, probablemente no lo eres.
Prefiero ver acciones, no oír palabras.

Estoy aquí para servirte.

Cuando escucho esta frase me pregunto: ¿me van a servir a mí,
o ellos se van a servir?

Yo te respaldo.

Mi padre rico a menudo decía: "La gente que te quiere respaldar,
lo hace porque estando detrás de ti les será más fácil meter la mano
en tus bolsillos. Además, así no podrás ver lo que están haciendo".

A pesar de que pongo mucha atención en lo que me dicen, en
varias ocasiones se han aprovechado de mí. Ha sucedido varias
veces. Ahora soy mayor y tengo más experiencia así que, cuando
confío en alguien que no debía, trato de recordar que la moneda
tiene dos caras. Gracias a esto, he aprendido mucho de malos socios, pillos, estafadores y mis propios errores. De hecho, soy más
rico gracias a ellos.

Cuando pierdo dinero también me siento agradecido. Tal vez el recuerdo es doloroso y el proceso extenuante, pero la lección es única. Durante la preparación de este libro, mi hermana me recordó con frecuencia: "Su Santidad dice que Mao Tse-Tung es su más grande maestro". Todas las experiencias, positivas o negativas, son un alimento para el espíritu.

He aquí una última reflexión sobre Dios y el dinero: creo que el dinero le llega a aquéllos que son más confiables y permanecen lejos de los menos confiables. No significa necesariamente que sean gente mala o deshonesta. Quiero decir que el dinero se queda con la gente que lo cuida, lo respeta y sabe cómo hacerlo crecer; se mantiene lejos de quienes abusan o no saben cómo cuidarlo.

Ahí radica la importancia de los cuatro puntos del tetraedro.

Si somos poco éticos, entonces sólo podremos hacer negocios con gente poco ética. Pasa lo mismo con la moralidad. Por ejemplo, creo que sería difícil para una persona con un alto estándar moral hacer negocios con alguien que esté involucrado en la pornografía. Los que respetan las reglas, se mantendrán alejados de quienes las rompen. Como todo en la vida, las aves sólo vuelan con otras aves del mismo plumaje.

Una de las lecciones más importantes de la escuela dominical es que la palabra se hace verbo, se hace carne. En otras palabras, *somos* nuestras palabras. Sabemos que en el mundo real debemos decir la verdad, cumplir nuestra palabra y no hacer promesas que no podremos cumplir. A menudo, mentir es más fácil que decir la verdad cara a cara. Además, es bastante sencillo no cumplir nuestra palabra o nuestros acuerdos. Pero todo esto disminuye nuestro poder financiero espiritual.

Por ejemplo, tengo un amigo que suele hacer promesas que no puede cumplir. No es una mala persona, sólo tiene mala memoria. Como no cumple sus acuerdos, a pesar de ser una buena persona la gente no confía en él. Sus antiguos clientes ya no le creen y le resulta muy difícil atraer nuevos.

Una de las importantes lecciones que aprendí de padre rico fue que, si nuestra palabra no vale ahora, tampoco valdrá mañana. En cada ocasión que no cumplimos, nuestra palabra pierde poder. Además, cargamos con la responsabilidad de haber incumplido un acuerdo. Entonces, tienes que trabajar más duro. Si nadie me cree y yo digo: "Voy a construir un negocio de un millón de dólares, ¿te gustaría invertir en él?" Lo más probable es que todos digan: "No", incluyendo mis amigos.

Pero cuando una persona cumple su palabra, se gana el derecho a pronosticar el futuro y ver sus profecías hechas realidad. Si eres digno de confianza y dices: "Voy a construir un negocio de un millón de dólares, ¿te gustaría invertir en él?", habrá más gente dispuesta a correr el riesgo.

Creo que a todos nos han fallado. Un amigo me pidió 25 dólares y nunca me los devolvió. Ahora, creo que nunca invertiría en un negocio suyo. Su palabra se hizo verbo y no fue nada bueno. Si quieres ser rico, debes cumplir tu palabra.

Eres sólo tan bueno como lo es tu palabra.

Escribí este libro para enfatizar la importancia de la integridad mental, emocional, física y espiritual. Pero no fui íntegro siempre. Eso fue lo que ocasionó mis problemas financieros y personales. Perdí mi primer negocio porque, a pesar de tener fortaleza espiritual, no tenía el *conocimiento* para sostener la empresa. El crecimiento del negocio me sobrepasó, y fui incapaz de mantenerlo o de conservar a mis socios. Haberlos visitado para ofrecer disculpas por haber perdido su dinero, fue una prueba espiritual muy fuerte. Pero el haber dicho la verdad me devolvió mi integridad.

Tampoco quiero que pienses que soy perfecto. Te puedo asegurar que me alejo mucho de la perfección. Pero sé que cada día encontraré pruebas que me ayudarán a aprender más.

Te lo digo porque creo en Dios y en el Gran Espíritu. También creo que, dentro de nosotros, moran grandes espíritus. Si podemos enfrentar los sucesos, buenos o malos, habrá mayor bienestar en nuestra vida. Si podemos enfrentarlos espiritualmente, de igual forma creceremos y nuestro espíritu se hará más poderoso, seremos más ricos, más dichosos y estaremos más cerca de Dios.

Entonces, ¿hay alguna respuesta a la avaricia? Uno de los caminos es el de la generosidad. Cuando el Doctor Fuller habló de la "cuenta cósmica" se refería a la generosidad de Dios. Si, como él dice, efectivamente tenemos dos estados de cuenta, el social y el financiero, todos podemos contribuir a terminar con la avaricia. Sólo debemos enfocarnos en el bien que hayamos hecho aquí en la Tierra: cuánta gente, en cuántos lugares o a cuántas cosas, hemos servido. Debemos enfocarnos en qué tan bien hemos aprovechado nuestros dones para crear una vida rica en todos los aspectos: espíritu, mente, cuerpo y corazón.

PALABRAS FINALES
Un corazón nuevo: una historia verdadera

El 3 de septiembre de 2008 ingresé a la Clínica Mayo, en Phoenix, Arizona para que me realizaran una operación a corazón abierto.

He tenido dos arterias defectuosas desde que nací, pero eso no me ha impedido luchar y vivir ferozmente. Por si fuera poco, siempre he usado el estrés como motivación, como combustible. Creo que el estrés es la forma en que crece la inteligencia y he tratado de vivir de esa forma: presionándome al máximo y luego un poco más. Claro que también me he fortalecido con una dieta de carne roja y vodka.

La cirugía fue sobre ruedas: salí hacia mi recuperación y rehabilitación rugiendo. Fue de la misma forma en que había enfrentado la mayoría de los desafíos de mi vida. Tres semanas después de la intervención, había cubierto mi rutina de ejercicios y estaba de nuevo en forma.

Cuatro semanas tras la cirugía, regresé al hospital. La orden de los médicos fue: reducir el estrés en mi vida, no involucrarme tanto en las cosas, meditar y hacer yoga.

Por años —66, para ser exactos— escuché mi corazón, la parte más importante de mí. Y conocía bien su mayor flaqueza: mi trabajoso, disparejo y frenético latido. Ahora puedo irme a dormir, arrullado por su nueva precisión. Es reconfortante después de 66 años.

Estoy pensando en el consejo de mis médicos sobre el estrés, el yoga, una dieta más sana y la meditación. Pero, ¿podrá este temerario y furioso leopardo sacudirse las manchas? ¿De verdad lo haría?

Me sorprende estar pensando en realizar algunos cambios. El tiempo dirá.

Pero de lo que ahora estoy seguro es que es sorprendente lo que un cambio de corazón puede lograr.

—ROBERT KIYOSAKI, OCTUBRE, 2008

Nuestro deseo para ti

Te deseamos toda la dicha que la vida puede dar.

Te deseamos todo el amor, la felicidad y la gentileza.

Te deseamos amor: para ti, para tu familia biológica y tu familia espiritual.

Gracias.

Recuerdo aquellos días en que parecía que nadie nos quería escuchar.

Un sabio dijo: "El mayor regalo que alguien te puede dar es su tiempo".

Como ya sabes, el tiempo es un valioso activo.

Así que, gracias por brindárnoslo. Y gracias por leer este libro.

"Yo soy la Rich Dad Company"

Yo soy la Rich Dad Company. Bienvenido a mi mundo. Éste es un mundo lleno de posibilidades, de aprendizaje y de entendimiento. Es un mundo de responsabilidad. A través de mí, gente de todos los ámbitos alrededor del mundo tiene la oportunidad de alcanzar sus sueños. Verás, no soy solamente otra compañía: yo despierto a la gente. Soy un maestro, un constructor de comunidades. Soy un motivador que ha cambiado vidas y que está dispuesto a seguirlo haciendo por muchos años más. No me detendré. Soy la Rich Dad Company y mi misión en la Tierra es elevar el bienestar financiero de la humanidad.

¿Crees que mi tarea es colosal? ¡Claro que sí! ¿Tengo miedo? Nunca, porque la Rich Dad Company prospera en cada salto de fe. Estos saltos son el fuego que enciende, son catalizadores del cambio. Gracias al cambio, podemos crecer. Creo que lo que llevó a tanta gente al caos en que ahora estamos metidos, fue seguir la corriente. Ahora necesitaremos un espíritu inquebrantable y acciones feroces para despertar a los corazones y las mentes de la gente que, sin saberlo, ha estado siguiendo a los ciegos. Los ha seguido con la creencia de que seguían a los iluminados.

Yo sé hacerlo de otra forma. He sobrevivido a las mentiras y he visto el futuro con mis propios ojos. Soy la Rich Dad Company, y creo que necesitamos algo más que esperanza. ¿Por qué esperanza,

399

si lo que necesitamos es aprender, comprender, actuar, obtener resultados y hacernos más fuertes? No te voy a ayudar: te voy a enseñar porque soy un maestro, un maestro duro que a muchos les costará trabajo entender. No me guardo nada, agito las aguas y profeso la acción. Hoy exijo trabajar duro para mañana poder gozar de libertad y felicidad. Pero también simplifiqué el camino, lo hice divertido, entretenido. Lo llené de experiencias y lo he vuelto inolvidable. Ésa es la tarea de un maestro.

Sé que a muchas personas no les interesará. Sé que no van a cambiar sus vidas porque tal vez son demasiado perezosas, tienen miedo, están muy cómodas o están aletargadas en el arrullo de una falsa seguridad. Habrá otros que sí se unirán, y en cuanto lo hagan estaré ahí con muchas herramientas: libros para leer, juegos, videos, seminarios y asesores, entre varias otras cosas. Tengo muchas puertas y todas están abiertas para los que estén dispuestos a correr el riesgo, sin importar su origen. Todo comienza con un sueño.

Yo también crezco y aprendo. Asimismo, sé que para encontrar la verdadera felicidad se debe ir más allá de una misión financiera. Se debe asumir una misión integral de bienestar que incluya: la salud, la tranquilidad, el despertar espiritual, la filantropía, la construcción de un negocio y un propósito. En esencia, debe ser una Vida Rica. Ésa es la siguiente transformación. Si no crecemos, entonces corremos el riesgo de morir. Quienes han transformado sus vidas con Rich Dad tienen relatos tremendos. Son historias de fuerza, optimismo, poder, espíritu y recompensa. Han ido más allá de los principios de Rich Dad. Se han lanzado a una Vida Rica, justamente como yo lo hice.